Das kommunale Mandat

Rat – Kreistag – Bezirksvertretung

Klaus-Viktor Kleerbaum

Gregor Bender

KPV-Dienstleistungs- und Beratungsgesellschaft mbH

Impressum

Herausgeber / Verlag
Kommunalpolitische Vereinigung
Dienstleistungs- und Beratungsgesellschaft mbH
Limperstr. 40, 45657 Recklinghausen
Postfach 10 09 62, 45609 Recklinghausen
Telefon: 02361 5899-88
Internet: www.kpv-nrw.de
E-Mail: info@kpv-dbg.de

Verfasser
Klaus-Viktor Kleerbaum, Gregor Bender

Verantwortlich i.S.d.P.
Geschäftsführer Klaus-Viktor Kleerbaum

Lektorat, Satz
Petra Rumlich

Druck
LUC GmbH, Hansaring 118, 48268 Greven
E-Mail: info@luc-medienhaus.de

Sonderauflage 2022

ISBN 978-3-940906-39-7

Vorwort

Allein in Nordrhein-Westfalen üben mehr als 15.000 Personen in den Stadt- bzw. Gemeinderäten, Kreistagen sowie Bezirksvertretungen ein kommunales Mandat aus und stellen sich der kommunalpolitischen Praxis.

Dies hat für die Betroffenen erhebliche Auswirkungen auf ihre Arbeits- und Lebensbedingungen.

Regelmäßige Fraktions-, Rats-, Kreistags- und Ausschusssitzungen bestimmen weite Teile der Lebensgewohnheiten. Repräsentations- und Parteitermine schränken den Freizeitbereich – oftmals auch zu Lasten der Familie – ein.

Der vorliegende Leitfaden soll den Mandatsträgerinnen und Mandatsträgern eine Hilfe geben, sich im kommunalpolitischen Umfeld zurechtzufinden. Zugleich gibt er einen Überblick über aktuelle kommunalpolitische Entwicklungen (Stand: November 2022). Der Leitfaden umfasst darüber hinaus die Änderungen der Kommunalverfassung zur Einführung digitaler Sitzungsformate sowie die Anpassung der Regelungen zur Aufwandsentschädigung und zum Verdienstausfall.

Die Handreichung konzentriert sich vornehmlich auf die praktische Seite der Kommunalpolitik und möchte dazu beitragen, dass Sie sich im tagtäglichen kommunalpolitischen Leben möglichst schnell und unkompliziert orientieren und in die politischen Verfahrensabläufe einarbeiten können. Rechtliche Ausführungen sind – nur soweit unbedingt erforderlich – mit aufgenommen.

Demgegenüber sind vielmehr praktische Hilfen für die Rats- und Fraktionsarbeit sowie zu den Verfahrensabläufen in der Kommunalpolitik mit einbezogen.

Die Fraktionsarbeit, aber auch die Vorbereitung der Entscheidungen im Rat bzw. Kreistag (einschl. der Ausschussbildungen / -besetzungen, Wahl der Stellvertreter des Bürgermeisters bzw. Landrates etc.) erfordern bei jedem Mandatsträger gute Kenntnisse über die kommunalpolitischen Entscheidungsabläufe.

Dieses Handbuch berücksichtigt neben den erweiterten Grundlagen der Kommunalpolitik auch die Änderungen des Kommunalwahlrechts, den Bereich der Bürgerschaftlichen Mitwirkung, insbesondere des Integrationsrates, sowie die aktuellen Entwicklungen im Fraktionsrecht.

Bei Anregungen, Hinweisen und Nachfragen stehen Ihnen die Verfasser jederzeit gern zur Verfügung.

Klaus-Viktor Kleerbaum
Geschäftsführer

Einführung / Benutzerhinweis

Der vorliegende Leitfaden soll den Mandatsträgerinnen und Mandatsträgern in den Räten, Kreistagen und Bezirksvertretungen, aber auch den kommunalpolitisch interessierten Bürgerinnen und Bürgern sowie Fachleuten einen Überblick in die kommunalpolitische Tätigkeit vor Ort geben. Er nimmt die modernisierte Rats- und Fraktionsarbeit ebenso auf wie die Veränderungen in den Kommunalverwaltungen, die geprägt sind von neuen Organisations- und Steuerungsmodellen, der Weiterentwicklung des Kommunalen Finanzmanagements, einer erweiterten Bürgerbeteiligung und der fortentwickelten Kommunalverfassung Nordrhein-Westfalen (Stand: November 2022).

Der Leitfaden bietet insbesondere für Entscheidungen zur Ausschussbildung und -besetzung sowie zur Rolle des Einzelnen innerhalb der Fraktion, des Rates und der Verwaltung sowie gegenüber der Bürgerschaft eine wichtige Grundlage.

Die Darstellung orientiert sich an der praktischen Arbeit der Mandatsträger und berücksichtigt sowohl seine kommunalrechtliche als auch kommunalpolitische Stellung innerhalb des Umfeldes von Rat, Ausschüssen, Verwaltung und Bürgerschaft.

Anhand von Erfahrungen der Verfasser aus der Praxis, der kommunalen Rechtsberatung und der Mitarbeit in Kommissionen des zuständigen Ministeriums bzw. des Landtags Nordrhein-Westfalen zur Reform der Gemeindeordnung werden nachfolgend die wichtigsten Ansatzpunkte für eine erfolgreiche kommunalpolitische Tätigkeit festgehalten.

Wegen der praktischen Bedeutung sind die Ausführungen vornehmlich auf die Stellung und Funktion des „Ratsmitgliedes“ abgestellt. In entsprechender Weise gelten diese Ausführungen auch für die Mitgliedschaft im Kreistag, in der Bezirksvertretung oder in den Verbandsversammlungen.

Zum besseren Verständnis ist eine Vielzahl von Schaubildern und Musterbeispielen abgedruckt.

Alle Ämter und Funktionen stehen unabhängig von der sprachlichen Bezeichnung selbstverständlich in gleicher Weise Frauen, Männern und diversgeschlechtlichen Menschen offen. Die Verwendung des generischen Maskulinums in diesem Leitfaden erfolgt lediglich zwecks besserer Lesbarkeit.

Ein besonderer Dank für ihre engagierte und zuverlässige Mitarbeit bei der Erstellung des Manuskripts gilt Frau Petra Rumlich.

Weitere Empfehlungen, Ergänzungshinweise und kritische Wertungen nehmen die Verfasser gerne entgegen.

Recklinghausen, im November 2022

Klaus-Viktor Kleerbaum Gregor Bender

Inhaltsverzeichnis

Allgemeines

Alle **Mandatsträger** in den Räten, Kreistagen, Bezirksvertretungen etc. sollten sich zu Beginn ihrer ehrenamtlichen Tätigkeit einen Überblick über den Aufbau und die Verfahrensabläufe in der kommunalen Selbstverwaltung verschaffen, um sich selbst in den Gesamtrahmen einordnen und **eigene Zielvorstellungen** schneller und besser umsetzen zu können.

Der vorliegende **Leitfaden** gibt eine **Hilfestellung**, indem er zunächst die wichtigsten rechtlichen Grundlagen und die Stellung des einzelnen Mandatsträgers sowie der jeweiligen Vertretung (Rat, Kreistag, Bezirksvertretung) in Übersichtsform unter dem Aspekt der **Grundlagen der Kommunalverfassung** darstellt.

Im zweiten und dritten Teil wird ein Einblick in die kommunalpolitische Praxis mit den Schwerpunkten des **politischen Entscheidungsprozesses** vor Ort, der Grundlagen der **Fraktionsarbeit**, der wichtigsten Fragen zur **Bildung und Besetzung von Ausschüssen**, der Wahl von ehrenamtlichen (stellvertretenden) Bürgermeistern / Landräten, Ortsvorstehern etc. sowie der Entsendung von Rats- / Fraktionsmitgliedern in (städtischen oder privaten) Gremien gegeben.

Im Anhang sind für die praktische Arbeit vor Ort die **Muster-Geschäftsordnung für Ratsfraktionen** (KPV-Bildungswerk e.V.), die **Entschädigungsverordnung der Mitglieder kommunaler Vertretungen und Ausschüsse** des MHKBG, der **Erlass des Finanzministeriums zur Steuerlichen Behandlung der Entschädigungen an Mitglieder kommunaler Vertretungen**, die **Muster-Geschäftsordnung für den Rat und die Ausschüsse** sowie die **Muster-Hauptsatzung** des Städte- und Gemeindebundes NRW in der derzeit gültigen Fassung abgedruckt.

A. Grundlagen der Kommunalverfassung

Kommunalpolitik im Rat, Kreistag oder in der Bezirksvertretung setzt zunächst das Grundverständnis der ehrenamtlichen Mandatsträger über ihre eigene Ausgangsposition und ihre Stellung im Geflecht der kommunalen Selbstverwaltung voraus. **Rechtsgrundlage** hierfür bietet neben anderen (landes-) rechtlichen Regelungen insbesondere die nordrhein-westfälische **Gemeinde- bzw. Kreisordnung** (GO bzw. KrO).

Die Gemeinde- bzw. Kreisordnung regelt die Grundlagen der kommunalen Selbstverwaltung in den Städten / Gemeinden bzw. Kreisen Nordrhein-Westfalens. Diese Ordnung wurde mit der Kommunalverfassungsreform von 1994 grundlegend weiterentwickelt: An die Stelle des hauptamtlichen (Ober-) Stadt- / Gemeindedirektors und des ehrenamtlichen Bürgermeisters bzw. des Oberkreisdirektors und des ehrenamtlichen Landrates (sog. Doppelspitze) trat der direktgewählte hauptamtliche (Ober-) Bürgermeister bzw. Landrat, der beide Positionen in sich vereint. Dieser Übergang zur Einheitsspitze wurde mit der GO-Reform 2007 abgeschlossen, indem zahlreiche Vorschriften der Gemeinde- bzw. Kreisordnung an den hauptamtlichen (Ober-) Bürgermeister bzw. Landrat endgültig angepasst wurden.

Nach der generellen Überarbeitung der Kommunalverfassung 2007 folgten weitere Regelungsänderungen, die zum Teil auch in Spezialgesetzen ihren Niederschlag fanden. So wurden angesichts der zunehmenden Haushaltsnotlagen vieler nordrhein-westfälischen Kommunen die Voraussetzungen erleichtert, ein genehmigungsfähiges Haushaltssicherungskonzept aufzustellen. Mit dem 1. NKF-Weiterentwicklungsgesetz (NKFWG) vom 18. September 2012 sind weitere wichtige Änderungen im Haushaltsrecht vorgenommen worden.

Weiterhin führte der Gesetzgeber die Möglichkeit ein, die Abwahl des (Ober-) Bürgermeisters durch ein Bürgerbegehren und damit nicht mehr nur durch den Rat einzuleiten. Eine weitere öffentlichkeitswirksame Änderung seit 2011 ist die Schaffung der Möglichkeit, dass Gemeinden offizielle Zusätze zu ihren Gemeindenamen einführen können, wie z. B. Universitätsstadt.

Zudem verfestigte sich die Erkenntnis, dass die Rahmenbedingungen zur Ausübung eines Ratsmandats angepasst und verbessert werden mussten.

Dies führte in der Folge in einem ersten Schritt zu diversen Neuregelungen durch das Gesetz zur Stärkung des kommunalen Ehrenamtes und zur Änderung kommunalverfassungsrechtlicher Vorschriften 2012. Damit wurden u. a. die Normen zur Freistellung, zum Verdienstausfall und zur Haushaltsentschädigung erweitert.

Durch das Gesetz zur Stärkung der kommunalen Demokratie 2013 wurden die Wahlen von Rat und (Ober-) Bürgermeister wieder zusammengelegt und die Amtszeit der Hauptverwaltungsbeamten von sechs auf fünf Jahre verkürzt. Damit hat der Gesetzgeber die Abkoppelung der Wahlen durch die GO-Reform 2007 und die Zusammenlegung der allgemeinen Kommunalwahlen mit den Europawahlen wieder rückgängig gemacht.

2013 hat der Gesetzgeber mit dem Gesetz zur Weiterentwicklung der politischen Partizipation in den Gemeinden und zur Änderung kommunalverfassungsrechtlicher Vorschriften u. a. die gemeinsame Wahl des nunmehr nur noch als „Integrationsrat" zulässigen Migrationsgremiums (§ 27 GO) mit den allgemeinen Kommunalwahlen festgelegt und die Beteiligungsmöglichkeit von Einwohnern mit Zuwanderungshintergrund erweitert.

Weitere Gesetzesänderungen erfolgten 2015 mit der Erweiterung der Mitbestimmungsregelung in Aufsichtsräten (§ 108a GO) sowie der Beschleunigung der Aufstellung kommunaler Gesamtabschlüsse und zur Änderung weiterer kommunalverfassungsrechtlicher Vorschriften (§ 114a GO).

Eine bedeutsame Weiterentwicklung des kommunalen Mandats hat der Gesetzgeber durch das Gesetz zur Stärkung des kommunalen Ehrenamtes in 2016 vollzogen und die Regelungen zur Freistellung (§ 44 GO), zum Verdienstausfall für Ausschussvorsitzende (§ 45 GO), zur Aufwandsentschädigung (§ 46 GO) und zur politischen Partizipation von Bürgern und Einwohnern (§§ 27a, 58 GO) der kommunalen Wirklichkeit angepasst.

Der durch die pandemische Lage in Deutschland in der Zeit nach 2020 notwendigen Weiterentwicklung der gesetzlichen Grundlagen zur Sicherstellung der Funktionsfähigkeit kommunaler Vertretungen wurde durch das Gesetz zur Einführung digitaler Sitzungen für kommunale Gremien und zur Änderung kommunalrechtlicher Vorschriften im Frühjahr 2022 Rechnung getragen und die Rechtsgrundlage zur schrittweisen Ermöglichung erster digitaler Sitzungsformate geschaffen. Im Zuge dieses Gesetzes ist zugleich eine Novellierung und Überarbeitung der Regelungen zur Aufwandsentschädigung und zum Verdienstausfall erfolgt.

I. Die Gemeindestrukturen im Überblick

Oberstes Willens- und Beschlussorgan der Gemeinde ist der **Rat**, der sich aus den von den Bürgern gewählten ehrenamtlich tätigen Ratsmitgliedern sowie dem ebenfalls direktgewählten (Ober-) Bürgermeister zusammensetzt (vgl. §§ 42, 65 GO; vgl. im Einzelnen unten A.II.).

In jeder Gemeinde sind ein **Hauptausschuss**, ein Finanzausschuss und ein Rechnungsprüfungsausschuss zu bilden (§ 57 Abs. 2 GO). Im Übrigen steht die **Bildung von Ausschüssen im freien Ermessen des Rates**, soweit keine sondergesetzlichen Vorschriften dies verlangen (z. B. Wahlausschuss oder in Gemeinden mit Eigenbetrieben der Betriebsausschuss nach § 5 Eigenbetriebsverordnung i.V.m. § 114 Abs. 2 GO).

Zur Unterstützung des Bürgermeisters kann der Rat **Beigeordnete** wählen (§ 71 GO). Zusammen mit dem Bürgermeister bilden die Beigeordneten den **Verwaltungsvorstand**. Der Verwaltungsvorstand ist ein verwaltungsinternes Steuerungsgremium, in dem unter Vorsitz des Bürgermeisters die grundlegenden Verwaltungsentscheidungen erörtert und beraten werden sollen. Bei Meinungsverschiedenheiten steht dem Bürgermeister das Recht auf Entscheidung zu (§ 70 GO).

Die Grundstrukturen einer Gemeinde sind in dem nachfolgenden Schaubild dargestellt.

- Schaubild: Grundstrukturen einer Gemeinde -

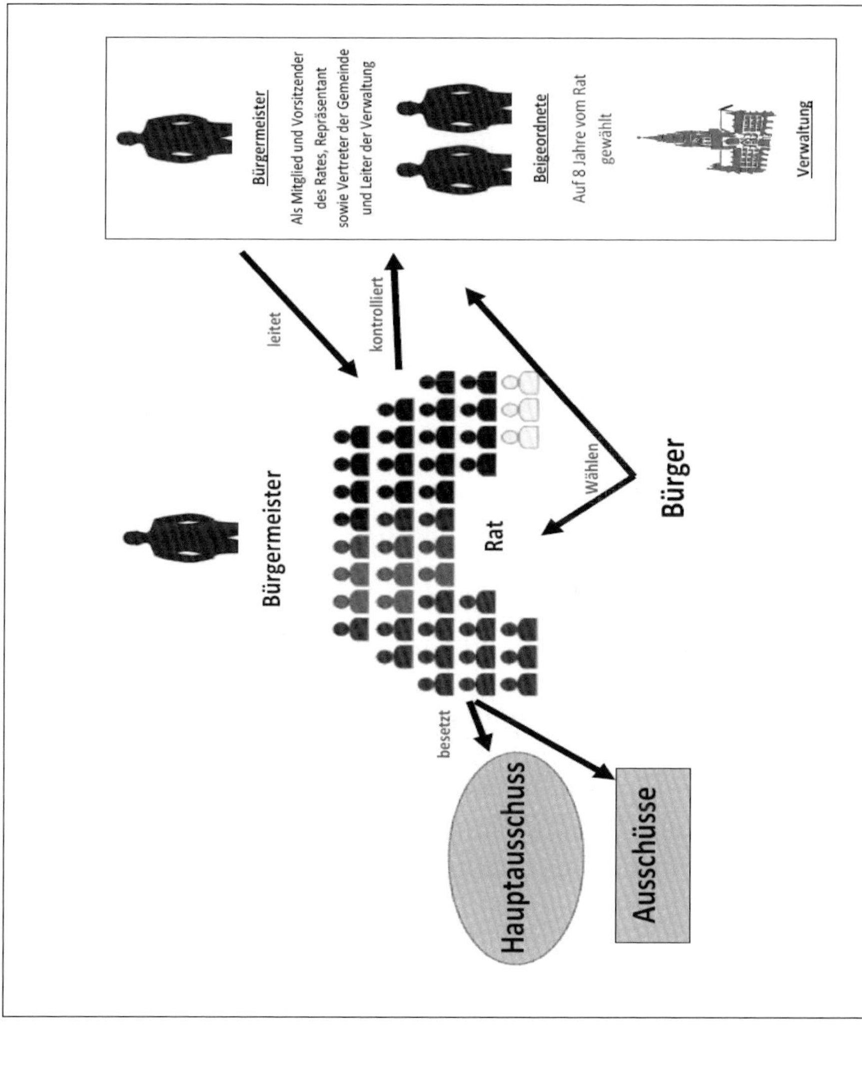

II. Die Organe der Gemeinde

1. Der Rat und seine Ausschüsse

Wichtigstes Selbstverwaltungsorgan ist der **Rat**. Er setzt sich aus den von den Bürgern nach den Vorschriften des Kommunalwahlgesetzes Nordrhein-Westfalen (KWahlG) **gewählten Ratsmitgliedern** sowie dem **Bürgermeister** zusammen (§ 40 Abs. 2 GO). Der Bürgermeister ist kraft Gesetzes Mitglied des Rates und als solches (nur) in den von § 40 Abs. 2 Satz 6 GO genannten Fällen vom Stimmrecht ausgeschlossen.

Die Anzahl der Ratsmitglieder richtet sich nach der Größe der Gemeinde (vgl. § 3 Abs. 2 KWahlG).

Der **Rat** ist das **oberste Willens- und Beschlussorgan** der Gemeinde (§ 41 GO) und im Rahmen der Gesetze für alle Angelegenheiten der Gemeinde zuständig, soweit nicht dem Bürgermeister bzw. dem Hauptausschuss durch Gesetz oder Beschluss des Rates bestimmte Angelegenheiten übertragen sind. Im Einzelnen wird die **Kompetenzverteilung** durch die vom Rat zu erlassende **Hauptsatzung** und **Zuständigkeitsordnung** für den Rat und seine Ausschüsse geregelt.

Dem Rat werden durch die Gemeindeordnung insbesondere **Beschluss- und Kontrollaufgaben** zugewiesen (vgl. §§ 41, 55, 62 Abs. 2 GO). Der Rat überwacht weiterhin die Ausführung seiner Beschlüsse und sorgt beim Auftreten von Missständen in der Gemeindeverwaltung für deren Beseitigung durch den Bürgermeister. § 41 Abs. 1 GO räumt dem Rat dabei einen unentziehbaren Aufgabenkatalog ein.

Weitere Befugnisse zur **Geschäftsverteilung** und zur Einstellung, Beförderung und Entlassung von **Bediensteten** sind beispielsweise in den §§ 73, 74 GO geregelt.

Zur Erfüllung seiner Aufgaben und zur eigenen Entlastung muss bzw. kann der **Rat ständige oder zeitweilige Ausschüsse bilden**, die in der Regel beratend tätig werden und Empfehlungen für die Entscheidung durch den Rat aussprechen können. Über die beratende Funktion hinaus kann der Rat den Ausschüssen **eigene Entscheidungskom-**

petenzen, sog. ratsvertretende Beschlusskompetenzen, zuweisen (§ 57 GO).

Soweit nicht im Gesetz vorgeschrieben, legt der Rat in seiner Hauptsatzung die Bildung, die Zusammensetzung und die Aufgaben der Ausschüsse fest. Die Ausschüsse tagen – wie auch der Rat – grundsätzlich öffentlich. Gemeindeordnung und Geschäftsordnung bestimmen, ob und unter welchen Voraussetzungen Ausschusssitzungen nicht öffentlich sind (§ 48 Abs. 2 GO).

Die Gemeindeordnung unterscheidet ferner zwischen den sog. **Pflichtausschüssen**, die aufgrund der Gemeindeordnung zwingend einzurichten sind (vgl. § 57 GO), und den (sonstigen) **freiwilligen Ausschüssen**. Darüber hinaus ist der Rat verpflichtet, weitere Ausschüsse zu bilden, soweit dies in **Sondergesetzen** festgelegt ist (z. B. Jugendhilfeausschuss [§ 71 Sozialgesetzbuch VIII und §§ 4, 5 Erstes Gesetz zur Ausführung des Kinder- und Jugendhilfegesetzes NRW], Betriebsausschuss [§ 5 Eigenbetriebsverordnung], Umlegungsausschuss [§ 46 Baugesetzbuch i.V.m. § 3 der Ersten Durchführungsverordnung des Landes NRW], Wahlausschuss und Wahlprüfungsausschuss [§§ 2 und 40 KWahlG], Verwaltungsrat der Sparkasse [§§ 9, 10 Sparkassengesetz]) – vgl. im Einzelnen zur Bildung und Besetzung von Ausschüssen unten C.II.

2. Der (Ober-) Bürgermeister

Der **(Ober-) Bürgermeister** wird von den Bürgern auf die Dauer von **fünf Jahren** nach den Grundsätzen der **Mehrheitswahl** gewählt (§ 65 Abs. 1 GO). Er ist **kommunaler Wahlbeamter**. Die Wahl findet gleichzeitig mit dem Rat statt.

Die Gemeindeordnung weist dem Bürgermeister die Aufgabe zu, **Vorsitzender des Rates, repräsentativer Vertreter der Gemeinde** und **Leiter der Verwaltung** zu sein.

Als **Ratsvorsitzendem** obliegen dem Bürgermeister insoweit vornehmlich **geschäftsführende Aufgaben**, d. h., er hat für die ordnungsgemäße Vorbereitung, Einberufung und Durchführung der Sitzungen einschließlich der Ausübung des Hausrechts und der Ausführung der verabschiedeten Beschlüsse Sorge zu tragen. Gleichfalls weist die Gemeindeordnung ihm neben diesen verfahrensrechtlichen Aufgaben als Ratsvorsitzender weitere Rechte und Pflichten zu (vgl. z. B. § 55 Abs. 1 GO – Unterrichtungspflicht gegenüber dem Rat, § 60 Abs. 1 Satz 2 GO – Dringlichkeitsentscheidungen, § 54 Abs. 1 GO – Widerspruchsrecht bei Gefährdung des Gemeindewohls).

Die ehrenamtlichen Stellvertreter (vgl. § 67 GO) vertreten den Bürgermeister bei der Leitung der Ratssitzungen und bei der Repräsentation (zur Wahl der Stellvertreter des Bürgermeisters vgl. unten C.II.3.).

Zu den **Aufgaben des Bürgermeisters** als **repräsentativer Vertreter** des Rates bzw. der Gemeinde gehören z. B. das Auftreten bei Angelegenheiten wie Empfängen, Jubiläen und Veranstaltungen der Gemeinde. Soweit der Bürgermeister aus rechtlichen oder tatsächlichen Gründen an der Ausübung seines Amtes verhindert ist, kommt die Stellvertretungsregelung in streng hierarchischer Form zur Anwendung. Eine **Arbeitsaufteilung** zwischen den **ehrenamtlichen Bürgermeistern** oder eine Übergehung des ersten stellvertretenden Bürgermeisters (z. B. aus politischen Gründen) ist rechtlich nicht zulässig.

Gleichfalls ist der Bürgermeister **Leiter der Gemeindeverwaltung** und rechtlicher Vertreter der Gemeinde.

3. Die Beigeordneten

Zur **Unterstützung des Bürgermeisters** bei der Verwaltungsleitung werden vom Rat auf die **Dauer von acht Jahren Beigeordnete** gewählt, deren Zahl durch die Hauptsatzung (§ 71 Abs. 1 GO) und deren Besoldung durch die Eingruppierungsverordnung (nach der Einwohnerzahl der Gemeinde) festgelegt wird.

Die Beigeordneten sind – wie der Bürgermeister – **kommunale Wahlbeamte**. In kreisfreien Städten und Großen kreisangehörigen Städten muss mindestens einer der Beigeordneten die Befähigung zum Richteramt oder zur Laufbahn des allgemeinen Verwaltungsdienstes im Land Nordrhein-Westfalen in der Laufbahngruppe 2, zweites Einstiegsamt, besitzen. In den übrigen Gemeinden muss mindestens einer der Beigeordneten mindestens die Befähigung für die Laufbahn des allgemeinen Verwaltungsdienstes im Land NRW in der Laufbahngruppe 2, erstes Einstiegsamt, besitzen. Das doppelte „mindestens“ stellt klar, dass diese Voraussetzung auch ein Bewerber mitbringt, der die Voraussetzungen gemäß § 71 Abs. 3 Satz 2 GO für kreisfreie und Große kreisangehörige Städte erfüllt.

Die Befähigung zum Richteramt ergibt sich aus § 5 Abs. 1 DRiG sowie § 1 JAG NRW. Im Übrigen ist festzustellen, dass durch das Dienstrechtsmodernisierungsgesetz 2016 die vier Laufbahngruppen, zu denen auch der gehobene und der höhere Dienst zählen, auf zwei reduziert wurden, wobei es weiterhin zwei Einstiegsämter gibt.

In **kreisfreien Städten** muss ein Beigeordneter als **Stadtkämmerer** bestellt werden (§ 71 Abs. 4 GO).

Die Beigeordneten vertreten den Bürgermeister allgemein in ihrem Arbeitsgebiet (Dezernat / Fachbereich), das vom **Rat** im Einvernehmen mit dem Bürgermeister durch die **Festlegung des Geschäftskreises der Beigeordneten** bestimmt wird (§ 73 Abs. 1 GO).

Der Rat besitzt die Möglichkeit, Beigeordnete abzuberufen. Einzelheiten hierzu ergeben sich aus § 71 Abs. 7 GO.

Zum **allgemeinen Vertreter des Bürgermeisters** bestellt der Rat einen Beigeordneten („**Erster Beigeordneter**“). Die übrigen Beigeordneten sind zur Stellvertretung nur berufen, wenn der zur allgemeinen Vertretung bestellte Beigeordnete verhindert ist. Die Reihenfolge bestimmt der Rat (§ 68 Abs. 1 GO).

In kleineren Gemeinden (in der Regel bis 20.000 Einwohner), in denen **kein Beigeordneter** gewählt wird, übernimmt durch entsprechenden Ratsbeschluss ein **Laufbahnbeamter** – häufig der Hauptamtsleiter – die Funktion des **allgemeinen Vertreters** (§ 68 Abs. 1 GO).

4. Die Fraktion

Fraktionen sind **freiwillige Vereinigungen von Mitgliedern des Rates** (§ 56 Abs. 1 GO). Damit ist zugleich klargestellt, dass Sachkundige Bürger bzw. Sachkundige Einwohner und sonstige Personen (z. B.

Parteivertreter oder Landtags- bzw. Bundestagsabgeordnete), weil sie **keine Mitglieder** des Rates sind, auch keine Mitglieder der Fraktion sein können, selbst wenn sie in der Praxis regelmäßig an Fraktionssitzungen teilnehmen. Das gilt auch für den **Bürgermeister**, da er kein gewähltes, sondern gesetzliches Mitglied im Rat ist.

An den **Fraktionsstatus** werden durch die Gemeindeordnung und die Geschäftsordnungen der Räte bestimmte Informations- und Initiativrechte geknüpft, die vor allem der Effektivität der Ratsarbeit dienen sollen.

Nach der Rechtsprechung des Oberverwaltungsgerichts für das Land Nordrhein-Westfalen (OVG NRW, DVBl. 1989, S. 164 ff.) „sind Ratsfraktionen ständige Gliederungen des kommunalen Vertretungsorgans, die durch Gesetz, Hauptsatzung oder Geschäftsordnung anerkannt und durch Letztere mit eigenen Mitwirkungsrechten innerhalb des Gemeindeparlaments ausgestattet sind, um den technischen Ablauf seiner Arbeit zu steuern und zu erleichtern"; im Rahmen dieser Aufgabe sind sie eine notwendige Einrichtung des kommunalen Verfassungsrechts.

Nähere Einzelheiten über die **Bildung, Rechte und Pflichten** der Fraktionen überlässt die Gemeindeordnung in der Regel der **Geschäftsordnung des Rates**. Insofern bleiben die wesentlichen Regelungen dieser Fragen der Geschäftsordnungsautonomie des Rates und dem Gestaltungsrecht der Fraktionen überlassen. In der Praxis geben sich die **Fraktionen** eine **eigene Geschäftsordnung**, nach der verfahren wird. Eine entsprechende Muster-Geschäftsordnung ist im Anhang abgedruckt.

(Zur Stellung des Fraktionsmitgliedes im Einzelnen vgl. unten B.V.).

Zu den **wichtigsten Rechten einer Fraktion** gehören insbesondere:

- das **Vorschlagsrecht** für die **Tagesordnung** der Ratssitzung (§ 48 Abs. 1 Satz 2 GO);
- das Recht, die unverzügliche **Einberufung des Rates** zu verlangen (§ 47 Abs. 1 Satz 4 GO);

- die **Verteilung der Ausschusssitze** auf die Fraktionen erfolgt durch das Zählverfahren nach Hare/Niemeyer (vgl. im Einzelnen unten C.II.);
- das Recht auf **Benennung** eines **Ausschussmitgliedes mit beratender Stimme** durch diejenigen Fraktionen, die in einem Ausschuss nicht vertreten sind (§ 58 Abs. 1 Satz 7 GO);
- das Recht auf **Bestimmung des Ausschussvorsitzenden** aus der Mitte des Ausschusses (§ 58 Abs. 5 Satz 1 GO), wenn sich die Fraktionen entsprechend geeinigt haben; soweit eine Einigung nicht zustande kommt, benennen die Fraktionen gemäß § 58 Abs. 5 Satz 4 GO die Ausschüsse, deren Vorsitz sie beanspruchen, in der Reihenfolge der Höchstzahlen (Verfahren nach d'Hondt) und bestimmen aus ihrer Mitte den Vorsitzenden (vgl. im Einzelnen unten C.II.);
- das Recht, den **Bürgermeister** zu **verpflichten**, zu einem Punkt der Tagesordnung **vor dem Rat Stellung zu nehmen** (§ 69 Abs. 1 Satz 2 GO);
- das Recht auf **Akteneinsicht** (§ 55 Abs. 4 Satz 1 GO).

Schließlich erhalten die Fraktionen gemäß § 56 Abs. 3 GO **Zuwendungen aus Haushaltsmitteln** der Gemeinde zu den sächlichen und personellen Aufwendungen für die Geschäftsführung.

Einen Anhaltspunkt zur ordnungsgemäßen Verwendung dieser gemeindlichen **Zuwendungen** enthält der **Runderlass des MIK NRW** aus November 2015 – Az.: 31-43.02.01-2-2556/15 –, den das Ministerium in Abstimmung mit den kommunalpolitischen Vereinigungen der Parteien verfügt hat.

5. Das Ratsmitglied

Die Rechtsstellung der Mitglieder des Rates wird vom sog. **„freien Mandat“** bestimmt (§ 43 Abs. 1 GO). Danach sind die Ratsmitglieder bei ihrer Tätigkeit an Aufträge nicht gebunden und verpflichtet, ausschließlich nach dem Gesetz und ihrer freien, nur durch Rücksicht auf das öffentliche Wohl bestimmten Überzeugung zu handeln. Daraus und aus seiner Stellung als unmittelbar gewählter Vertreter der gesamten Bürgerschaft (§ 42 Abs. 1 GO) folgt, dass das **Ratsmitglied nicht an Weisungen oder Aufträge seiner Wähler**, seiner Partei oder sonstiger Interessengruppen **gebunden** ist. Es besteht für das Ratsmitglied weder ein sog. Fraktionszwang noch ist es parteipolitischen Grundsätzen unterworfen. Insoweit steht es jedem Ratsmitglied, das einer Fraktion beigetreten ist, auch jederzeit frei, aus seiner Fraktion oder der Partei, die sie für das Mandat im Rat aufgestellt hat, auszutreten, ohne dass es seine Mitgliedschaft im Rat verliert. Dies gilt unabhängig davon, ob das Ratsmitglied im Wahlkreis direkt gewählt oder über die Reserveliste in den Rat eingezogen ist.

Zur **Vermeidung von Interessenkonflikten** stellt das Kommunalwahlgesetz allerdings Regeln für die Unvereinbarkeit von Amt und Ratsmandat auf. So können z. B. Beamte oder Arbeitnehmer (soweit sie nicht überwiegend körperliche Arbeit verrichten) nicht der Vertretung einer Gemeinde angehören, in deren Dienst sie stehen (vgl. im Einzelnen § 13 KWahlG).

a) Freistellungsanspruch

Mit der Wahl in den Rat ist zugleich die **Garantie der Ausübung des Mandats** verknüpft. Die Ratsmitglieder dürfen bei der Ausübung ihres Mandats nicht behindert werden, und es dürfen ihnen hierdurch **keine Nachteile entstehen** (§ 44 Abs. 1 GO). Deshalb sieht die Gemeindeordnung u. a. einen Freistellungsanspruch gegenüber dem Arbeitgeber mit entsprechendem **Kündigungsschutz** vor (§ 44 Abs. 2 GO).

In jedem Fall ist zu beachten, dass die Ratstätigkeit ihren Charakter als Ehrenamt behält. Damit unvereinbar wäre es, wenn keine Zeit mehr für den regulären Beruf verbliebe. Entsprechend sind die Ratsmitglieder auch gehalten, ihre mit der Mandatsausübung verbundenen Tätigkeiten so weit wie möglich in die Freizeit zu verlagern, was insbesondere für die Vorbereitung von Sitzungen gilt.

Anspruchsberechtigt sind neben Ratsmitgliedern auch Mitglieder der Bezirksvertretungen, Sachkundige Bürger und Sachkundige Einwohner. Stellvertretende Ausschussmitglieder haben hingegen nur einen

Anspruch auf Freistellung, wenn der Vertretungsfall eintritt, da sie nur dann auf Veranlassung des Rates tätig werden.

Zur Teilnahme an kommunalpolitischen Bildungsveranstaltungen, die der Ausübung ihres Mandats förderlich sind, haben Ratsmitglieder, Mitglieder der Bezirksvertretungen oder Mitglieder der Ausschüsse zudem aufgrund gesetzlicher Regelungen (§ 44 GO) einen Anspruch auf Urlaub an bis zu acht Arbeitstagen in jeder Wahlperiode, jedoch an nicht mehr als vier aufeinanderfolgenden Arbeitstagen im Jahr. Für die Zeit des Urlaubs besteht nach dem Gesetz Anspruch auf Verdienstausfall und Ersatz eventueller Kinderbetreuungskosten.

b) Entschädigung der Ratsmitglieder

Für die Wahrnehmung ihres kommunalen Mandats haben alle **Rats-, Kreistags- und Ausschussmitglieder, die Mitglieder von Bezirksvertretungen und die Ortsvorsteher** einen Rechtsanspruch auf Entschädigungszahlungen, die einen – pauschal oder konkret berechneten – **Ausgleich für ihre Tätigkeit** in einer kommunalen Vertretungskörperschaft beinhalten. Den Ausgangspunkt für die Entschädigungsregelungen bildet der Grundsatz, dass der kommunale Mandatsträger eine ehrenamtliche Tätigkeit ausführt, die keine finanziellen Nachteile, aber auch keine finanziellen Vorteile für den einzelnen Mandatsträger herbeiführen soll. Im Einzelnen umfasst die gesetzliche Entschädigungsregelung den **Ersatz des Verdienstausfalls** und die **Aufwandsentschädigung** sowie den **Auslagenersatz** und die **Fahrkosten** (vgl. im Einzelnen die Entschädigungsverordnung im Anhang).

c) Mitwirkungsrechte des Ratsmitgliedes

Zur Wahrnehmung des Mandats stehen dem Ratsmitglied u. a. folgende Mitwirkungsrechte zu, die im Einzelnen in der Gemeindeordnung, Hauptsatzung oder Geschäftsordnung geregelt sind:

- Recht zur Teilnahme an Sitzungen des Rates und der Ausschüsse (§ 58 Abs. 1 Satz 4 GO; in digitaler Form nach Maßgabe der §§ 47a, 58a GO);

- Rede- und Abstimmungsrecht in den Sitzungen;
- Recht zur Stellung von Anträgen in der Sitzung;
- Recht auf (frühzeitige) Information durch die hauptamtliche Verwaltung (§ 55 Abs. 1 und 3 GO);
- Recht zur Einbringung von Beschlussvorlagen in den Rat nach Maßgabe der Geschäftsordnung;
- Auskunfts- und Akteneinsichtsrecht gegenüber dem Bürgermeister nach Maßgabe des § 55 Abs. 4 und 5 GO;
- Recht auf Teilnahme des Bürgermeisters und der Beigeordneten an den Rats- und Ausschusssitzungen nach Maßgabe des § 69 GO;
- Recht auf Einberufung des Rates, soweit ein Fünftel der Ratsmitglieder dies verlangt (§ 47 Abs. 1 Satz 3 GO);
- Recht auf frühzeitige Einladung und Zustellung der Sitzungsunterlagen nach Maßgabe der Geschäftsordnung (folgt aus § 62 Abs. 2 Satz 1 GO);
- allgemeines Fragerecht in den Sitzungen nach Maßgabe der Tagesordnung und der Geschäftsordnung (§ 55 Abs. 3 GO);
- Recht auf Stellungnahme des Bürgermeisters sowie der Beigeordneten zu den einzelnen Tagesordnungspunkten (§ 69 Abs. 1 GO);
- Recht auf Teilnahme an Fortbildungsveranstaltungen zur Erlangung des Sachkundenachweises nach § 113 Abs. 6 GO;
- Recht zur Bildung und auf Mitgliedschaft in einer Fraktion (§ 56 GO).

d) Einschränkung von Mitwirkungsrechten

Aus Gründen des Gemeinwohls können die Rechte der Ratsmitglieder unter Berücksichtigung des **Verhältnismäßigkeitsgrundsatzes** eingeschränkt werden.

Erhebliche Bedeutung kommen dabei in der Praxis insbesondere dem **Mitwirkungsverbot** gemäß § 31 GO (**Befangenheit** des Ratsmitgliedes) sowie den ordnungsrechtlichen Maßnahmen gegenüber Ratsmitgliedern im Rahmen der Sitzungsleitung zu.

e) Geschäftsordnungsmaßnahmen

Weitere Einschränkungen von Mitwirkungsrechten des Ratsmitgliedes sind im Rahmen der ordnungsgemäßen Geschäftsführung des Rates unerlässlich. In der Geschäftsordnung bzw. durch Beschluss des Rates sollten deshalb insbesondere konkrete Regelungen z. B. über die

- Behandlung von Anträgen und Anfragen,
- Festlegung von Redezeiten,
- Aufrechterhaltung und Durchsetzung der Sitzungsordnung (z. B. Wortentzug, Entziehung von Aufwandsentschädigungen, Sitzungsausschluss bei ungebührlichem Verhalten von Ratsmitgliedern),
- Ausübung des Hausrechts

festgelegt sein.

f) Pflichten des Ratsmitgliedes

Durch die Übernahme und Ausübung des Mandats werden dem Ratsmitglied auch verschiedene Pflichten auferlegt. Neben der selbstverständlichen Pflicht zur **Mitarbeit im Rat**, in den **Ausschüssen** und der **Fraktion** obliegt dem einzelnen Ratsmitglied insbesondere die Pflicht zur **Verschwiegenheit**.

In seiner Eigenschaft als Mandatsträger erhält das Ratsmitglied zwangsläufig Informationen, die unter dem Gesichtspunkt des Gemeinwohls nicht an die Öffentlichkeit weitergegeben werden dürfen. Zur **Sicherstellung** der **Verschwiegenheit** sind in § 30 GO umfangreiche Regelungen festgelegt, die nach Maßgabe des § 43 Abs. 2 Satz 1 GO auch für Mitglieder des Rates entsprechend gelten.

g) Die Haftung der Ratsmitglieder

Nimmt man als Ratsmitglied Verantwortung wahr, ist man nicht mehr nur Privatperson, sondern steht auch im öffentlichen Raum. Daher unterliegt das Ratsmitglied sowohl als Privater wie auch als Mandatsträger einer Haftungspflicht bei Rechtsverstößen. Verletzt ein Mandatsträger das Recht, kommen strafrechtliche, kommunalrechtliche oder privatrechtliche Sanktionen infrage.

Ratsmitglieder sind – wie jeder andere Bürger auch – den Vorschriften des Strafrechts unterworfen. Sie genießen keine Immunität oder Indemnität wie Parlamentarier, die sie von der strafrechtlichen Verfolgung bzw. von der Verantwortung für parlamentarisches Handeln freistellen.

Weiterhin kommen kommunalrechtliche Sanktionen gegen Ratsmitglieder in Betracht. Im Falle einer Verschwiegenheitspflichtverletzung kann ein Ordnungsgeld gegen das Ratsmitglied verhängt werden, wenn nicht gleichzeitig mit dem Verstoß ein Straftatbestand erfüllt wird. Bei Verletzung anderer Pflichten als der Verschwiegenheitspflicht können Rügen durch Ratsbeschluss erteilt werden, etwa wenn ein Ratsmitglied seiner Pflicht zur Offenbarung eines Ausschließungsgrundes (Unvereinbarkeit von Amt und Mandat) nicht nachkommt.

Bei der Haftung auf Schadensersatz ist zwischen dem Verhältnis der Gemeinde zu dem geschädigten Dritten (Außenverhältnis) sowie dem Verhältnis zwischen der Gemeinde und ihrem Bediensteten oder Mandatsträger (Innenverhältnis) zu unterscheiden. Im Außenverhältnis haftet die Gemeinde, etwa aus Amtshaftung, wenn ein außenstehender Dritter einen Schaden durch einen Bediensteten oder ein Ratsmitglied der Gemeinde erleidet. Im Innenverhältnis ist es möglich, dass die Gemeinde sich die durch die Außenhaftung entstehenden Kosten von dem Bediensteten oder dem Ratsmitglied, das den Schaden verursacht hat, ersetzen lässt (Regress). Dies ist etwa unter den Voraussetzungen des § 43 Abs. 4 GO möglich. Die Vorschrift sieht eine Haftung der Ratsmitglieder für Vermögensschäden vor, die der Gemeinde infolge von Ratsbeschlüssen entstehen. Danach haften die Ratsmitglieder im Innenverhältnis zur Gemeinde, wenn sie

- in vorsätzlicher oder grob fahrlässiger Verletzung ihrer Pflicht gehandelt haben,
- bei der Beschlussfassung mitgewirkt haben, obwohl sie nach dem Gesetz hiervon ausgeschlossen waren und ihnen der Ausschließungsgrund bekannt war,
- der Bewilligung von Aufwendungen und Auszahlungen zugestimmt haben, für die das Gesetz oder die Haushaltssatzung eine Ermächtigung nicht vorsieht, wenn nicht gleichzeitig die erforderlichen Deckungsmittel bereitgestellt werden.

In der Praxis stellt sich häufig die Frage, welche Haftungsrisiken ein rechtswidriger Ratsbeschluss besitzt. Es gibt zahlreiche Fälle, etwa das Erteilen einer Baugenehmigung, in denen nur eine rechtlich korrekte Entscheidung möglich ist. Die Ratsmitglieder sind dann verpflichtet, entsprechend abzustimmen. Dies mag ungewöhnlich anmuten, da der Rat überwiegend als Willensbildungsorgan wahrgenommen wird, das seine Entscheidungen ausschließlich nach politischen Gesichtspunkten trifft. Der Rat ist jedoch kein Parlament und damit Legislative, sondern als Selbstverwaltungsorgan Teil der Exekutive. Daher hat er auch Verwaltungsentscheidungen zu treffen. Folgen die Ratsmitglieder ihrer Pflicht zum rechtmäßigen Handeln nicht und erleidet ein Dritter einen Schaden, können die Ratsmitglieder im Wege des Regresses haften.

Zuständig für die Geltendmachung des Regressanspruches ist der Rat. In der Praxis dürfte dieser allerdings schwer durchzusetzen sein, da es angesichts der in der Regel fehlenden namentlichen Abstimmung schwierig ist, das Verschulden des Einzelnen nachzuweisen. Neben dieser speziellen kommunalrechtlichen Anspruchsgrundlage kommen auch noch andere haftungsrechtliche Vorschriften zur Anwendung, etwa § 823 Abs. 2 BGB.

6. Die Hoheitsrechte der Gemeinde in Schaubildern

Zur Verwirklichung der Selbstverwaltungsgarantie des Grundgesetzes haben die Gemeinden im Rahmen der Gesetze von Bund und Ländern

Hoheitsrechte, die nachfolgend in zwei Schaubildern dargestellt werden:

a) Die 7 Hoheitsrechte der Gemeinde im Überblick

b) Die Hoheitsrechte der Gemeinde im Einzelnen

Organisationshoheit	**Personalhoheit**	**Finanzhoheit**	**Planungshoheit**
Regelung der inneren und äußeren Organisation: ▪ Wahl der Organe (Errichtung von Ausschüssen, Beiräten etc.) ▪ Organisation der gemeindlichen Verwaltung ▪ Regelung der „inneren Verfassung“ der Gemeinde durch Erlass der Hauptsatzung und Geschäftsordnung	▪ Recht zur Erfüllung ihrer Aufgaben im Rahmen der Gesetze, die Gemeindebediensteten (Beamte, Angestellte und Arbeiter) anzustellen, zu befördern und zu entlassen ▪ Treffen der notwendigen Personalentscheidungen (z. B. Wahl und Abberufung von Beigeordneten)	▪ Recht zur eigenverantwortlichen Haushaltsführung (§§ 75 bis 96a GO) ▪ Einnahmehoheit ▪ Abgabenhoheit ▪ Steuerhoheit	▪ Recht zur eigenverantwortlichen Gestaltung des Gemeindegebiets unter Berücksichtigung überörtlicher Planungsgesichtspunkte (z. B. Aufstellung eines Bebauungsplans)

Satzungshoheit	**Gebietshoheit**	**Aufgabenhoheit**
▪ Erlass ortsrechtlicher Regelungen (z.B. Friedhofssatzung) (§ 7 GO)	▪ Ausübung staatlicher Hoheitsgewalt im Gemeindegebiet	▪ Recht, gesetzlich obliegende Aufgaben der örtlichen Gemeinschaft in eigener Zuständigkeit und Verantwortlichkeit zu regeln (§ 2 GO) <u>Beispiele</u> - Betrieb, Bau und Unterhaltung öffentlicher Einrichtungen der Daseinsvorsorge - Wirtschaftsförderung, Sportförderung etc.

7. Der Entscheidungsprozess in der kommunalen Selbstverwaltung in Schaubildern

a) Willensbildung und Entscheidungsfindung

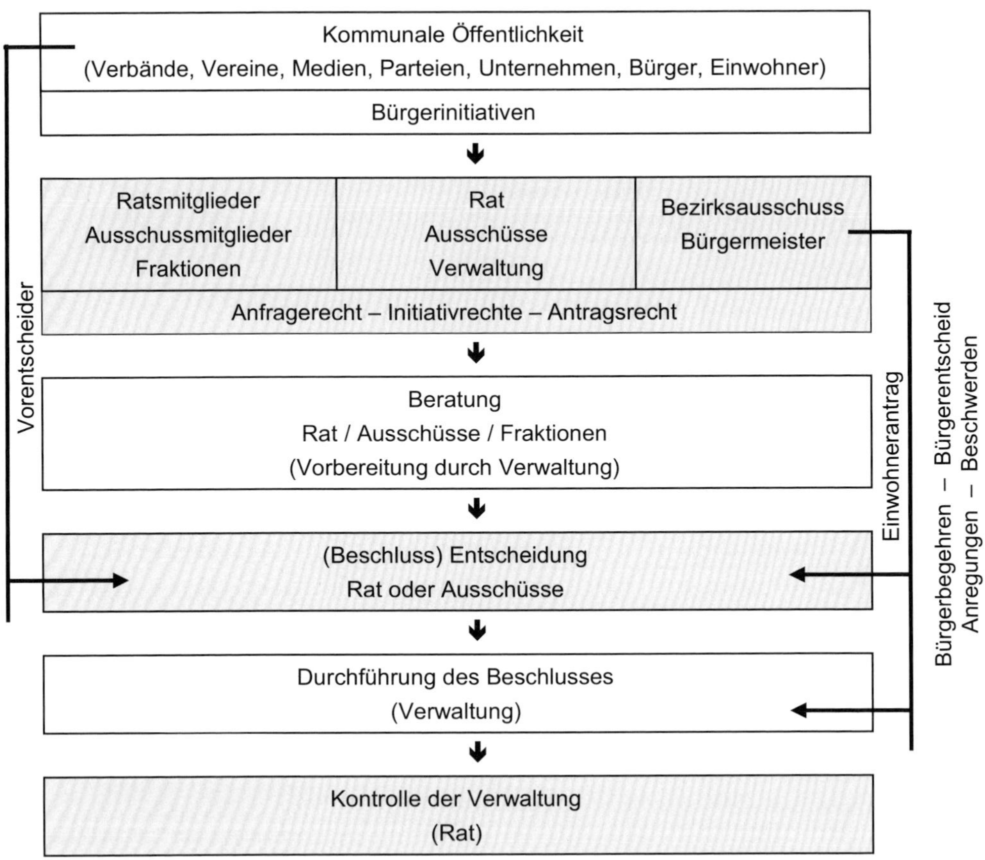

b) Der Verfahrensablauf in der Gemeinde

- Behandlung der Initiativrechte im verwaltungsinternen Ablauf -

Antrag eines Initiativberechtigten
(vgl. nachfolgende Übersicht)

↓

Verwaltung

- Erarbeitet den Anträgen entsprechende Beschlussvorlagen.
- Holt weitere Informationen ein (z. B. Stellungnahmen von Behörden, Bürgern, Fachleuten).
- Leitet Antrag / Beschlussvorlage an die entsprechenden Stellen weiter (Bürgermeister, Ausschussvorsitzende etc.).

↑

Verwaltungsinterner Ablauf wird geregelt durch

- Dienstanweisung über die Vorbereitung und Durchführung der Sitzungen des Rates und der Ausschüsse.

- Vorbereitung der Ratssitzung -

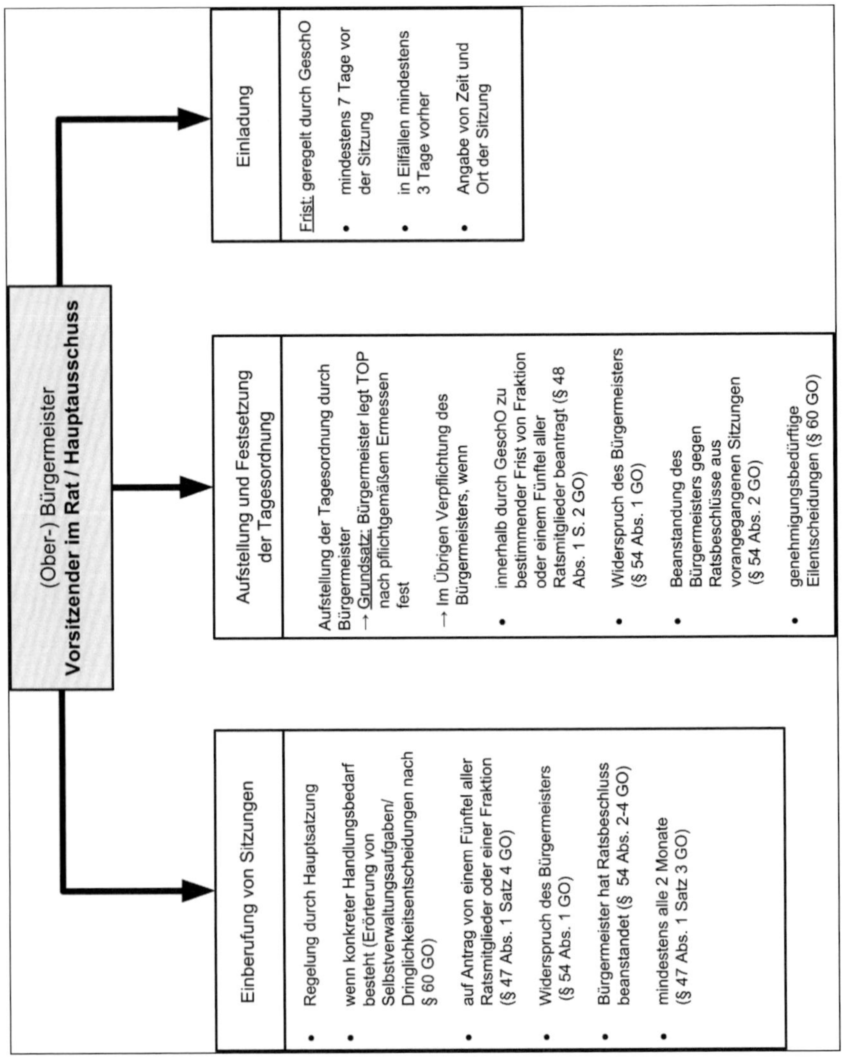

- Beratungs- und Entscheidungsablauf im Rat -

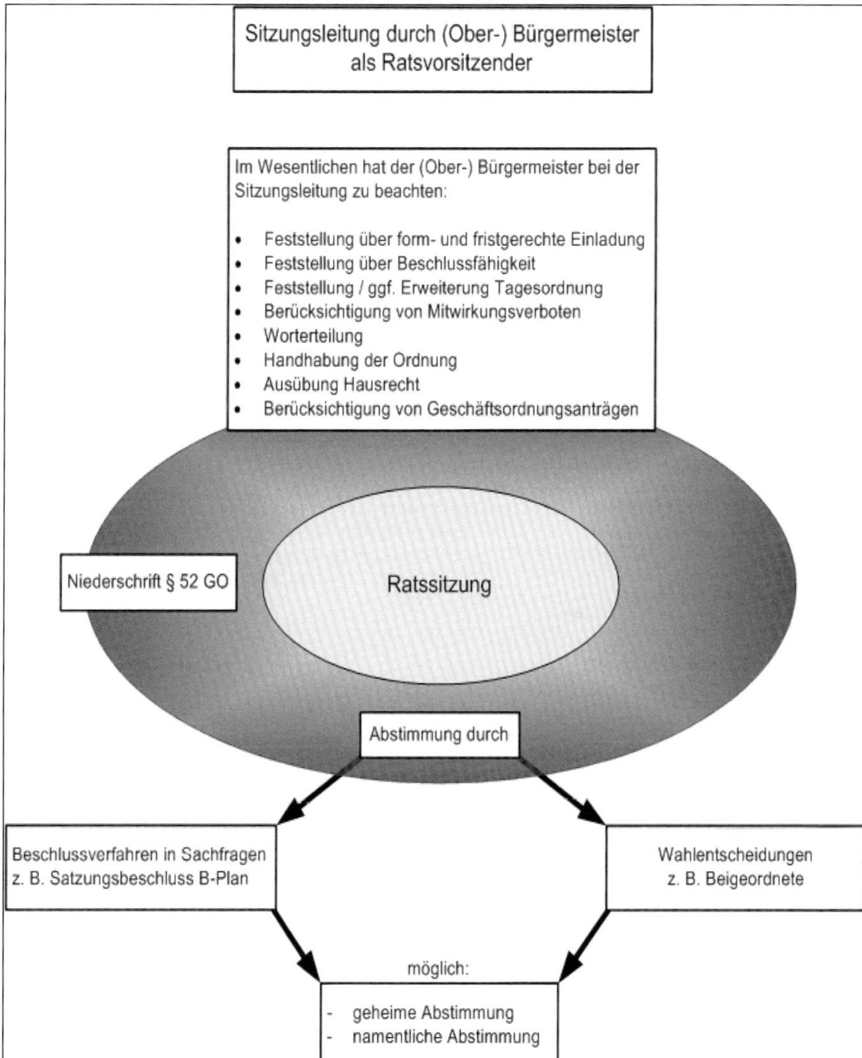

- Durchführung der Ratsbeschlüsse -

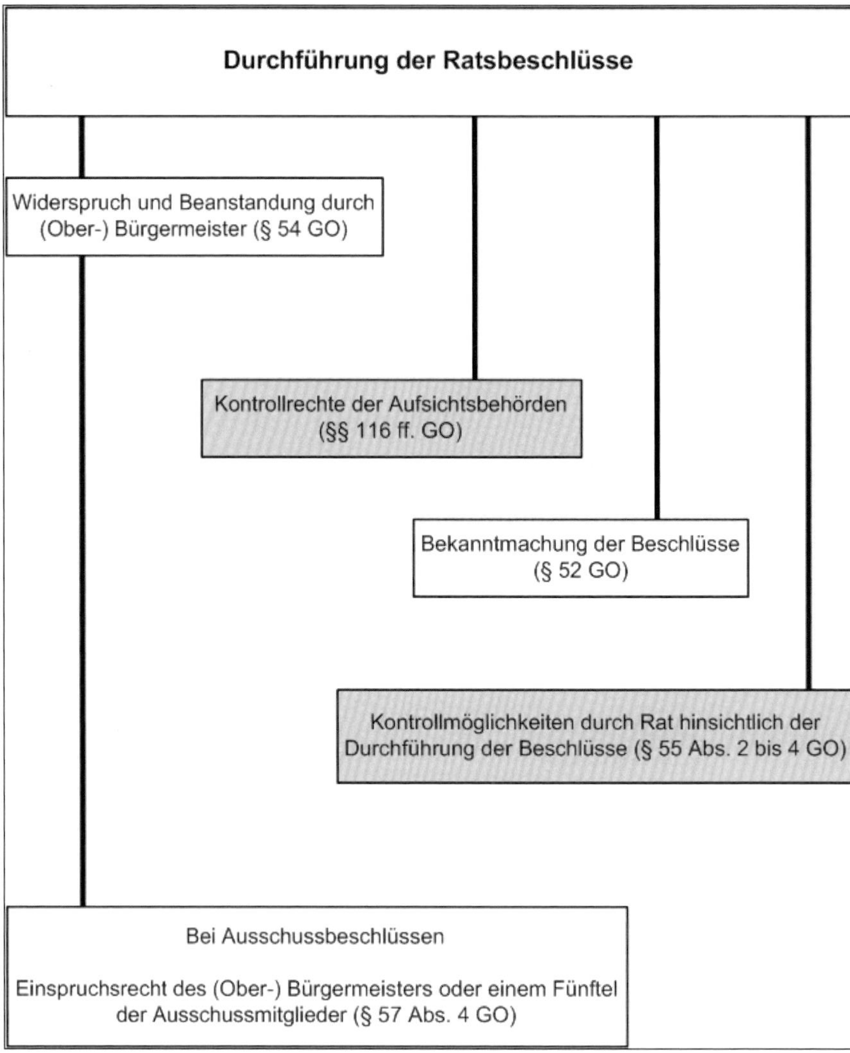

III. Die Bezirksverfassung (Ortsteilverfassung) – Bezirksvertretungen / Bezirksausschüsse / Ortsvorsteher

Sinn und Zweck der nordrhein-westfälischen **Bezirksverfassung** ist es, den durch die 1975 abgeschlossene kommunale Gebietsreform bewirkten Verlust an Ortsnähe teilweise wieder aufzufangen. Insoweit sieht die Gemeindeordnung die Möglichkeit vor, durch die Einrichtung von **Bezirksvertretungen in kreisfreien Städten** oder aber von **Bezirksausschüssen bzw. Ortsvorstehern in kreisangehörigen Städten und Gemeinden** ortsteilbezogene ehrenamtlich tätige Gremien neben dem Rat einzurichten.

1. Die Bezirksverfassung in kreisfreien Städten

Ausgangspunkt ist die Pflicht der kreisfreien Städte, ihr Stadtgebiet in mindestens drei bis zu höchstens zehn Stadtbezirke einzuteilen (§ 35 Abs. 1 und 3 GO).

Die **Zahl der Stadtbezirke** und die **Bezirksabgrenzungen** legt der Rat in der Hauptsatzung fest. Stadtbezirksgrenzen können gemäß § 35 Abs. 4 Satz 2 GO nur zum Ende der Wahlperiode des Rates geändert werden.

a) Die Bezirksvertretung

Die **Bezirksvertretungen** sind eigenständige **Selbstverwaltungsorgane** der Stadt. Sie sind insbesondere **keine Ausschüsse des Rates**.

Die **Wahl der Bezirksvertreter** erfolgt in entsprechender Anwendung der für die Wahl des Rates geltenden Vorschriften auf die Dauer von fünf Jahren (§ 46a KWahlG).

Die **Zahl der Bezirksvertreter** beträgt nach näherer Bestimmung in der Hauptsatzung der Stadt zwischen 11 und 19 Mitgliedern einschließlich des Vorsitzenden (§ 36 Abs. 2 Satz 1 GO). Eine Aufstockung der Mitgliederzahl ist in dem Fall durchzuführen, dass eine oder mehrere Wählergruppen, die 5 Prozent oder mehr der Gesamtstimmen im

Stadtbezirk errungen haben, gleichwohl bei der in der Hauptsatzung festgelegten Sitzzahl leer ausgehen würden (vgl. § 46a Abs. 6 Satz 2 KWahlG).

Der **Vorsitzende der Bezirksvertretung** führt den Titel „**Bezirksvorsteher**" und wird aus der Mitte der Bezirksvertretung gewählt (§ 36 Abs. 3 Satz 2 GO). Auf Beschluss des Rates kann er auch die Bezeichnung „Bezirksbürgermeister" tragen.

Den Bezirksvertretungen werden durch die Gemeindeordnung **verschiedene Entscheidungsrechte** und **Anhörungsrechte** zugewiesen. Soweit nicht der Rat oder der Oberbürgermeister gemäß § 41 Abs. 1 und 3 GO ausschließlich zuständig ist, weist § 37 Abs. 1 GO den Bezirksvertretungen Entscheidungskompetenzen in allen Angelegenheiten zu, deren Bedeutung nicht wesentlich über den Stadtbezirk hinausgeht. Es besteht also eine **bezirksbezogene Allzuständigkeit**. Die in § 37 Abs. 1 GO genannten Angelegenheiten sind daher als beispielhafte Konkretisierungen aufzufassen. Hier nennt das Gesetz u. a.:

- Unterhaltung und Ausstattung der im **Stadtbezirk gelegenen Schulen und öffentlichen Einrichtungen** wie Sportplätze, Altenheime, Friedhöfe, Büchereien und ähnliche soziale und kulturelle Einrichtungen;
- Angelegenheiten des **Denkmalschutzes**, der Pflege des Ortsbildes sowie der Grünpflege;
- Die **Festlegung der Reihenfolge der Arbeiten** zum Um- und Ausbau sowie zur Unterhaltung und Instandsetzung von Straßen, Wegen und Plätzen von bezirklicher Bedeutung einschließlich der Straßenbeleuchtung, soweit es sich nicht um die Verkehrssicherungspflicht handelt;
- **Betreuung und Unterstützung örtlicher Vereine**, Verbände oder sonstiger Vereinigungen und Initiativen im Stadtbezirk;
- **kulturelle Angelegenheiten des Stadtbezirks** einschließlich Kunst im öffentlichen Raum, Heimat- und Brauchtumspflege im Stadtbezirk, Pflege von vorhandenen Paten- und Städtepartnerschaften;

- Information, Dokumentation und **Repräsentation in Angelegenheiten des Stadtbezirks**.

Die näheren Einzelheiten, insbesondere **Zuständigkeitsabgrenzungen**, sind in der **Hauptsatzung** zu regeln. Diese wirken dabei allerdings nur deklaratorisch, vermögen also den gesetzlichen Zuständigkeitsbereich selbst weder einzuschränken noch zu erweitern (VG Düsseldorf, NWVBl. 1997, S. 402).

Allerdings steht den Bezirksvertretungen auch ein **Recht auf eigene Haushaltsansätze** zu. Die Bezirksvertretungen können hierbei über einen Teil der durch den Rat bereitgestellten Haushaltsmittel hinsichtlich des Verwendungszwecks allein entscheiden (§ 37 Abs. 3 GO).

Es handelt sich dabei um die **Bereitstellung von Finanzmitteln** an die Bezirksvertretungen **ohne vorgegebenen Verwendungszweck**, was Gegenstand häufiger Auseinandersetzungen zwischen Rat und Bezirksvertretungen ist.

Die Bezirksvertretungen wirken darüber hinaus auch bei den **Beratungen über die Haushaltssatzung** mit. Sie beraten über alle Haushaltsansätze, die ihren Bezirk und ihre Aufgaben betreffen, und können dazu **Vorschläge** und **Anregungen** machen (§ 37 Abs. 4 GO).

Weiterhin gewährt § 37 Abs. 5 GO den **Bezirksvertretungen ein Anhörungsrecht** hinsichtlich aller wichtigen Angelegenheiten, die den Stadtbezirk berühren. Insbesondere ist den Bezirksvertretungen vor der Beschlussfassung des Rates über Planungs- und Investitionsvorhaben im Bezirk und über Bebauungspläne für den Bezirk Gelegenheit zur Stellungnahme zu geben. Trotz der bezirksbezogenen Allzuständigkeit bleibt es bei der Vorrangstellung des Rates, wie sich aus dem Katalog der dem Rat vorbehaltenen Aufgaben (§ 41 Abs. 1 GO), dem Letztentscheidungsrecht nach § 37 Abs. 6 Satz 4 GO und der erforderlich bleibenden Bereitstellung der Haushaltsmittel gemäß § 37 Abs. 3 GO durch den Rat ergibt. Schließlich entscheidet die Bezirksvertretung stets nur im Rahmen der vom Rat erlassenen Richtlinien (§ 37 Abs. 1 Satz 1 GO).

Gemäß § 36 Abs. 5 Satz 2 GO finden auf die **Stellung der Bezirksvertreter und das Verfahren in der Bezirksvertretung im Wesentlichen die für den Rat geltenden Bestimmungen** (einschließlich der Geschäftsordnung des Rates) Anwendung (z. B. Öffentlichkeitsgrundsatz, Beschlussfähigkeit, Abstimmungen usw.). Insbesondere gelten für die **Mitglieder der Bezirksvertretungen** uneingeschränkt auch die Vorschriften über die Pflicht zur Verschwiegenheit (§ 30 GO), die Ausschließungsgründe (§ 31 GO) und die Treupflicht (§ 32 GO) mit den sich aus § 43 Abs. 2 GO ergebenden Modifikationen; gleichzeitig unterliegen sie – wie die Ratsmitglieder – einer Haftungspflicht bei Rechtsverstößen (vgl. hierzu ausführlich oben A.II.5.g). Darüber hinaus haben die Bezirksvertreter Anspruch auf Freistellung (§ 44 GO) und Verdienstausfall (§ 45 GO); vgl. hierzu die Ausführungen oben A.II.5.a) und b).

Zwei oder mehr Mitglieder einer Bezirksvertretung können sich gemäß § 56 Abs. 1 GO zu einer Fraktion zusammenschließen, der auf Ratsbeschluss Zuwendungen für die laufende Arbeit aus Haushaltsmitteln zu gewähren sind (vgl. hierzu oben A.II.4.).

b) Bezirksverwaltungsstellen

§ 38 Abs. 1 Satz 1 GO bestimmt, dass für jeden Stadtbezirk eine Bezirksverwaltungsstelle einzurichten ist. Die **Bezirksverwaltungsstellen** haben zwei wichtige **Funktionen** zu erfüllen:

- Einerseits sind sie die **Informations- und Beratungsstellen** der Verwaltung gegenüber der Bezirksvertretung und zugleich verantwortlich für einen reibungslosen Geschäftsablauf,
- andererseits sollen sie **Anlaufstelle für den Bürger** sein, den sie zu informieren, zu beraten und an die zuständigen Dienststellen der Stadt weiterzuleiten haben, falls nicht gleich an Ort und Stelle erledigt wird, was keiner Bearbeitung durch eine zentrale Dienststelle bedarf.

Da die Verhältnisse in den 23 kreisfreien Städten Nordrhein-Westfalens zu unterschiedlich sind und die gesetzlichen Bestimmungen deshalb möglichst flexibel bleiben mussten, besteht allerdings **kein** starres

Gebot, in jedem Stadtbezirk eine besondere **Dienststelle als Bezirksverwaltungsstelle** einzurichten, sondern eine Bezirksverwaltungsstelle kann für mehrere Stadtbezirke zuständig sein.

2. Die Bezirksverfassung (Ortsteilverfassung) in kreisangehörigen Städten und Gemeinden

Im Gegensatz zu den kreisfreien Städten steht bei **kreisangehörigen Gemeinden** die **Einteilung des Gemeindegebiets** in Bezirke (Ortschaften) nach § 39 Abs. 1 GO im freien **Ermessen des Rates**. Der **Rat** ist auch in seiner **Entscheidung** darüber **frei**, ob er in den einzelnen Gemeindebezirken **Bezirksausschüsse** bilden oder **Ortsvorsteher** wählen will. Dabei können in einem Bezirk nicht gleichzeitig ein Bezirksausschuss gebildet und ein Ortsvorsteher gewählt werden. Es ist aber möglich, in einer Gemeinde Bezirke mit Bezirksausschüssen und andere mit Ortsvorstehern zu bilden. Entschließt sich der Rat jedoch zur Einteilung des Gemeindegebiets in Bezirke, so hat er auf die Siedlungsstruktur, die Bevölkerungsverteilung und die Ziele der Gemeindeentwicklung Rücksicht zu nehmen (§ 39 Abs. 1 Satz 2 GO). Der Rat kann zudem beschließen, dass der „Ortsvorsteher" die Bezeichnung „Ortsbürgermeister" führt.

Eine Mindest- oder Höchstzahl für die in einer Gemeinde zu bildenden Bezirke schreibt die Gemeindeordnung nicht vor. Es ist daher zulässig, nur für Teile des Gemeindegebiets Bezirke einzurichten.

a) Der Bezirksausschuss

Im Gegensatz zu den Bezirksvertretungen in kreisfreien Städten sind die **Bezirksausschüsse keine eigenständigen Selbstverwaltungsorgane, sondern Ausschüsse des Rates im Sinne des § 57 Abs. 1 GO**. Bis auf die in § 39 Abs. 4 GO enthaltene Modifikation gelten betreffend Ausschussmitgliedschaft und -verfahren die Bestimmungen zu den Ratsausschüssen entsprechend.

Somit unterliegen die **Mitglieder der Bezirksausschüsse** über § 43 Abs. 2 GO insbesondere den Regelungen zur Verschwiegenheit (§ 30

GO), zur Befangenheit (§ 31 GO) und zur Treupflicht gegenüber der Gemeinde (§ 32 GO); vgl. hierzu oben A.II.5.f).

Der Anspruch auf Freistellung von der Arbeit für die **Mandatsausübung** im Bezirksausschuss ergibt sich unmittelbar aus § 44 GO, derjenige auf Ersatz des Verdienstausfalls aus § 45 GO.

Regelungen zum Verfahren finden sich u. a. in den §§ 54 Abs. 3, 57 Abs. 4, 58, 62 Abs. 2 sowie 67 Abs. 2 GO.

§ 39 Abs. 4 GO enthält jedoch für die **Bezirksausschüsse in vier Punkten Besonderheiten und insofern Abweichungen von den allgemeinen Regeln für Ausschüsse**:

- Bei der **Bestellung der Mitglieder** durch den Rat ist das bei der Wahl des Rates im jeweiligen **Gemeindebezirk erzielte Stimmenverhältnis** zugrunde zu legen.

- Bezirksausschüssen dürfen **mehr Sachkundige Bürger als Ratsmitglieder** angehören.

- Das Recht, **beratende Mitglieder** nach § 58 Abs. 1 Satz 7 bis 10 GO zu benennen, steht bei Bezirksausschüssen den im Rat vertretenen Parteien und Wählergruppen zu.

- Der **Vorsitzende des Bezirksausschusses** und seine Stellvertreter sind aus der Mitte der dem Bezirksausschuss angehörenden Ratsmitglieder zu wählen. Anwendung findet das Listenwahlverfahren nach § 67 Abs. 2 GO (vgl. unten C.II.2.g). Die Fraktionen können daher Vorsitze in den Bezirksausschüssen nicht nach dem Zugreifverfahren gemäß § 58 Abs. 5 GO beanspruchen.

Hinsichtlich der Zuständigkeiten bestimmt § 39 Abs. 3 GO, dass den **Bezirksausschüssen** im Rahmen des § 41 Abs. 2 GO **Aufgaben zur Entscheidung übertragen** werden sollen, die sich ohne Beeinträchtigung der einheitlichen Entwicklung der gesamten Gemeinde innerhalb eines Gemeindebezirks erledigen lassen.

Die **Gemeindeordnung** hat bewusst darauf **verzichtet**, den **Bezirksausschüssen eigene unentziehbare Entscheidungskompetenzen zuzusprechen**. Insoweit obliegt es dem Rat, in der Hauptsatzung entsprechende Regelungen zu treffen (§ 39 Abs. 3 Satz 2 GO).

Hat sich der Rat jedoch zur Bildung von Bezirksausschüssen entschlossen, so ist er grundsätzlich auch verpflichtet, diesen Ausschüssen Aufgaben zur Entscheidung zu übertragen.

Die erforderlichen **Haushaltsmittel** werden den Bezirksausschüssen durch den Rat bereitgestellt.

Bei den **Anhörungs- und Initiativrechten** ist durch die Verweisung auf § 37 Abs. 5 GO in § 39 Abs. 3 Satz 3 GO eine Gleichstellung mit den Bezirksvertretungen in kreisfreien Städten erfolgt. Somit sind die Bezirksausschüsse zu allen wichtigen Angelegenheiten ihres Stadtbezirks zu hören. Bei Beschlussfassungen des Rates über Planungs- und Investitionsvorhaben ist ihnen Gelegenheit zur Stellungnahme zu geben.

b) Der Ortsvorsteher – Rechtsstellung und Aufgaben

Anstelle der Einrichtung eines Bezirksausschusses kann der **Rat** unter **Berücksichtigung** der im jeweiligen Gemeindebezirk erzielten **Stimmenverhältnisse für die Dauer der Ratsperiode einen Ortsvorsteher wählen**. Die Wahl der Ortsvorsteher gehört zu den ausschließlich dem Rat vorbehaltenen Aufgaben, die nicht auf einen Ausschuss oder den Bürgermeister übertragen werden können (zur Wahl im Einzelnen vgl. unten C.II.2.g).

Ortsvorsteher sollen in dem **Bereich wohnen**, für den sie bestellt werden, und müssen dem Rat angehören oder angehören können (§ 39 Abs. 6 GO).

Der Ortsvorsteher soll die Belange seines Bezirks gegenüber dem Rat wahrnehmen. Falls er nicht Ratsmitglied ist, besteht jedoch kein Anspruch auf Mitwirkung des Ortsvorstehers in Sitzungen des Rates oder der Ausschüsse (§ 39 Abs. 7 Satz 2 GO).

Auch wenn der Ortsvorsteher durch Ratsbeschluss die Bezeichnung „Ortsbürgermeister“ führen kann, muss die repräsentative Vertretung der Gemeinde, insbesondere des Rates, nach den allgemeinen Regeln vom Bürgermeister oder seinen (ehrenamtlichen) Stellvertretern gehandhabt werden. Sofern der Ortsvorsteher Ratsmitglied ist, kann er aber in Einzelfällen unbedenklich mit repräsentativen Verpflichtungen betraut werden.

Darüber hinaus besteht die **Möglichkeit**, den **Ortsvorsteher** mit der **Erledigung bestimmter Geschäfte der laufenden Verwaltung zu beauftragen**. Er ist sodann zum Ehrenbeamten zu ernennen (§ 39 Abs. 7 Satz 3 GO) und unterstützt in diesem Bereich die Dienst- und Fachaufsicht des Bürgermeisters als Hauptverwaltungsbeamten.

Dem Ortsvorsteher kann eine **Aufwandsentschädigung** nach Maßgabe einer entsprechenden Rechtsverordnung des für Kommunales zuständigen Ministeriums gewährt werden. Darüber hinaus besteht Anspruch auf Ersatz des Verdienstausfalls nach Maßgabe des § 45 GO (§ 39 Abs. 7 Satz 4 und 5 GO).

c) Bezirksverwaltungsstellen

§ 39 Abs. 2 Satz 2 GO stellt die **Einrichtung von Bezirksverwaltungsstellen** in kreisangehörigen Gemeinden in das **freie Ermessen des Rates**. Werden Bezirksverwaltungsstellen eingerichtet, entsprechen ihre Aufgaben im Wesentlichen denjenigen in kreisfreien Städten (vgl. hierzu auch die Ausführungen oben A.III.1.b).

IV. Der Integrationsrat

Erstmalig erhielten 2009 auch **Deutsche mit Zuwanderungsgeschichte** in einem begrenzten Rahmen das aktive **Wahlrecht**. Das Interesse an der Vereinheitlichung der Integrations- und Migrationsarbeit sowie an einer weiteren Ausweitung des aktiven Wahlrechts veranlasste den Gesetzgeber zu weiteren **Neuregelungen 2013**.

1. Pflicht zur Bildung des Integrationsrates

Die gesetzliche Regelung des § 27 GO sieht drei Wege der Errichtung eines Integrationsrates vor:

a) Kommunen mit mindestens 5.000 ausländischen Einwohnern müssen einen Integrationsrat bilden.

b) Kommunen mit mindestens 2.000 ausländischen Einwohnern müssen auf Antrag von mindestens 200 gemäß § 27 Abs. 3 Satz 1 GO wahlberechtigten Ausländern einen Integrationsrat bilden.

c) In den übrigen Gemeinden kann freiwillig ein Integrationsrat gebildet werden.

Welche Ausländer (ausländische Staatsangehörige und Staatenlose) auch **Einwohner** sind, bestimmt sich nach § 21 Abs. 1 GO. Einwohner ist demnach, wer im Gemeindegebiet wohnt, **also im melderechtlichen Sinne** (vgl. § 20 Bundesmeldegesetz – BMG) auch seine Wohnung hat.

Die Entscheidung darüber, ob in einer Gemeinde mit weniger als 5.000 ausländischen Einwohnern ein Integrationsrat gebildet werden soll, ist als Teil des **Selbstorganisationsrechts** alleinige **Angelegenheit des Rates.**

Muss in den Gemeinden aufgrund der entsprechenden Anzahl an ausländischen Einwohnern ein Integrationsrat gewählt werden oder liegt ein entsprechender Antrag auf Wahl eines solchen Gremiums vor, bedarf es keines weiteren Ratsbeschlusses.

2. Wahlverfahren

Die Mitglieder des **Integrationsrates** werden in allgemeiner, unmittelbarer, freier, gleicher und geheimer Wahl **für die Dauer der Wahlperiode des Rates** nach Listen oder als Einzelbewerber gewählt. Mit der Aufzählung der Wahlrechtsgrundsätze gibt der Gesetzestext die allgemeinen Prinzipien einer demokratischen Wahl verbindlich vor. Dies ist verfassungsrechtlich nicht zwingend, da der **Integrationsrat kein Selbstverwaltungsorgan** und **keine Volksvertretung** darstellt.

Die Gemeinden können insofern den ihnen für die Wahlen belassenen Spielraum nur im Rahmen des übergeordneten Rechts und der Vorgaben des § 27 GO nutzen. Die Grundsätze der Gleichheit und Unmittelbarkeit der Wahl **verbieten** z. B. die **Verankerung eines Minderheitenschutzes für bestimmte Nationalitäten** oder Gruppen, etwa durch ein „Freihalten“ von Sitzen im Integrationsrat.

Die **Wahl** der Mitglieder des Integrationsrates erfolgt **nach Listen oder als Einzelbewerber**. Es können auch Stellvertreter für die Mitglieder nach Listen oder Einzelbewerber gewählt werden. Bei der wahlrechtlichen Ausgestaltung haben die Kommunen Gestaltungsspielräume.

Wichtig ist jedoch, dass **vor Durchführung der Wahl** für die Wähler **erkennbar** ist, dass sie **potenzielle Stellvertreter** mitwählen. Die Mitwahl der Stellvertreter muss also in den Wahlordnungen geregelt und kann ggf. auch aus den Stimmzetteln ersichtlich sein. Auch das einzuhaltende Verfahrensrecht, z. B. bezüglich der Zuordnung oder Reihenfolge der Vertretung, muss in den Wahlordnungen eindeutig beschrieben sein. Bei der Wahl nach Listen könnte das Verfahren z. B. dergestalt aussehen, dass die Stellvertreter den Listenbewerbern konkret zugeordnet werden (dieses Verfahren würde der Wahl von Ersatzbewerbern nach § 16 Abs. 2 KWahlG entsprechen).

Für Wahlvorschläge der Einzelbewerber müsste ein Stellvertreter benannt werden. Die gewählten Stellvertreter können auch bei einem Ausscheiden des gewählten Mitglieds nachrücken, wenn dies in der jeweiligen kommunalen Wahlordnung geregelt ist.

Für die **Integrationsratswahl** gelten die **kommunalwahlrechtlichen Vorschriften** weitgehend entsprechend. Damit sind auch die Regelungen über die **Unvereinbarkeit** (§ 13 KWahlG) sowie die Vorschriften zur **Wahlkostenträgerschaft** der Gemeinde (§ 47 Satz 1 KWahlG) und zur **Nichterstattung von Wahlkampfkosten** (§ 48 KWahlG) anzuwenden. Zudem besteht die Möglichkeit per **Briefwahl** abzustimmen.

Ebenso finden die Vorschriften über die **Wahlprüfung** nach dem Kommunalwahlgesetz Anwendung.

3. Wahltermin

Die Wahl des Integrationsrates findet am **Tag der Kommunalwahlen** statt. Die Kommunalwahlfrist schließt jedoch eine spätere Wahl in Gemeinden, die freiwillig einen Integrationsrat einrichten wollen, nicht aus, sondern verweist in den Fällen ausdrücklich auf deren Zulässigkeit.

Nach Ablauf der Wahlperiode üben die bisherigen Mitglieder ihre Tätigkeit bis zum Zusammentritt des neu gewählten Integrationsrates weiter aus.

4. Aktives Wahlrecht

Wahlberechtigt ist, wer nicht Deutscher im Sinne des Art. 116 Abs. 1 GG ist und / oder die weiteren Voraussetzungen des § 27 Abs. 3 und 4 GO erfüllt. Hiervon erfasst sind alle **Personen mit ausländischer Staatsangehörigkeit** bzw. Personen, die neben der ausländischen zugleich auch die deutsche Staatsangehörigkeit besitzen oder staatenlos sind.

Nach der Neufassung des § 27 GO im Jahr 2013 sind nunmehr auch **Deutsche** wahlberechtigt, wenn sie die deutsche Staatsangehörigkeit durch Einbürgerung oder nach § 4 Abs. 3 StAG erworben haben. Dieser Personenkreis erhält damit – wie ein EU-Bürger – das Recht, neben dem Rat auch den Integrationsrat zu wählen. Hiervon profitieren insbesondere **Spätaussiedler** und **Eingebürgerte**. Ausländer mit deutscher Staatsangehörigkeit sollen sich dadurch herausgefordert fühlen, sich an der Auswahl „ihrer" Repräsentanten im Integrationsrat und so an der „Integration in der Gemeinde" zu beteiligen.

Grundsätzlich setzt das aktive Wahlrecht zum Integrationsrat weiterhin voraus, dass die Person **am Wahltag 16 Jahre** alt ist, sich seit **mindestens einem Jahr im Bundesgebiet** rechtmäßig aufhält und mindestens seit **dem sechzehnten Tag vor der Wahl** in der Gemeinde ihre Hauptwohnung haben muss. Wahlberechtigte Personen können zudem nur dann wählen, wenn sie sich in das **Wählerverzeichnis** haben eintragen lassen. Die Eintragung in das Wählerverzeichnis muss bis zum 12. Tag vor der Wahl erfolgen.

Nicht wahlberechtigt sind Ausländer, die nicht der deutschen Gerichtsbarkeit unterliegen, die nach Maßgabe völkerrechtlicher Verträge für den **diplomatischen** und **konsularischen** Verkehr und für die Tätigkeit internationaler Organisationen und Einrichtungen von Einwanderungsbeschränkungen, von der Verpflichtung, ihren Aufenthalt der Ausländerbehörde anzuzeigen und dem Erfordernis eines Aufenthaltstitels befreit sind, und **Asylbewerber**.

5. Passives Wahlrecht

Wählbar sind alle **wahlberechtigten Personen**, die **das 18. Lebensjahr** vollendet haben, sowie **alle Bürger**. Darüber hinaus muss sich die Person **seit mindestens einem Jahr** rechtmäßig in der Bundesrepublik Deutschland aufhalten und **seit mindestens drei Monaten** in dem **Wahlgebiet** seine **Hauptwohnung** haben (vgl. auch § 12 KWahlG).

Es können also auch **deutsche Staatsangehörige** gewählt werden, sodass der Integrationsrat theoretisch auch ausschließlich nur aus Deutschen bestehen könnte.

6. Besetzungsverfahren

Beim **Zuteilungsmodus** zu den einzelnen Plätzen im Integrationsrat liefert das Gesetz **unmittelbar keinerlei Vorgaben**. Ein Verweis auf § 33 KWahlG, der bei der Ermittlung des Stärkeverhältnisses im Rat das Verfahren nach Sainte Laguë/Schepers für anwendbar erklärt, erfolgt gerade nicht.

Nach dem **Wortlaut des Gesetzes** ist das für Kommunales zuständige Ministerium befugt, hinsichtlich des Zuteilungsverfahrens **durch Rechtsverordnung** nähere Vorgaben zu treffen. Da es bislang aber auch in dieser Frage **von dieser Ermächtigung noch keinen Gebrauch** gemacht hat, besteht im Zuteilungsmodus ein gewisser **Spielraum bei den Gemeinden**. Es ist jedoch zu fordern, dass sich durch das von der Gemeinde gewählte Zuteilungsverfahren das Ergebnis der Integrationsratswahlen in der Sitzverteilung widerspiegeln muss.

Der neu gewählte **Rat** entscheidet **vor der Wahl** über das **Zuteilungsverfahren**, welches zur Bestimmung des Stärkeverhältnisses zwischen den einzelnen Listenwahlvorschlägen und Einzelbewerbern zur Anwendung kommen soll. Zu empfehlen ist hier in entsprechender Anwendung des § 50 Abs. 3 Satz 3 bis 6 GO eine Sitzzuteilung nach dem Verfahren Hare/Niemeyer (vgl. unten C.2.b). Erhält ein Einzelbewerber eine Stimmenzahl, die zur Besetzung mehrerer Plätze im Integrationsrat ausreichen würde, so bleiben die übrigen Plätze unbesetzt.

7. Größe des Integrationsrates

Die **Gesamtzahl** der in den Integrationsrat direkt zu wählenden Vertreter ist für die Berechnung bei der Zuteilung der Sitze eine entscheidende Größe. Die Gemeindeordnung enthält hinsichtlich der Größe jedoch **keinerlei Vorgaben**. Dies müssen die Kommunen durch **Ratsbeschluss selbst entscheiden**. Deshalb erscheint hier eine entsprechende Regelung in der Hauptsatzung als sinnvoll.

Die Gesamtgröße des Integrationsrates sollte sich dabei an der zahlenmäßig oberen Grenze eines sonstigen Ratsausschusses orientieren. Damit trägt die Gemeinde einerseits der Vorgabe Rechnung, dass kommunale Gremien in einem angemessenen Verhältnis zur Gemeindegröße und dementsprechend zur Anzahl der Ratsmitglieder stehen sollte. Andererseits gewährleistet die Wahl einer eher an der oberen Grenze liegenden Mitgliederzahl des Integrationsrates, dass eine möglichst breite Durchmischung stattfindet und in der Regel mehrere Interessengruppen in diesem Gremium vertreten sind.

Zu bedenken ist darüber hinaus, dass zu den direktgewählten Vertretern auch vom Rat zu bestellende Mitglieder hinzukommen.

8. Zusammensetzung des Integrationsrates

Der Integrationsrat besteht neben den **direkt gewählten Mitgliedern** auch aus **vom Rat entsandten Vertretern**. Erst in der organisatorischen Verbindung der gewählten Mitglieder mit den vom Rat bestellten Vertretern entsteht der Integrationsrat.

Die **Entsendung von Ratsmitgliedern** in den Integrationsrat hat den Sinn, dieses Beratungsgremium besser in die Beratungsfolge und die Beratungsinhalte des Rates und der Ausschüsse einzubinden. Die Ratsmitglieder sollen als eine Art **Übermittler und Bindeglied** zwischen Integrationsrat und Rat bzw. seinen Ausschüssen dienen, indem sie einerseits Wünsche, Anregungen und Vorhaben des Integrationsrates **aufnehmen** und **in die kommunalpolitische Diskussion** in ihrer Fraktion bzw. in den sonstigen kommunalen Gremien einbringen. Andererseits haben sie auch die Vorstellungen und Erwartungshaltung des Rates und der Ausschüsse dem Integrationsrat zu übermitteln.

Hinsichtlich der vom Rat in den Integrationsrat zu entsendenden Mitglieder besteht in der Gesetzesbegründung die **Empfehlung**, bei nicht vorhandener Einigung über eine Liste eine Zuteilung nach dem **Verfahren Hare/Niemeyer** vorzunehmen (LT-Drs. 14/8883, S. 16). Bei Zuteilung der für das Integrationsgremium direkt gewählten Vertreter nach dem Verfahren Hare/Niemeyer würde dann in jedem Fall bei der Bestimmung der direkt gewählten Mitglieder und der Bestimmung der vom Rat bestellten Mitglieder das identische Zuteilungsverfahren zur Anwendung kommen. Zu beachten ist, dass die **Zahl** der **direkt gewählten Mitglieder** des Integrationsrates die Zahl der **bestellten Ratsmitglieder übersteigt**.

Die Mehrheit der gewählten Mitglieder muss dabei aber nicht nur bei der grundsätzlichen Zusammensetzung des Integrationsrates vorliegen, sondern **bei jeder einzelnen Sitzung** gegeben sein. Die Zahl der **Sitze für Ratsmitglieder** soll zudem die politische Repräsentanz im Rat abbilden (als **„kleines Spiegelbild“ des Rates**). Die Bestellung anderer Personen als Ratsmitglieder ist mit Blick auf den Wortlaut des § 27 Abs. 2 Satz 4 GO (Mitglieder „aus der Mitte des Rates“) unzulässig. Seit der Gesetzesnovellierung 2013 kann der Rat nunmehr auch Stellvertreter für die zu entsendenden Ratsmitglieder bestellen.

Über das zahlenmäßige **Verhältnis** der **Migrantenvertreter** zu den **Ratsmitgliedern** macht das **Gesetz keine Angaben**, um den Gemeinden eine größtmögliche Gestaltungsfreiheit zu geben. Es bietet sich an, eine entsprechende **Regelung in der Hauptsatzung** zu treffen. Gleiches gilt hinsichtlich der Organisationsstruktur und der Verfahrensabläufe des Integrationsrates, der auf Grundlage entsprechender Satzungs- bzw. Geschäftsordnungsregelungen handeln sollte. Erfahrungsgemäß empfiehlt sich in der Praxis ein Verhältnis von **zwei Dritteln direkt gewählter Mitglieder zu einem Drittel vom Rat entsandter Mitglieder.**

In der Praxis ist es üblich, über die durch Ratsbeschluss bestellten Vertreter hinaus auch **Vertreter kleinerer Fraktionen** oder Gruppen bzw. **Einzelratsmitglieder**, die nach dem Zuteilungsverfahren keinen Sitz in der Migrantenvertretung erhalten, als **„beratende" Mitglieder** ohne Stimmrecht in den Integrationsrat zu entsenden. Ferner besteht die Möglichkeit und ist oftmals gängige Praxis, dass der Rat auf Vorschlag des Integrationsrates **aus Zuwanderergruppen**, die im Integrationsrat **nicht vertreten** sind, jeweils einen Vertreter **als Sachkundigen Einwohner** mit beratender Stimme zu wählen.

Zu empfehlen ist, den **Kreis der Zuwanderergruppen**, aus denen Sachkundige Einwohner in den Integrationsrat entsandt werden können, auf diejenigen zu **begrenzen**, die mit einer gewissen Bevölkerungszahl mit Hauptsitz in der jeweiligen Gemeinde gemeldet sind. Diese Möglichkeit sowie die **relevante Bevölkerungszahl** einer Zuwanderergruppe, die Voraussetzung dafür ist, um in den Integrationsrat entsandt werden zu können, ist **in der Satzung** des Integrationsrates **zu regeln**.

9. Rechtsstellung der Mitglieder des Integrationsrates

Grundsätzlich gelten für die Mitglieder des Integrationsrates die **Vorschriften für Rats- und Ausschussmitglieder entsprechend**. Auch die Mitglieder des Integrationsrates haben demzufolge ausschließlich nach dem Gesetz und ihrer freien, nur durch Rücksicht auf das öffentliche Wohl bestimmten Überzeugung zu handeln (§ 43 Abs. 1 GO) und sind zur **Verschwiegenheit** verpflichtet (§ 30 GO). Ihre **Treupflicht** gegenüber der Gemeinde ist wie bei ehrenamtlich Tätigen beschränkt (§ 32 Abs. 2 Satz 1 GO) und verbietet ihnen nur die Annahme solcher Aufträge, die mit den Aufgaben als Mitglied des Integrationsrates im Zusammenhang stehen. Ob dies der Fall ist, entscheidet der Bürgermeister (§ 32 Abs. 2 Satz 2 GO). Die Vertreter der Migranten haben genauso wie die vom Rat bestellten Mitglieder im Integrationsrat Rede- und Stimmrecht.

Die Mitglieder des Integrationsrates besitzen auch einen **Anspruch auf Freistellung** für Sitzungen des jeweiligen Gremiums sowie für Termine, die unmittelbar aufgrund der Mitgliedschaft in der Migrantenvertretung wahrgenommen werden. Ferner haben sie **Anspruch auf Sitzungsgeld** und bekommen eventuelle **Verdienstausfälle** ersetzt. Sitzungsgeld nach Maßgabe der Hauptsatzung kann gezahlt werden für die **Sitzungen des Integrationsrates** selbst und seiner **Arbeitskreise**, aber auch für Sitzungen des **Rates und seiner Ausschüsse** bzw. **Bezirksvertretungen**, in denen nach Vorlage des Integrationsrates dessen Anregungen oder Stellungnahmen behandelt werden und an denen sie als Vertreter des Integrationsrates teilnehmen. Ein **Anspruch auf** eine **darüber hinausgehende Aufwandsentschädigung** besteht nicht.

Hinsichtlich der **Qualität der Mitgliedschaft** im Integrationsrat bestehen keinerlei Unterschiede: **Ratsmitglieder** (sofern sie nicht nur als beratende Mitglieder in den Ausschuss entsandt wurden) und die **direkt gewählten Mitglieder** haben **die gleichen Rechte**.

Gemäß § 27 Abs. 2 Satz 6 GO üben nach Ablauf der Wahlperiode die bisherigen Mitglieder des Integrationsrates ihre Tätigkeit bis zum Zusammentritt eines neuen Integrationsrates weiter aus, es sei denn, der Rat hat beschlossen, künftig keinen Integrationsrat zu bilden.

10. Konstituierung des Integrationsrates

Zur konstituierenden Sitzung lädt in der Regel **der Bürgermeister** oder der bisherige Vorsitzende des Integrationsrates ein. Der Bürgermeister leitet auch die Wahl des Vorsitzenden des Integrationsrates, **den das Gremium** (in Abweichung von § 58 Abs. 5 GO) **selbst wählt**. In vielen Geschäftsordnungen für Integrationsräte findet sich die Bestimmung, dass der Vorsitzende aus der Gruppe der direkt gewählten Mitglieder gewählt werden muss. Nach dem Gesetzeswortlaut ist diese Bestimmung jedoch nicht unbedingt zwingend. Sie dürfte zudem nicht mit dem Grundsatz vereinbar sein, dass auch im Integrationsrat die direkt gewählten und die vom Rat entsandten Mitglieder die gleichen Rechte haben sollen (vgl. oben C.IV.9.).

Weitere **Vorgaben** für die Wahl zum **Vorsitzenden** des Integrationsrates sowie seiner Stellvertreter **trifft das Gesetz nicht**. In der Regel wird sich in der Geschäftsordnung jedoch eine Regelung finden, die bestimmt, dass der Kandidat, der mehr als die Hälfte der gültigen Stimmen erreicht hat, zum Vorsitzenden gewählt ist. Üblich ist auch die Wahl des Vorsitzenden und des Stellvertreters bzw. der Stellvertreter in einem Wahlgang in Verbindung mit dem **d'Hondtschen Höchstzahlverfahren** entsprechend der Wahl zu den Stellvertretern des Bürgermeisters nach § 67 Abs. 2 GO (vgl. unten C.II.3.).

Vorsitzender ist danach, wer an erster Stelle des Wahlvorschlags steht, auf den **die erste Höchstzahl** entfällt, erster Stellvertreter, wer an vorderster Stelle des Wahlvorschlags steht, auf den die zweite Höchstzahl entfällt, usw. Hinsichtlich des Vorsitzenden kann die **Geschäftsordnung** auch **noch weitere Regelungen** treffen, wie z. B. zu seiner Abberufung. Auch hier finden in der Praxis oftmals die Regelungen zur Abberufung der Stellvertreter des Bürgermeisters nach § 67 Abs. 4 GO Anwendung.

11. Pflicht zum Erlass einer Geschäftsordnung

Gemäß § 27 Abs. 7 Satz 3 GO regelt der Integrationsrat **seine inneren Angelegenheiten** durch eine Geschäftsordnung. Neben der Wahl des Vorsitzenden enthält die Geschäftsordnung üblicherweise **Regelungen zur Vorbereitung der Sitzungen** (bezüglich der Einberufung, der Ladungsfrist, der Aufstellung der Tagesordnung, der Unterrichtung der Öffentlichkeit und der Anzeigepflicht bei Verhinderung), zur Durchführung der Sitzungen (u. a. bezüglich der Öffentlichkeit der Sitzungen, der Beschlussfähigkeit, der Befangenheit, der Abstimmungen und bezüglich bestimmter den Mitgliedern des Integrationsrates zustehender Rechte wie Rede-, Antrags- und Fragerechte sowie zur Ordnung in den Sitzungen), zur Niederschrift über die Sitzungen des Integrationsrates, zu den ggf. zu bildenden Arbeitskreisen sowie zu datenschutzrechtlichen Belangen.

Die in der Geschäftsordnung des Integrationsrates getroffenen Regelungen sind inhaltlich mit den Regelungen der Geschäftsordnung des Rates nahezu identisch. Sie unterscheiden sich in einigen Punkten von der Geschäftsordnung des Rates jedoch aufgrund der spezifischen

Besonderheiten des Gremiums, wie beispielsweise der Wahl des Vorsitzenden durch den Integrationsrat selbst.

12. Befassungsrechte des Integrationsrates

Der Integrationsrat kann sich **„mit allen Angelegenheiten der Gemeinde befassen"**. Ergänzend zur Geschäftsordnung, die ausschließlich die inneren Angelegenheiten des Integrationsrates regelt, ist dieser Gesetzeswortlaut in viele Satzungen für Integrationsräte übernommen worden.

Eine solche **Satzung**, die u. a. das Verhältnis der Migrantenvertretung zum Rat und seinen Ausschüssen regelt, kann sich das Gremium **selbst geben**. Da die in der Satzung geregelten Bestimmungen aber nicht lediglich den **internen Bereich** des Integrationsrates betreffen, ist für die Gültigkeit der Satzung ein **bestätigender Ratsbeschluss** erforderlich.

Seit 2012 gehört **ein Vertreter** des Integrationsrates dem **Jugendhilfeausschuss** an, der durch den Integrationsrat gewählt wird (§ 5 Abs. 1 Nr. 8 AG KJHG).

13. Verhältnis zwischen Integrationsrat und Rat

Die beiden Gremien sind gehalten, sich darüber abzustimmen, welche Themen und Aufgaben der Integration in der Gemeinde anstehen. Hierdurch soll das **gegenseitige Einbinden in Entscheidungsprozesse** gefördert und sichergestellt werden (vgl. LT-Drs. 16/3967, S. 30).

Inhaltlich ist die Arbeit des Integrationsrates also nicht auf die Themen mit **„integrationspolitischer Relevanz"** beschränkt. Der Integrationsrat kann sich vielmehr ohne inhaltliche Einschränkung **mit allen Angelegenheiten der Gemeinde** befassen. Eine Beschäftigung mit staatlichen Angelegenheiten überörtlicher Natur ist allerdings unzulässig.

Diese **fehlende thematische Eingrenzung** ist insofern zu begrüßen, als auf diese Weise Abgrenzungsfragen vermieden werden und dem gesetzgeberischen Ziel, durch die Errichtung von Migrantenvertretungen die Integration noch weiter voranzutreiben, Rechnung getragen wird. Zum einen besitzt nahezu jedes in der Kommune zu behandelnde Thema integrationspolitische Bedeutung, sei es im Bereich Schule, Jugend oder Stadtplanung. Zum anderen fördert eine umfassende Beschäftigung mit sämtlichen Themen der Gemeinde die Integration in besonderem Maße, da der Integrationsrat eben **nicht auf „ausländerspezifische" Thematiken festgelegt** wird, sondern sich mit der kompletten Bandbreite des kommunalen Lebens und Gestaltens auseinandersetzt und seine eigenen Vorstellungen einbringen kann.

Kernaufgaben des Integrationsrates sind allerdings – auch ohne eine inhaltliche Einschränkung der Mitwirkungskompetenz – regelmäßig die **Interessenvertretung der Migranten** sowie die Beratung der Gemeindeorgane im Hinblick auf die Belange der ausländischen Mitbürger in allen Angelegenheiten der Gemeinde.

Das **Zusammenspiel** zwischen Rat, seinen Ausschüssen und den Bezirksvertretungen sowie dem Integrationsrat in der inhaltlichen kommunalpolitischen Arbeit sieht zudem vor, dass der Integrationsrat seinerseits **zu Fragen Stellung** nimmt, „**die ihm vom Rat, einem Ausschuss, einer Bezirksvertretung oder vom Bürgermeister vorgelegt werden**".

Das Verhältnis zwischen Rat und Integrationsrat ist nach dem **Leitbild** des Gesetzgebers von **gegenseitiger partnerschaftlicher Konsultation** getragen: Die auf **Eigeninitiative** des Integrationsrates entwickelten Angelegenheiten sind dem Rat bzw. seinen Ausschüssen und Bezirksvertretungen **vorzulegen**; im Gegenzug hat der Rat die für die Integrationsgremien relevanten Punkte diesen mitzuteilen und sie ihrerseits an der **Entscheidungsfindung** zu **beteiligen**. Dies gilt insbesondere im Rahmen der Haushaltsberatungen für alle Haushaltsansätze, die ihre Aufgaben bzw. die Fragen kommunaler Integrationsförderung und -arbeit betreffen, wie beispielsweise die Förderung von Vereinen, Initiativen und Selbstorganisationen von Menschen mit Zuwanderungsgeschichte oder Fördergelder im Rahmen kommunaler Projekte zur Integrationsförderung und -arbeit.

Einen **Anspruch auf Beteiligung** hat der Integrationsrat gemäß § 27 Abs. 9 GO jedoch **nicht**; ihm bleibt es aber selbstverständlich unbenommen, von sich aus ein im Rat und seinen Ausschüssen behandeltes Thema aufzugreifen. Die Beteiligung des Integrationsrates an

Vorlagen des Rates bzw. seiner Ausschüsse ist in einer Wiederholung des Gesetzeswortlauts ebenfalls in vielen Satzungen zusätzlich verankert.

14. Antragsrechte und Entscheidungsbefugnisse

Auf Antrag des Integrationsrates sind **Anfragen, Anregungen oder Stellungnahmen** je nach Zuständigkeit dem **Rat**, einer **Bezirksvertretung** oder einem **Ausschuss** vorzulegen. Der Vorsitzende des Integrationsrates oder ein anderes von ihm benanntes Mitglied kann bei der Beratung der Angelegenheit an der Sitzung teilnehmen, wobei dem Vertreter des Integrationsrates auf sein Verlangen hin das Wort zu erteilen ist. **In der Regel vertritt** also **der Vorsitzende** die Positionen des jeweiligen **Gremiums gegenüber dem Rat, den Ausschüssen und den Bezirksvertretungen.**

§ 27 Abs. 8 GO macht aber auch deutlich, dass der Integrationsrat grundsätzlich **nur beratend** und **nicht entscheidend** tätig werden darf. Eine generelle Befugnis der Migrantenvertretung wäre unter dem Gesichtspunkt des demokratischen Ablaufs kommunaler Entscheidungsprozesse insofern problematisch, als die Mehrzahl der dem Integrationsrat angehörenden Mitglieder **nicht** durch die allgemeinen Kommunalwahlen zu rechtswirksamen Beschlüssen **demokratisch legitimiert** ist.

Unter diesem Gesichtspunkt sind **Passagen in vielen Satzungen** des Integrationsrates, wonach der Rat der Stadt dem Integrationsrat im Rahmen der Gemeindeordnung in der jeweils geltenden Fassung und auf Grundlage der Hauptsatzung weitere **Entscheidungskompetenzen übertragen** darf, hinsichtlich der rechtlichen Zulässigkeit als **äußerst fragwürdig** zu beurteilen. Zwar erfolgt die Übertragung der Kompetenzen – wie auch die Bestellung ebenfalls nicht durch Kommunalwahlen gewählter Sachkundiger Bürger – wiederum durch Vertreter, die aufgrund allgemeiner Kommunalwahlen legitimiert sind. Jedoch sollten abschließende Entscheidungsbefugnisse möglichst in Gremien verbleiben, die sich unmittelbar infolge der allgemeinen Kommunalwahlen zusammensetzen.

15. Finanzielle Mittelzuweisung

Dem „Integrationsrat sind (...) die zur Erledigung seiner Aufgaben erforderlichen Mittel zur Verfügung zu stellen“. Ein eigenes **originäres Etatrecht hat der Integrationsrat nicht**, sondern der Rat hat im Rahmen seiner Haushaltsberatungen unter Berücksichtigung der gesetzlichen Ausgestaltung der Migrantenvertretung die notwendigen Entscheidungen über die **Mittelbereitstellung** zu treffen.

Im Umgang dieser **zur Verfügung gestellten Mittel** besitzt der Integrationsrat selbstverständlich die Kompetenz, **im Rahmen des kommunalrechtlich Zulässigen** über deren **Einsatz und Verwendung** abschließend zu entscheiden. So können die Gelder beispielsweise für die **Öffentlichkeitsarbeit** des Gremiums, interne **Fortbildungsveranstaltungen** oder für die Vorbereitung des **„Tages der Integration“** Verwendung finden, der auf eine Initiative des Bundesministeriums des Innern seit dem Jahr 2008 bundesweit am 25. September stattfindet.

Seit der Gesetzesnovellierung 2013 kann der Rat nunmehr auch **nach Anhörung des Integrationsrates** einen **Rahmen festlegen**, innerhalb dessen der Integrationsrat über ihm vom Rat zugewiesene **Haushaltsmittel** entscheiden kann. Ähnlich der Regelung zu den Bezirksvertretungen kann damit dem Integrationsrat ein **„abgeleitetes“ eigenes begrenztes Budgetrecht** eingeräumt werden.

16. Integrationsausschuss

Anstelle eines Integrationsrates kann durch Beschluss des Rates ein beratender Ausschuss (Integrationsausschuss) gebildet werden. Für den Integrationsausschuss gelten die Regelungen für den Integrationsrat entsprechend. Ergänzend sind auf den Integrationsausschuss die §§ 57 Abs. 4 Satz 1, 58 und 58a anzuwenden. Die Zahl der nach Absatz 2 Satz 1 gewählten Mitglieder muss die Zahl der vom Rat nach Absatz 2 Satz 4 bestellten Ratsmitglieder und der vom Rat nach § 58 Abs. 3 bestellten Sachkundigen Bürger übertreffen. Der Integrationsausschuss ist wie ein Ratsausschuss in die Beratungsfolge des Rates einzubinden.

V. Die Kreisstrukturen im Überblick

Die **innere Verfassung der Kreise** entspricht in ihren Grundzügen der Gemeindeordnung. Im Unterschied zur Gemeindeordnung kennt die Kreisordnung aber keine Beigeordneten (wohl aber einen Kreisdirektor) und keine beschließenden Ausschüsse (zur Besonderheit des Kreisausschusses sogleich). **Oberstes Willens- und Beschlussorgan** ist der **Kreistag**, der über alle Angelegenheiten beschließt, soweit nicht der **Landrat** bzw. der **Kreisausschuss** durch Gesetz zuständig ist oder ihnen der Kreistag bestimmte Aufgaben zur eigenen Entscheidung übertragen hat (§ 26 Abs. 1 KrO).

Dem **Kreistag** obliegt zugleich gemäß § 26 Abs. 2 KrO die **Überwachung der Tätigkeit des Landrates**. Er kann darüber hinaus zur Vorbereitung seiner Beschlüsse und zur Überwachung bestimmter Verwaltungstätigkeiten **Ausschüsse bilden**. Verpflichtet ist der Kreistag zur Einrichtung eines Kreisausschusses, dem auch Beschlussfunktionen zukommen (§ 50 KrO).

Leiter der Verwaltung des Kreises ist der Landrat, der direkt durch die Bürger der kreisangehörigen Gemeinden für die **Dauer von fünf Jahren** gewählt wird (vgl. § 44 Abs. 1 KrO). Der Landrat ist von seiner Rechtsstellung her **kommunaler Wahlbeamter** (§ 44 Abs. 3 KrO).

Die Grundstrukturen eines Kreises sind in dem nachfolgenden Schaubild dargestellt.

- Schaubild: Grundstrukturen eines Kreises -

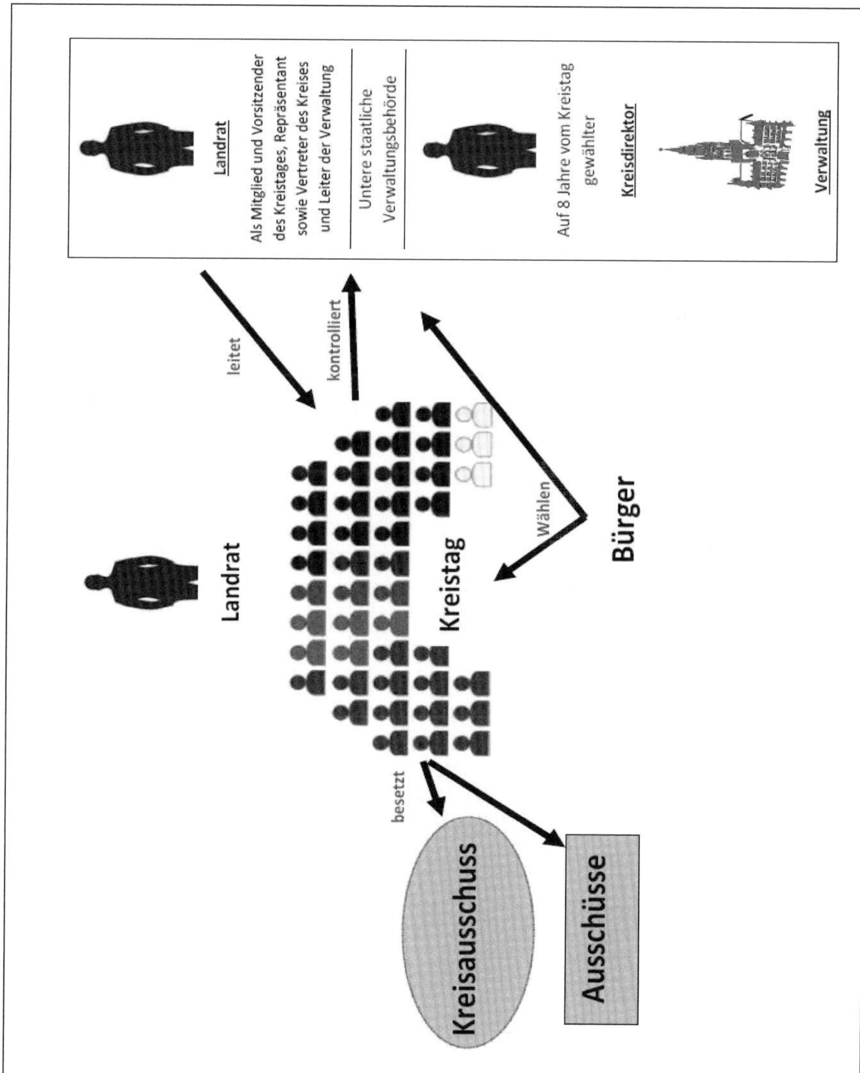

VI. Die Organe des Kreises

Die **Verwaltung des Kreises** liegt bei insgesamt drei Organen: dem Kreistag, dem Kreisausschuss und dem Landrat (§ 8 KrO).

1. Der Kreistag und seine Mitglieder

Der **Kreistag** ist das **wichtigste Selbstverwaltungsorgan des Kreises**. Er ist die durch Art. 28 Abs. 1 Satz 2 GG geforderte Vertretung des Volkes in den Kreisen. Der Kreistag besteht aus den Kreistagsmitgliedern, die von den Bürgern der kreisangehörigen Gemeinden auf fünf Jahre gewählt werden, und dem Landrat als Mitglied kraft Gesetzes (§ 25 Abs. 1 KrO). Die Zahl der Kreistagsmitglieder (48 bis 72) ist nach der Einwohnerzahl gestaffelt (§ 3 Abs. 2 Buchst. b] KWahlG). **Vorsitzender des Kreistages ist der Landrat**, dem zugleich auch die repräsentative Vertretung des Kreises obliegt (§ 25 Abs. 2 KrO; zum Landrat.

Dem Kreistag werden durch die Kreisordnung insbesondere **Beschluss- und Kontrollaufgaben** zugewiesen. Diese Aufgaben sind im Einzelnen in § 26 KrO aufgeführt. Anders als § 41 Abs. 1 Satz 1 GO geht § 26 Abs. 1 Satz 1 KrO nicht vom Prinzip der Allzuständigkeit der Vertretungskörperschaft aus, sondern legt fest, dass der **Kreistag** über die Angelegenheiten des Kreises beschließt, die ihrer Bedeutung nach einer solchen **Entscheidung** bedürfen oder die er sich vorbehält. Hierzu gehören u. a.:

- die Aufstellung allgemeiner Grundsätze, nach denen die Verwaltung geführt werden soll;
- die Wahl der Mitglieder des Kreisausschusses und ihrer Stellvertreter;
- der Erlass, die Änderung, die Aufhebung von Satzungen und sonstigen ortsrechtlichen Bestimmungen;

- der Erlass der Haushaltssatzung und des Stellenplans, die Aufstellung eines Haushaltssicherungskonzeptes, die Zustimmung zu überplanmäßigen und außerplanmäßigen Ausgaben;
- die Festsetzung allgemein geltender öffentlicher Abgaben und privatrechtlicher Entgelte sowie der Kreisumlage;
- die Verfügung über Vermögen des Kreises, die Veräußerung und Belastung von Grundstücken und die Vornahme von Schenkungen sowie die Vergabe von Darlehen des Kreises, soweit es sich nicht um Geschäfte der laufenden Verwaltung handelt;
- die Errichtung, Übernahme, Erweiterung, Einschränkung und Auflösung von öffentlichen Einrichtungen und Eigenbetrieben, die erstmalige Beteiligung sowie die Erhöhung einer Beteiligung an einer Gesellschaft oder anderen Vereinigungen in privater Rechtsform;
- die Umwandlung der Rechtsform von öffentlichen Einrichtungen und Eigenbetrieben sowie die Umwandlung der Rechtsform von Gesellschaften, an denen der Kreis beteiligt ist.

Der **Kreistag** ist **durch** den **Landrat über alle wichtigen Angelegenheiten der Kreisverwaltung zu unterrichten**; er überwacht die Durchführung seiner Beschlüsse sowie den Ablauf der Verwaltungsangelegenheiten (§ 26 Abs. 2 KrO). Zu diesem Zweck ist dem Kreistag selbst, einem Fünftel der Kreistagsmitglieder oder einer Fraktion u. a. ein Recht auf Akteneinsicht gegenüber dem Landrat eingeräumt (§ 26 Abs. 2 Satz 2 und 3 KrO).

Hinsichtlich dieser Vorbehaltsaufgaben besteht also eine weitgehende Vergleichbarkeit mit den ausschließlich dem Rat vorbehaltenen Zuständigkeiten.

Die **Rechtsstellung der Mitglieder des Kreistages** wird – wie bei den Ratsmitgliedern – vom Grundsatz des freien Mandats bestimmt. Das bedeutet, dass die Kreisvertreter verpflichtet sind, in ihrer Tätigkeit ausschließlich nach dem Gesetz und ihrer freien, nur durch Rücksicht auf das öffentliche Wohl bestimmten Überzeugung zu handeln; an Aufträge sind sie nicht gebunden (§ 28 Abs. 1 KrO). Sie unterliegen – wie auch die Rats- und Bezirksvertretungsmitglieder – einer Haftungspflicht bei Rechtsverstößen (vgl. hierzu ausführlich oben A.II.5.g). Im Übrigen gelten über § 28 KrO die in §§ 30 bis 32 GO aufgeführten Pflichten auch für Kreistagsmitglieder (vgl. im Einzelnen oben A.II.5.).

2. Der Kreisausschuss

Der **Kreistag ist verpflichtet,** einen **Kreisausschuss einzurichten**. Er besteht aus dem Landrat sowie mindestens 8 und höchstens 16 Kreistagsmitgliedern (§ 51 Abs. 1 KrO). Diese werden zusammen mit ihren Stellvertretern vom Kreistag aus dessen Mitte für die Dauer der Wahlperiode des Kreistages gewählt (vgl. § 51 Abs. 2 Satz 1 KrO). Den **Vorsitz im Kreisausschuss** führt der **Landrat**, der Stimmrecht hat. Ein neuer Landrat wird mit seiner Wahl Vorsitzender des Kreisausschusses. Der oder die Stellvertreter des Vorsitzenden werden durch den Kreisausschuss aus dessen Mitte gewählt (§ 51 Abs. 3 KrO).

Der **Kreisausschuss** ist von seiner **Aufgabenstellung** her grundsätzlich mit dem Hauptausschuss nach der Gemeindeordnung vergleichbar, hat aber eher eine noch bedeutsamere Funktion. So hat der Kreisausschuss grundsätzlich über alle Angelegenheiten zu entscheiden, die nicht dem Kreistag vorgelegt werden müssen und die auch nicht Geschäfte der laufenden Verwaltung sind, also in die Zuständigkeit des Landrates fallen (§ 50 Abs. 1 KrO). Er hat somit eine **Auffangzuständigkeit**, die jedoch durch das sog. „Zugriffsrecht“ des Kreistages gemäß § 26 Abs. 1 Satz 1 KrO relativiert ist.

So kontrolliert der Kreisausschuss die Verwaltung, entscheidet über im Haushaltsplan vorgesehene Zuschüsse des Kreises an Dritte sowie über die Durchführung und Vergabe von Aufträgen. Weiter hat er – wie der Hauptausschuss auf Gemeindeebene – nach § 50 Abs. 3 KrO die Kompetenz zur Eilentscheidung in Angelegenheiten, die der Beschlussfassung des Kreistages unterliegen. Die Planung der Verwaltungsaufgaben von besonderer Bedeutung ist durch den Landrat mit dem Kreisausschuss abzustimmen (vgl. § 50 Abs. 2 KrO). Dem Kreisausschuss obliegt es gemäß § 50 Abs. 1 Satz 2 KrO auch, die Führung der **Verwaltungsgeschäfte** des **Landrates zu überwachen**. Nach der Rechtsprechung des Oberverwaltungsgerichts Nordrhein-Westfalen bezieht sich dies allerdings nicht auf Geschäfte der laufenden Verwaltung (OVG NRW, OVGE 25, S. 186 ff.).

In der Regel obliegt dem Kreisausschuss nach der Hauptsatzung der Kreise auch ein großer Teil der **Personalentscheidungen** für die Kreisverwaltung. Sämtliche Beschlüsse des Kreistages sind darüber hinaus vom Kreisausschuss vorzubereiten (§ 50 Abs. 1 Satz 2 KrO). Zu der ebenfalls dem Landrat obliegenden Pflicht, die Beschlüsse des Kreistages vorzubereiten, besteht dabei ein Verhältnis der Staffelung und Kontrolle. Die Vorbereitung einer Angelegenheit durch den Kreisausschuss ist für die Kreistagsentscheidung zwar eine erwünschte, aber nicht zwingende Voraussetzung.

Auch über die Selbstverwaltung hinaus kommt dem Kreisausschuss erhebliche Bedeutung zu. Nach § 59 Abs. 1 Satz 2 KrO bedarf der Landrat als untere staatliche Verwaltungsbehörde (vgl. hierzu unten V.4.) der Zustimmung des Kreisausschusses für bestimmte dort aufgeführte Entscheidungen. Der Kreisausschuss nimmt also insoweit Aufgaben staatlicher Verwaltung wahr (vgl. § 58 Abs. 1 KrO).

3. Sonstige Ausschüsse

Über die Bildung weiterer Ausschüsse (z. B. Bau-, Umwelt-, Sport-, Kultur-, Sozialausschuss) kann der **Kreistag eigenverantwortlich entscheiden** (§ 41 Abs. 1 KrO). Für die Arbeit der Ausschüsse kann der Kreistag zudem allgemeine Richtlinien aufstellen (§ 41 Abs. 2 KrO).

Im Gegensatz zu gemeindlichen Ausschüssen kommen den Ausschüssen auf Kreisebene, abgesehen von sondergesetzlichen Regelungen (z. B. Jugendhilfeausschuss gemäß § 71 SGB VIII), keinerlei Entscheidungsbefugnisse zu. Ihre Beschlüsse sind vielmehr Vorschläge an den Kreisausschuss bzw. Kreistag.

Die **Bildung von Ausschüssen** ist im Einzelnen in § 41 KrO geregelt. Auf die Ausschussmitglieder und das Verfahren in den Ausschüssen finden die für den Kreistag geltenden Vorschriften Anwendung (§ 41 Abs. 4 KrO).

Im Wesentlichen handelt es sich bei den die Ausschüsse betreffenden Regelungen der Kreisordnung wiederum um **Parallelvorschriften zur Gemeindeordnung** (nähere Ausführungen hierzu vgl. unten C.II.2.d).

Zusammengefasst ergibt sich somit für die Ausschüsse des Kreistages:

- Bei der Bildung der Ausschüsse sollen die im Kreistag vertretenen **Fraktionen entsprechend ihren Sitzanteilen** vertreten sein. Die Sitzverteilung erfolgt nach dem Zählverfahren Hare/ Niemeyer.
- Fraktionen, auf die bei der Sitzverteilung in einem Ausschuss kein Sitz entfallen ist, sind berechtigt, ein **zusätzliches Mitglied mit beratender Stimme** in den Ausschuss zu entsenden (§ 41 Abs. 3 Satz 7 KrO).
- Zu Mitgliedern der Ausschüsse können neben Kreistagsmitgliedern auch **Sachkundige Bürger** der kreisangehörigen Gemeinden, die dem Kreistag angehören können, bestellt werden. Die Zahl der Sachkundigen Bürger darf die Zahl der Kreistagsmitglieder in den einzelnen Ausschüssen nicht erreichen (§ 41 Abs. 5 KrO).
- Die **Besetzung der Ausschussvorsitze** erfolgt, soweit eine einvernehmliche Regelung zwischen den Fraktionen nicht zustande kommt, nach dem sog. Zugreifverfahren (vgl. im Einzelnen § 41 Abs. 7 KrO). Maßgeblich sind danach die jeweiligen Sitzanteile im Verhältnis der Fraktionen zueinander, wobei sich mehrere Fraktionen zusammenschließen können (vgl. unten C.II.2.b).

> Zur konkreten Besetzung der Ausschüsse und Ausschussvorsitze vgl. im Einzelnen die Beispiele unten C.II.2.a).

4. Der Landrat

Wie der Bürgermeister in der Gemeinde übernimmt auch der Landrat auf Kreisebene die Aufgaben als **Vorsitzender im Kreistag, als repräsentativer Vertreter des Kreises sowie als Leiter der Verwaltung**.

Gemäß § 42 Buchst. a) KrO ist der Landrat für die **Führung der Geschäfte der laufenden Verwaltung** zuständig. Das ist die Mehrzahl der täglich anfallenden Vorgänge, die nach feststehenden Grundsätzen und auf eingefahrenen Gleisen erfolgt (OVG NRW, OVGE 10, S. 311). Sie haben keine kommunalpolitischen oder wirtschaftlichen Auswirkungen von besonderer Bedeutung für den Kreis. Anders als im Fall des § 41 Abs. 3 GO ist hier also keine Übertragung durch die Vertretungskörperschaft fingiert. Vielmehr wird der Landrat aus eigenem Recht tätig.

Dem Landrat obliegt gemäß § 42 Buchst. c) KrO auch die **Vorbereitung und Durchführung der Beschlüsse des Kreistages und des Kreisausschusses**. Außerdem ist er gesetzlicher Vertreter des Kreises und nimmt die Leitung und Verteilung der Geschäfte wahr (§ 42 Buchst. e] und g]).

Der Landrat hat nach § 39 Abs. 2 KrO auch rechtswidrige Beschlüsse des Kreistages zu beanstanden.

Soweit der Landrat als Selbstverwaltungsorgan des Kreises betroffen ist, kann man im Übrigen seine Rechtsstellung mit der des (Ober-) Bürgermeisters in einer Stadt / Gemeinde vergleichen. Im Einzelnen wird hierzu auf die **Ausführungen zum (Ober-) Bürgermeister** verwiesen (vgl. oben II.2.).

Eine **besondere Aufgabenstellung** kommt dem Landrat jedoch darüber hinaus als **untere staatliche Verwaltungsbehörde** gemäß § 59 KrO zu. Hier wird er nicht als Organ der kommunalen Selbstverwaltung tätig, sondern handelt für den Staat, in der Regel das Land Nordrhein-Westfalen. Als untere staatliche Verwaltungsbehörde obliegt ihm insbesondere die Kommunalaufsicht, d. h. die Aufsicht in Selbstverwaltungsangelegenheiten über die kreisangehörigen Städte und Gemeinden. Als Rechtsaufsichtsbehörde hat der Landrat insoweit sicherzustellen, dass die Verwaltung der Gemeinden in Einklang mit den Gesetzen erfolgt. Im Rahmen seiner Rechtsaufsicht sind dem Landrat verschiedene Rechte gegenüber den kreisangehörigen Städten und Gemeinden zugewiesen. Hierzu zählen z. B. das Unterrichtungsrecht, das Beanstandungsrecht, das Aufhebungsrecht, das Anordnungsrecht sowie die Möglichkeit der Ersatzvornahme und die Erteilung von Genehmigungen (bei Satzungen oder Beschlüssen) (§§ 119 bis 128 GO). Als untere staatliche Verwaltungsbehörde nimmt der Landrat z. B. zugleich die Aufgaben der Abfall-, Schulaufsichts- oder Gesundheitsbehörde wahr.

Soweit der Landrat als untere staatliche Verwaltungsbehörde tätig wird, ist er nicht dem Kreistag und Kreisausschuss, sondern den vorgesetzten staatlichen Aufsichtsbehörden (Bezirksregierung, Ministerium) gegenüber verantwortlich (§ 60 Abs. 2 KrO).

(Vgl. zum Ganzen auch nachfolgendes Schaubild zur Stellung des Landrates.)

Stellung und Aufgaben des Landrates

Vorsitzender des Kreistages

↓

Vorsitzender des Kreisausschusses

↓

Repräsentativer Vertreter des Kreises

Leiter der Kreisverwaltung
(Hauptverwaltungsbeamter)

Aufgaben (u. a.):

- Geschäfte der laufenden Verwaltung
- vom Kreisausschuss übertragene Angelegenheiten
- Vorbereitung und Durchführung der Beschlüsse von Kreistag und Ausschüssen
- Vertretung des Kreises in Rechts- und Verwaltungsgeschäften
- dem Landrat gesetzlich übertragene Aufgaben
- Leitung und Verteilung der Geschäfte

Untere staatliche Verwaltungsbehörde

Aufgaben (u. a.):

- Kommunalaufsicht
- Planungsaufsicht
- Obere Bauaufsicht
- Obere Denkmalbehörde

Kreispolizeibehörde

Teil des Schulamtes

B. Der Mandatsträger in der kommunalpolitischen Praxis

I. Standortbestimmung, Stellenwert und Besonderheiten der Kommunalpolitik

1. Ausgangslage

Wer als Mandatsträger (Rats- bzw. Kreistagsmitglied, Mitglied einer Bezirksvertretung oder eines Bezirksausschusses etc.) oder aber auch als Sachkundiger Bürger bzw. Sachkundiger Einwohner in ein kommunales Gremium gewählt worden ist, stellt sich die Frage der **Standortbestimmung**. Diese Frage sollte nicht nur die eigenen **Zielvorstellungen**, sondern insbesondere auch den Stellenwert der Kommunalpolitik aus Sicht der Bürger, der örtlichen Parteien, Verbände und Vereine, der Medien, der Verwaltung oder der jeweiligen Fraktion, der der Einzelne als Mandatsträger angehört, umfassen.

Des Weiteren ist zu berücksichtigen, dass die **kommunalpolitische Arbeit der Mandatsträger große Unterschiede** schon aufgrund der andersartigen Funktionen (einfaches Ratsmitglied, Fraktionsvorsitzender, Stellvertreter des Bürgermeisters, Vorsitzender eines Ausschusses, Sprecher der Fraktion für einen bestimmten Aufgabenbereich etc.) aufweist und dass je nach Größe der Städte und Gemeinden sowie der Stellung der Fraktion (Mehrheits- / Koalitions- / Minderheitsfraktion) Aufgaben und Funktionen variieren.

Hinzu kommen der oftmals ungewohnte **Umgang mit der Öffentlichkeit** (Presse, Funk etc.), das sich wandelnde Verhältnis der Mandatsträger zu den Bürgern, deren Wünsche er gegenüber der Verwaltung vertreten soll, der Umgang mit „**internen Entscheidungsprozessen hinter verschlossenen Türen**“ sowie das Streben und Finden der eigenen Position innerhalb der Fraktion und der kommunalpolitischen Gremien.

Politikverdrossenheit oder Schlagzeilen zur Korruption in der öffentlichen Verwaltung bzw. zur Strafbarkeit kommunaler Mandatsträger als Amtsträger bilden zudem „unangenehme äußere Begleitumstände" im Rahmen der Mandatsausübung.

Machen Sie sich nichts vor: Wer im kommunalpolitischen Entscheidungsprozess maßgeblichen Einfluss auf personelle und sachliche Entscheidungen ausüben möchte, hat sich viel vorgenommen und wird seine Ziele nur dann erreichen, wenn er Verständnis für den kommunalpolitischen Entscheidungsprozess besitzt, eigene persönliche Qualitäten wie z. B. Sachverstand, Standfestigkeit und Durchsetzungsvermögen oder die Fähigkeit zur politischen Kommunikation mitbringt bzw. erlernt und zugleich über entsprechende (partei-) politische Akzeptanz verfügt.

Um sein Ziel zu erreichen, muss sich der Mandatsträger im Vorfeld permanent einer umfassenden Standortbestimmung über seine konkrete Situation unterziehen.

2. Kommunalpolitik aus Sicht des Bürgers

Erfolgreiche Kommunalpolitik in der Funktion als Mittler zwischen den Wünschen der Bürger und den Entscheidungen von Verwaltung und Rat setzt zunächst voraus, dass der Mandatsträger die Kommunalpolitik aus **Sicht des Bürgers** wahrnimmt und versteht.

Im Gegensatz zur Landes- bzw. Bundespolitik verwischen die parteipolitischen Konturen auf kommunaler Ebene. Während die programmatischen und personellen Aussagen der Parteien auf der Landes- und Bundesebene eindeutige Orientierungshilfen für die Bürger geben, spielt die sog. „**Parteipolitisierung**" (Einflussnahme der örtlichen Parteien auf die Entscheidungsträger und -organe in der Politik) auf der kommunalen Ebene oftmals eine weit weniger bedeutsame Rolle, weil die Bürger mehrheitlich eine kommunalpolitische Praxis erwarten, die konsensgeleitet und sachorientiert ist, **ideologiefreie, zweckgerichtete Lösungen** sucht und die schließlich nicht durch Parteistreitigkeiten polarisiert wird.

Mit der Größe der Gebietskörperschaft nimmt die Politisierung zu. Der ständig wachsende Aufgabendruck, der angesichts der Ehrenamtlichkeit in der Praxis zur **arbeitsteiligen Spezialisierung** führen muss, fördert zudem die **Übernahme parlamentarischer Prozessabläufe**.

Insbesondere in den Großstädten gibt es weitreichende Übereinstimmungen zwischen den Verfahrensprozessen im Bundestag und Landtag und den kommunalen Selbstverwaltungsgremien, wobei sich aufgrund der Fülle der Entscheidungen – meist zu Recht – die Frage stellt, inwieweit der ehrenamtliche Kommunalpolitiker nicht nur aus Zeitnot, sondern auch aufgrund fehlender Sachinformationen überhaupt Entscheidungen treffen kann, da er die Höhe der Kosten, die Art der Ausführung oder auch die Notwendigkeit der konkreten Maßnahme und deren (langfristigen) Auswirkungen auf den kommunalen Haushalt in der Regel kaum übersehen kann.

Trotz der **Annäherung an parlamentarische Vorbilder** unterscheidet sich aktive Kommunalpolitik zumindest in den Mittel- und Kleinstädten wesentlich von überregionaler Bundes- und Landespolitik, weil die Entscheidungen aus Sicht des Bürgers transparent und nachvollziehbar sind und unmittelbare Auswirkungen haben, die eine entsprechende Betroffenheit auslösen. Diese direkte Betroffenheit führt wiederum – anders als bei Landtags- und Bundestagsabgeordneten – zu einer ständigen unmittelbaren zeitlichen und räumlichen Kontrolle des Kommunalpolitikers durch die Bürger.

Zumindest in den Klein- und Mittelstädten gewinnt die Kommunalpolitik hierdurch einen besonderen Stellenwert.

Ob diese Voraussetzungen generell auch in Großstädten zutreffen, darf zu Recht bezweifelt werden, weil der gewählte Kommunalpolitiker aufgrund der Fülle der Entscheidungen oftmals nicht in der Lage ist, dem Bürger vor Ort die Orientierungshilfe zu geben, die er im Einzelfall beansprucht bzw. benötigt.

Während auf Landes- bzw. Bundesebene infolge der fehlenden Bürgernähe der Abgeordneten und der abstrakten Regelungsmechanismen eine unmittelbare Konfrontation mit dem Bürger eher in den Hintergrund tritt, lebt die Kommunalpolitik gerade von „Vor-Ort-Entscheidungen“. Dass daher nicht selten das Gesamtwohl über das Interesse parteipolitischer – insbesondere ideologischer – Grundsätze gestellt wird, belegt auch die Erfahrung, dass **über 90 Prozent der kommunalpolitischen Entscheidungen einvernehmlich** getroffen werden.

Bei rationaler Betrachtung zeigt sich übrigens ein für manchen überraschendes Bild auch hinsichtlich des Interesses der Bürger an (Kommunal-) Politik. Umfragen belegen, dass heute mehr Menschen an (Kommunal-) Politik interessiert sind als noch in den 1990er Jahren.

3. Verhältnis von Partei- und Kommunalpolitik auf lokaler Ebene

Das Verständnis der Bürger von gemeinwohlorientierter, konsensgeprägter, effektiver Kommunalpolitik vor Ort führt gleichzeitig zu einer **besonderen Stellung der Kommunalpolitiker** gegenüber ihrer Partei und dem Bürger.

Sie befinden sich in einem ständigen Spagat, einerseits das nachvollziehbare Interesse von Gemeindebürgern verfolgen und andererseits vorhandene (gegenteilige) Beschlüsse der (örtlichen) Parteigremien bei ihrer Entscheidung gleichermaßen berücksichtigen zu müssen.

Allgemein kann festgestellt werden, dass die Bestrebungen der örtlichen Parteien und deren Vertreter, die Kommunalpolitik in personeller, inhaltlicher Hinsicht zu dominieren und zugleich zeitliche Abläufe festzulegen, in kleinen und mittleren Gemeinden quer durch alle Parteien wenig ausgeprägt ist. Mit – allerdings – abnehmender Tendenz gilt dies auch für größere Städte, in denen sich die „parlamentarischen" Grundzüge mit einer Verwaltung als Stadtregierung sowie Mehrheits- und Minderheitsfraktionen eher verfestigt haben.

Nach neueren Untersuchungen wirken unterschiedliche Partei- bzw. Werteüberzeugungen in der Kommunalpolitik – im Gegensatz zur Bundes- und Landespolitik – **nicht vergleichbar handlungsleitend**. Kommunale Sachbeschlüsse geben regelmäßig nur in geringem Maße die programmatischen Zielvorgaben vorhandener bzw. wechselnder Ratsmehrheiten wieder. Weitaus stärker als programmatische und parteipolitische Grundaussagen sind lokale und regionale Gesichtspunkte wie z. B. örtlicher Problemdruck, Förderprogramme des

Landes, traditionelles Ausgabenverhalten, besondere Interessenlagen von Personen oder Personengruppen u.a.m. Parteiendominanz tritt hinter Bestimmungsgrößen wie z. B. die Wirtschafts- und Finanzkraft der Städte und Gemeinden zurück.

Als **Gründe für die nachrangige Wirkung der Parteipolitik auf kommunale Entscheidungen** werden u. a. angeführt:

- die externe Steuerung der Verwaltung durch staatliche Investitions- und Anreizprogramme (der sog. „goldene Zügel" von Bund und Land);
- die Vielzahl der gesetzlich festgelegten Leistungsverpflichtungen;
- die zunehmende Aufgabenverlagerung von Bund und Land auf die Städte und Gemeinden;
- die extrem negative Finanzentwicklung der Städte und Gemeinden in den letzten Jahren;
- die sog. „Fraktionalisierung" des lokalen Parteiensystems;
- das Interesse der Partei vor Ort, schichtübergreifend Wähler anzusprechen.

Von der fraktions- bzw. parteipolitisch übergreifenden Einvernehmlichkeit bei Sachbeschlüssen kommunaler Organe ist allerdings die **Einflussnahme der Partei auf Personalentscheidungen** zu unterscheiden. Dies gilt sowohl für personelle Entscheidungen in der Fraktion als auch bei der Besetzung von Verwaltungspositionen oder der Entsendung von Mandatsträgern in Aufsichts- bzw. Verwaltungsräte oder sonstige Gremien.

Wie die – rechtlich verselbstständigten – Parteieinrichtungen oder Vorstände Einfluss auf die Aufstellung der Kommunalwahlkandidaten haben, versuchen sie in der Regel auch **Einfluss auf die Wahl der Fraktionsorgane** (Vorsitzender, Vorstand, Sprecher u. a.) sowie die Stellenbesetzung in der Verwaltung auszuüben.

Bei der **Besetzung von Spitzenpositionen in der Verwaltung** werden allerdings häufig bereits im Vorfeld entsprechende Vorschlagsrechte zwischen den (Mehrheits-) Fraktionen ausgehandelt, die von parteipolitischem Interesse geprägt sind.

4. Stellung von Fraktion und Parteiorganisation in der Kommunalpolitik

Parteien und kommunale Fraktionen erfüllen von ihrer Funktion und Aufgabenstellung her sehr unterschiedliche Zielsetzungen.

Die **Aufgabe der Parteien**, an der demokratischen Willensbildung maßgeblich beteiligt zu sein, findet **unmittelbar nur durch die Aufstellung der Kandidaten** zu den unterschiedlichen (Kommunal-) Wahlen statt.

Die Möglichkeit zur **Einbindung einer Vielzahl von Parteimitgliedern** kann jedoch in der Kommunalpolitik – im Gegensatz zur Landes- bzw. Bundespolitik – in erheblich größerer Form erfolgen, da in jeder Gemeinde kommunale Vertretungen gewählt werden.

Dies führt in der **kommunalen Praxis** dazu, dass sich Funktionäre einer Partei regelmäßig auch in den Räten wiederfinden. Oftmals dient das Parteiamt auch als „Sprungbrett" für die kommunalpolitischen Ambitionen. Selbst wenn führende Personen in den Vorständen der Parteien kein kommunales Mandat erhalten haben oder aus grundsätzlichen Erwägungen nicht selbst angetreten sind, besteht ohne Weiteres die Möglichkeit, über die Institution des Sachkundigen Bürgers oder aber durch eine **Regelung in der Fraktionsgeschäftsordnung** (vgl. im Einzelnen unten B.V.4.) den Zugang für „Spitzenfunktionäre" zur Fraktion als „verlängerter Arm der Partei" zu öffnen. Hiervon wird in der kommunalpolitischen Praxis regelmäßig über alle Parteien hinweg Gebrauch gemacht.

Die gleiche Chance eröffnet sich übrigens auch für politisch nahestehende Spitzenbeamte der hauptamtlichen Verwaltung sowie weitere Vertreter von Vereinen, Verbänden oder der Partei im Einzelfall.

Durch diese besondere Konstruktion zur Einbindung von Parteimitgliedern und Spitzenfunktionären wird die **Fraktion** oftmals nicht nur der „verlängerte Arm der Partei", sondern **„maßgebliches Gremium" für**

kommunalpolitische Entscheidungen in der jeweiligen Gemeinde, soweit sie als „Mehrheits- oder Koalitionsfraktion“ agiert.

Das bedeutet allerdings nicht, dass – auch aus parteitaktischen Gesichtspunkten – in wichtigen Fragen kein ausdrückliches Parteivotum mehr zu der in Rede stehenden Frage eingeholt wird. Vielmehr gilt gerade in diesen Fällen, dass die angestrebte Fraktionsmeinung über politisch geschickte Einflussnahme auch zur Parteimeinung wird.

II. Der kommunale Entscheidungsprozess

Unerlässliche Voraussetzung zur Gestaltung einer erfolgreichen Kommunalpolitik ist für die kommunalen Mandatsträger die umfassende Kenntnis vom rechtlichen und politischen kommunalen Entscheidungsprozess. Nur wenn die rechtlichen, faktischen und politischen Aspekte des kommunalen Entscheidungsprozesses erkannt werden, kann der Mandatsträger seine eigenen bzw. die Zielvorstellungen seiner Fraktion optimal verwirklichen.

Der **kommunale Entscheidungsprozess** ist generell in zwei wesentliche Teile zu untergliedern: Er umfasst einerseits das **Initiativrecht**, d. h. die Möglichkeit für jedermann, ein bestimmtes kommunales Problem zum Gegenstand einer politischen Entscheidung machen zu können, ohne dass eine Eingrenzung auf bestimmte Personen oder institutionalisierte Gremien erfolgt, und andererseits das **formelle Verfahren** nach den Regelungen der Gemeindeordnung, Hauptsatzung oder Geschäftsordnung des Rates, das den Umgang mit einem **bestimmten Antrag, einer bestimmten Beschlussvorlage** mit anschließender **formeller Entscheidung** auslöst.

1. Allgemeine kommunalpolitische Initiativen

Der kommunalpolitische Entscheidungsprozess wird durch eine Vielzahl von Interessen unterschiedlicher Personen und Personengruppen beeinflusst, sodass sich die Entscheidung selbst letztendlich als **Abwägungsergebnis unterschiedlicher Interessenlagen** zum Wohl der Gemeinde darstellt.

Die Initiative, örtliche Angelegenheiten in den Beratungs- und Entscheidungsprozess der kommunalen Selbstverwaltungsgremien einzubringen, wird in der Praxis in vielfältiger Art und Weise ergriffen. **Ausgangspunkt** hierfür sind z. B. die Interessen der Bürger, Verbände, Vereine, Unternehmen, Medien oder Parteien sowie die Interessen der „Selbstverwaltungsträger“ (Rat, Ausschüsse, Fraktionen, einzelne Ratsmitglieder, Bürgermeister, Verwaltung).

Alle Personen und Personengruppen haben dabei regelmäßig die **gemeinsame Zielvorgabe**, insoweit **Einfluss** zu nehmen, als sich die Selbstverwaltungsgremien mit einer bestimmten Problemlage auseinandersetzen und Entscheidungen mit einem „interessengerechten Ergebnis“ treffen sollen. Das wiederum setzt voraus, dass in der Regel ein zu behandelnder Antrag in die Ausschuss- und Ratsgremien einzubringen ist, der das formelle Verfahren „Antrag – Beschlussvorlage – Entscheidung – Umsetzung der Entscheidung durch die Verwaltung“ in Gang setzt.

In den Bereichen, in denen der Interessendruck, die lokale Problemnähe und örtlicher Sachverstand übereinstimmen, hat eine Anregung bzw. Initiative besondere Chancen, zu einem formalen Antrag zu werden.

Die vorgenannten Voraussetzungen bilden daher auch die eigentliche Grundlage für erfolgreiches kommunalpolitisches Handeln.

Das frühzeitige **„Erkennen“ von örtlichen Problemstellungen** und das **„Besetzen“ dieser Problemfelder** durch politische Aussagen ist eine der wesentlichen Aufgaben der Kommunalpolitik vor Ort.

Neben dem Erkennen und Aufgreifen der Problematik erfolgt in einem nächsten Schritt durch medienwirksamen „Verkauf“ die Bewusstseinsbildung des Problems in der Öffentlichkeit und schließlich in einem dritten Schritt die **erfolgreiche Lösung des Problems** durch eine entsprechende kommunalpolitische Entscheidung in den Gremien. Die „positive“ Entscheidung setzt allerdings regelmäßig entsprechende Überzeugungsarbeit bei den eigenen politischen Mitstreitern, politischen Verbündeten sowie insbesondere bei der Verwaltung voraus.

In diesem Zusammenhang spielt die Einflussnahme von Verwaltung und Fraktionen, d. h. die **Einflussnahme der Antragsberechtigten** nach den gemeinderechtlichen Regelungen, eine besondere Rolle, weil sie oftmals als sog. „**Vorentscheider**" tätig werden.

In der kommunalen Praxis muss nämlich beachtet werden, dass die weit **überwiegende Zahl der Initiativen** vom **Fach- und Sachverstand der hauptamtlichen Verwaltung** ausgeht. Mehr als 90 Prozent aller kommunalpolitischen Entscheidungen werden auf Initiative der Verwaltung getroffen.

Die heute bestehenden sehr weitreichenden kommunalen **Einfluss- und Mitwirkungsmöglichkeiten** für die Gemeindebürger, wie z. B. Bürgerbegehren und Bürgerentscheid, Einwohneranträge oder Petitionsrechte, um den formalen Beratungsprozess unmittelbar durch den Bürger auslösen zu können, nehmen mittlerweile vor Ort einen politisch bedeutsamen Raum ein.

Der kommunale Entscheidungsprozess ist in der nachfolgenden Übersicht dargestellt:

2. Der Entscheidungsablauf in der kommunalen Selbstverwaltung im Überblick (Willensbildung und Entscheidungsfindung)

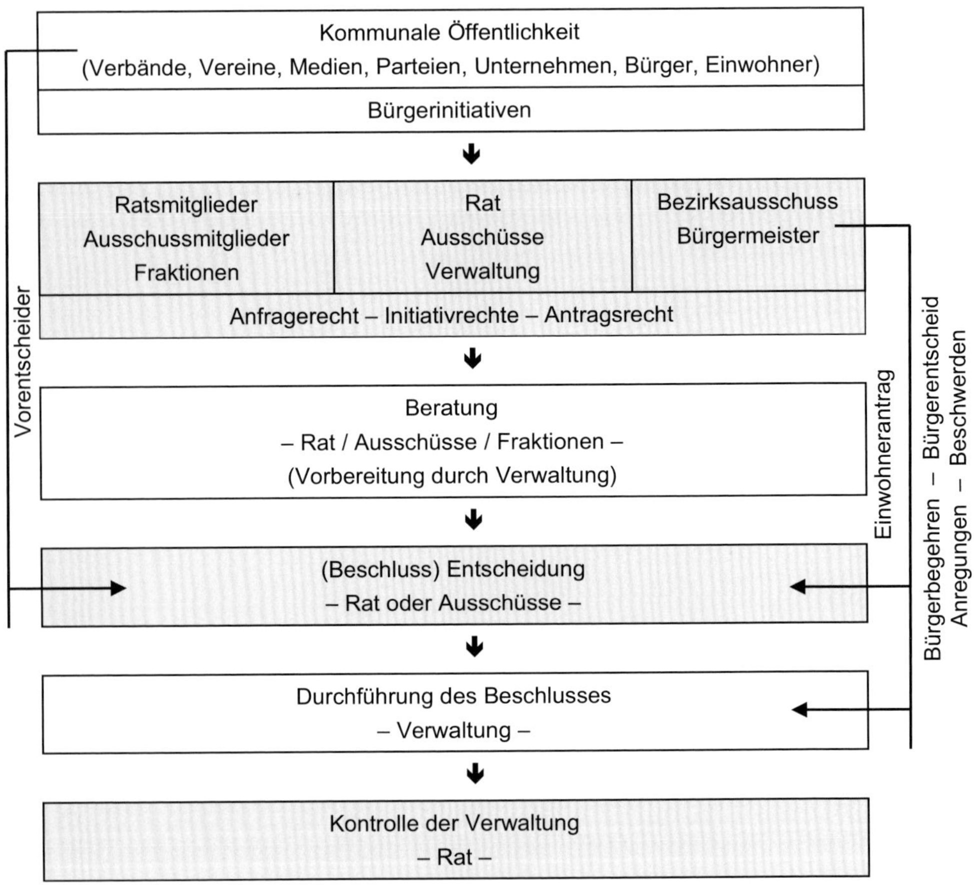

3. Beratungsprozess durch Vorentscheider

Unabhängig davon, ob eine kommunale Angelegenheit ausschließlich von der hauptamtlichen Verwaltung vorbereitet wird oder aber Angelegenheiten von kommunalen Gremien oder Bürgern bzw. Interessengruppen initiiert werden, erfolgt in jedem Fall ein **verwaltungsinterner Klärungsprozess**, in dem sog. Vorentscheider, Verwaltungsfachleute ggf. unter Einbindung politischer Meinungsführer, die Problemsituation vorberaten und ggf. auch vorentscheiden.

Der verwaltungsinterne Klärungsprozess umfasst je nach Bedeutung der konkreten Angelegenheit die Vorberatung in **verwaltungsinternen Arbeitsgruppen** oder **Dienstbesprechungen** mit dem Bürgermeister und weiteren kommunalen Spitzenbeamten bzw. Politikern, die **Hinzuziehung von Gutachtern** oder sonstigen Sachbearbeitern oder aber auch die **Einbindung** anderer kommunaler **(Aufsichts-) Behörden**, um Rechts-, Finanz- oder Planungsfragen vorab zu klären.

Der Klärungsprozess bekommt deshalb eine besondere Bedeutung, weil Alternativen entwickelt und ggf. verworfen werden und das **Ergebnis des Prozesses** letztlich regelmäßig in einer formalen **Beschlussvorlage** für die kommunalpolitischen Gremien endet.

Zudem hat er eine Filterwirkung im Hinblick auf die Lösung von anstehenden Problemen.

In der Praxis erfolgt die **verwaltungsmäßige Vorbereitung** einer wichtigen kommunalpolitischen Entscheidung in der Regel im **Verwaltungsvorstand**, in dem neben dem Bürgermeister die Beigeordneten und der zuständige Kämmerer – soweit er nicht selbst bereits Beigeordneter ist – vertreten sind. Der Verwaltungsvorstand tagt unter Vorsitz des Bürgermeisters in regelmäßigem Turnus, um die „**Politik der Verwaltung**" abzustimmen.

Bei bedeutsamen Angelegenheiten wird die Verwaltung in diesem Stadium oftmals auch auf die **politischen Meinungsführer** innerhalb der Fraktionen (Fraktionsvorsitzende, ehrenamtliche Stellvertreter des Bürgermeisters etc.) zurückgreifen.

Den **Meinungsführern der Fraktionen** kommt insoweit eine zentrale Stellung im Informationsfluss zwischen Rat und Verwaltung zu. In wichtigen kommunalpolitischen Fragen werden sie in den verwaltungsinternen Klärungsprozess häufig auch deshalb mit einbezogen, um – ebenfalls als Filter – das gemeinsam erarbeitete Ergebnis in den Fraktionen „mehrheitsfähig" zu machen.

Ebenso wie die Spitzenbeamten in der Verwaltung werden die Meinungsführer der Fraktionen auch in ihren Fraktionen **als Vorentscheider** bestimmter kommunalpolitischer Angelegenheiten tätig. Das gilt sowohl für Eigeninitiativen (Anfragen, Anträge, Stellungnahmen etc.) der Fraktion als auch für die Umsetzung von „Koalitionskompromissen", strittigen Verwaltungsvorlagen, Initiativanträgen auch anderer Fraktionen oder fraktionsübergreifender Personal- oder Sachabsprachen.

Die **Funktion des „Vorentscheiders"** erfordert regelmäßig **enorme Zeit, soziale und kommunikative Fähigkeiten** sowie entsprechende **Insider-Informationen**. Diese „politischen Ressourcen" benutzen örtliche Spitzenpolitiker oftmals auch, um das Vertrauen ihrer Parteifreunde zu gewinnen und zu erhalten oder aber auch, um sich intern „rückzuversichern", sich also nicht den Vorwurf des „Alleinentscheiders" gefallen lassen zu müssen.

In der kommunalpolitischen Praxis kann man hinsichtlich der Stellung und **Einbindung von Mandatsträgern** in diesem „Vorentscheidungsprozess" durchaus von einer „**Zweiklassengesellschaft**" sprechen.

Im Rahmen des kommunalpolitischen Entscheidungsprozesses spielt der verwaltungsinterne Klärungsprozess unter Einbindung der Vorentscheider insoweit eine große Rolle, als er einerseits den zeitlichen Aufwand für die Vorbereitung politischer Entscheidungen erheblich reduziert und andererseits zugleich dem „Verkaufen" der gemeinsam gefundenen Entscheidung der öffentlichen Diskussion eher standhalten kann.

Dabei ist zu beachten, dass der **Prozess** oftmals auch nur zu einer sog. „**Nichtentscheidung**" führen und somit erst gar keine öffentliche Diskussion stattfinden kann.

In der Praxis werden zunehmend zu wichtigen Themenbereichen **Arbeitsgruppen** – bestehend aus Verwaltungsmitarbeitern und politischen Vertretern – gebildet, die in nichtöffentlicher Sitzung tagen und gemeinsame **parteiübergreifende Lösungsvorschläge** erarbeiten.

4. Das formelle Beschlussverfahren

Das **formelle Verfahren** (Antrag – Beschlussvorlage – Beratung – Entscheidung) wird regelmäßig durch eine entsprechende Initiative autorisierter Personen(gruppen) ausgelöst.

Das **Initiativrecht** wird dabei in der Regel durch entsprechende Antragstellung an die nach der Gemeindeordnung zuständige Stelle (z. B. Bürgermeister, Ausschussvorsitzender) geltend gemacht. Aufgrund ihrer Fachkompetenz und Aufgabenstellung nimmt dabei oftmals die Verwaltung durch den Bürgermeister bzw. die Beigeordneten von sich aus die Initiative wahr, indem sie eigene Vorlagen und Anträge erarbeitet oder im Rahmen des laufenden Geschäftsbetriebs auftragsgemäß für den Rat und dessen Ausschüsse erstellt. Allerdings machen in der Praxis auch die übrigen „Antragsberechtigten“, insbesondere die Fraktionen, aber auch einzelne Mandatsträger, vielfach von ihrem Antragsrecht Gebrauch. Anträge sollten einen konkreten Beschlussvorschlag sowie eine entsprechende Begründung enthalten.

Im Rahmen der Sitzungsvorbereitung trägt die **Verwaltung** letztendlich dafür Sorge, dass die Anträge an die zuständigen Stellen weitergeleitet werden, wobei die Verwaltung regelmäßig durch ihre Fachämter zu den einzelnen Anträgen entsprechende **Beschlussvorlagen** erstellt, die mit weiteren Informationen (z. B. Stellungnahmen von Behörden, Bürgern, Fachleuten) und einem Beschlussvorschlag versehen sind, damit die Rats- und Ausschussmitglieder umfassend informiert werden und auf Grundlage der konkreten Verwaltungsvorlage beraten und entscheiden können.

Insoweit obliegt der **Verwaltung** bei der **Sitzungsvorbereitung** eine umfassende **Informations- und Koordinationspflicht**, zumal die Vorbereitungshandlung auch mit dem Bürgermeister bzw. (Ausschuss-) Vorsitzenden, der die Sitzung einberuft, abgestimmt werden muss.

Formelle Vorgaben für die **Verwaltungsmitarbeiter** werden regelmäßig in der „**Dienstanweisung** über die Vorbereitung und Durchführung der Sitzungen des Rates und der Ausschüsse“ durch den Bürgermeister erlassen.

Weil die Beratung aller kommunalpolitischen Angelegenheiten durch den Rat schon aus zeitlichen Gründen nicht möglich ist, sieht die Gemeindeordnung die Bildung von entsprechenden Ausschüssen vor, die die Angelegenheiten des Rates vorberaten und zum Teil eigene Entscheidungsbefugnisse besitzen.

In den **Ausschüssen** vollzieht sich der **Schwerpunkt der kommunalpolitischen Diskussion und Willensbildung**.

Die **Anzahl** und die **Bildung von Ausschüssen** erfolgen auf Grundlage der gemeinderechtlichen Regelungen sowie der Hauptsatzung, Geschäftsordnung bzw. Zuständigkeitsordnung des Rates. Da die Ausschussstrukturen und die Ausschussmitglieder in der Regel nur zu Beginn der jeweiligen Wahlperiode bestimmt werden, wird sowohl von den Fraktionsvorständen als auch von den einzelnen Fraktionsmitgliedern besonderes „Geschick“ verlangt, die eigenen „Personal- und Qualitätsvorstellungen“ einzubringen und umzusetzen (vgl. im Einzelnen unten C.II.).

Grundlage für die Bildung von Ausschüssen ist im Wesentlichen das Bemühen um eine entsprechende Arbeitsteilung, aus politischer Sicht allerdings auch die ordnungsgemäße „Versorgung“ der einzelnen Fraktionsmitglieder mit bestimmten Aufgaben und die **Sicherstellung der Fraktionsinteressen** insgesamt.

So ist es durchaus üblich, Ausschüsse zu teilen, zu vergrößern bzw. neu zu schaffen, um dem Proporz gerecht zu werden.

Zur zeitlichen und inhaltlichen **Entlastung der Mandatsträger** sollten allerdings gerade bei der Ausschussbildung die Erfahrungen und **Reformansätze moderner Rats- und Fraktionsarbeit Berücksichtigung** finden. Die **Konzentration von Ausschüssen** und deren Anpassung an (veränderte) Verwaltungsstrukturen sind notwendige Schritte zur Stärkung des kommunalen Ehrenamtes.

Grundsätzlich bedeutet **Ausschussarbeit** eine Bündelung von speziellen Sachthemen und entsprechenden Sachverstandes auf Seiten der hauptamtlichen Verwaltung sowie der Ratsmitglieder, ggf. Sachkundiger Bürger oder auch Einwohner.

Bauen und Planen, Kultur und Sport, Umwelt und Soziales oder Finanzen sind typische Fachbereiche, in denen Ausschüsse gebildet werden. Nach sondergesetzlichen Bestimmungen wird beispielsweise auch der Jugendhilfeausschuss eingerichtet. Von besonderer Bedeutung ist die Stellung und Funktion des sog. Hauptausschusses, oftmals auch als **Haupt- und Finanzausschuss** eingerichtet, der als „**kleiner Rat**" die wesentlichen Angelegenheiten vorberät, die Abstimmung der Arbeiten aller Ausschüsse vornimmt und zudem weitreichende eigene Entscheidungsbefugnisse hat.

Die Einrichtung und die Anzahl der Mitglieder der jeweiligen Ausschüsse werden durch Beschluss des Rates festgelegt. Die **Besetzung der Ausschüsse** erfolgt nach der Stärke der jeweiligen Fraktionen (vgl. im Einzelnen unten C.II.2.).

Das **Verfahren** in den **Rats- und Ausschusssitzungen** erfolgt nach festgelegten Regelungen der **Gemeindeordnung, Hauptsatzung und Geschäftsordnung des Rates**, in denen die einzelnen Rechte und Pflichten der Ausschussmitglieder und auch die verfahrensrechtlichen Grundlagen von der Einberufung der Sitzung über die Sitzungsleitung, die Abhandlung der Tagesordnung sowie die entsprechende Niederschrift dargelegt sind.

Die inhaltliche Entscheidung über den jeweiligen Tagesordnungspunkt ist u. a. von der Nachvollziehbarkeit der konkreten Verwaltungsvorlagen abhängig.

In der Praxis werden mehr als 90 Prozent aller Beschlüsse im Rat bzw. in den Ausschüssen einstimmig gefasst.

Wichtige Ursache hierfür ist die **regelmäßige Vorberatung** der einzelnen **Tagesordnungspunkte durch die Fraktionen**, in der eine frühzeitige Erörterung der Beschlussvorlagen erfolgt, um eine gemeinsame Grundposition und Zielrichtung für die Beratung und Entscheidung in den Ausschüssen und im Rat abzustimmen.

Die **Bündelung der einzelnen Meinungen in der Fraktion** führt insoweit zu einer **konstruktiven und zügigeren Rats- und Ausschussarbeit**.

Im Rahmen der **Vorbereitung auf die Sitzungen** obliegt es den Ratsmitgliedern, gemäß ihrer Stellung und Funktion in der Fraktion, zu den einzelnen Tagesordnungspunkten entsprechende **Informationen** (z. B. von Fachleuten, aus Zeitungen und Fachliteratur, von den Kommunalpolitischen Vereinigungen etc.) einzuholen, um die eigenen Kenntnisse zu verbessern. Die Beratung in der Fraktion führt regelmäßig dazu, dass in den Rats- und Ausschusssitzungen weitere Anfragen an die Verwaltung bzw. die Antragsteller erfolgen oder ggf. Anträge auf Einholung von Gutachten bzw. Heranziehung von Sachverständigen oder auch Wahrnehmung des Akteneinsichtsrechts gestellt werden.

Auf Grundlage der Vorberatungen in den Ausschüssen erfolgt schließlich in wichtigen kommunalpolitischen Angelegenheiten eine Entscheidung in der Ratssitzung, deren Ausführung wiederum der Verwaltung obliegt.

Die kommunalen Gremien haben insoweit die Aufgabe, die **ordnungsgemäße Ausführung der Beschlüsse** durch entsprechende Nachfragen bzw. Wahrnehmung des Akteneinsichtsrechts oder des Rechts auf Information und Berichterstattung zu kontrollieren.

In der Praxis stellt sich dabei die Informationsbereitschaft der Verwaltung als besonderes Problem dar: Häufig kommen Verwaltungen aus Gründen des „Selbstschutzes“, des politischen Kalküls oder auch mangelnder Verfahrens- oder Organisationsstrukturen der Verpflichtung zügiger Informationserstattung nicht nach. Gleichwohl ist die Verwaltung verpflichtet, den Mandatsträgern die gewünschten Informationen zeitnah zur Verfügung zu stellen.

III. Bürgerschaftliche Mitwirkungsmöglichkeiten

Für die Gemeinden und Kreise gilt nach dem Grundgesetz (Art. 28 Abs. 1 Satz 2 GG) und der Landesverfassung des Landes Nordrhein-Westfalen (Art. 78 Abs. 1 LVerf NRW) der **Grundsatz der sog. repräsentativen** oder auch **mittelbaren Demokratie**. Die Bürgerschaft wird also grundsätzlich durch den Rat bzw. Kreistag als gewählte Vertretung des (Gemeinde-) Volkes und den Bürgermeister bzw. Landrat als gewähltes Gemeindeorgan vertreten. Die kommunale politische Partizipation, also die Teilhabe und Teilnahme der Bürger am politischen System der jeweiligen kommunalen Gebietskörperschaft (Gemeinde bzw. Kreis), erfolgt regelmäßig über die **Wahrnehmung des kommunalen Wahlrechts**.

Daneben gewinnen aber auch andere Formen der Bürgerbeteiligung immer mehr an Bedeutung. Die Bürger und Einwohner nehmen zunehmend auch außerhalb von Wahlen am politischen Geschehen der Gemeinden und Kreise teil; dessen müssen sich auch die kommunalen Mandatsträger bewusst sein. Immer mehr Bürger nutzen die sich ihnen bietenden Möglichkeiten, sich vor Ort in bestimmten kommunalpolitischen Angelegenheiten zu engagieren und einzubringen.

Die **einzelnen Beteiligungsmöglichkeiten** sind dabei höchst vielseitig und in zahlreichen Gesetzen unterschiedlich ausgestaltet. Im Rahmen bestimmter **Planungsverfahren**, wie z. B. bei der Bauleitplanung (vgl. § 3 BauGB), haben die Bürger regelmäßig das Recht auf möglichst frühzeitige Unterrichtung sowie Erörterung der geplanten Maßnahmen, und sie können sich beim Verfahren der öffentlichen Auslegung der Bebauungs- und Flächennutzungspläne durch Anregungen in den planerischen Prozess einbringen.

Solche Beteiligungsrechte bestehen beispielsweise auch bei der Aufstellung des gemeindlichen Haushalts. So ist der Entwurf der **Haushaltssatzung** mit ihren Anlagen öffentlich auszulegen, damit die Einwohner die Möglichkeit haben, sich zu informieren, wie die Gemeinde öffentliche Mittel zu verwenden gedenkt. Innerhalb einer Frist von mindestens 14 Tagen haben Einwohner und Abgabepflichtige darüber hinaus die Möglichkeit, Einwendungen gegen diesen Entwurf zu erheben (vgl. § 80 Abs. 3 GO).

Neben solchen speziell ausgestalteten Regelungen enthält § 23 Abs. 1 Satz 1 GO für die Gemeinden aber auch generell den Grundsatz, dass die **Einwohner über alle bedeutsamen Angelegenheiten der Gemeinde vom Rat zu unterrichten** sind. Dabei handelt es sich insbesondere um wichtige Planungen und größere Vorhaben auf dem Gemeindegebiet (z. B. Stadtentwicklungsplanung, Gestaltung der Ortsteile, Fragen des Stadtverkehrs, Planung, Errichtung und Änderung von wichtigen öffentlichen Einrichtungen etc.). Solche Informationen erfolgen meist in Einwohner- bzw. Bürgerversammlungen, in denen Vertreter aus Politik und Verwaltung informieren und die Anwesenden die Gelegenheit haben, sich zu äußern oder Einwendungen und Anregungen vorzubringen.

Aber auch außerhalb solcher Bürgerversammlungen steht es grundsätzlich jedermann frei, sich mit **Anregungen und Beschwerden in Angelegenheiten der Gemeinde** an den Rat, in kreisfreien Städten auch an die Bezirksvertretung (§ 24 Abs. 1 GO), und in Angelegenheiten des Kreises an den Kreistag zu wenden (§ 21 Abs. 1 KrO). Zu der Anregung oder Beschwerde ist sodann eine Stellungnahme zu verfassen, über die der Antragsteller zu unterrichten ist.

Im Rahmen des sog. **Einwohnerantrages** kann darüber hinaus beantragt werden, dass der Rat (§ 25 GO) bzw. Kreistag (§ 22 KrO) über eine bestimmte Angelegenheit im Rahmen seiner gesetzlichen Zuständigkeit berät und entscheidet. Dieser Antrag muss allerdings von einem bestimmten Quorum der Einwohner (5 Prozent in kreisangehörigen Gemeinden, 4 Prozent in kreisfreien Städten und Kreisen) durch ihre Unterschrift unterstützt werden. Für die Beratung und Entscheidung hat der Rat bzw. Kreistag vier Monate Zeit.

Anders als bei den Bürgerbegehren und Bürgerentscheiden, mit denen die Bürgerschaft die Entscheidung an sich ziehen kann, verbleibt bei Einwohneranträgen die Entscheidung bei der jeweiligen Kommunalvertretung und trägt damit dem verfassungsrechtlich verankerten Grundsatz der repräsentativen Demokratie Rechnung.

IV. Mandatsübernahme: Ziele und Möglichkeiten des Rats- / Kreistags- / Bezirksvertretungsmitgliedes

Wer ein Mandat im Rat, Kreistag oder in der Bezirksvertretung anstrebt, wird sich in aller Regel im Vorfeld seiner Kandidatur Informationen über den anstehenden Wahlkampf und auch die Belastungen zur Wahrnehmung des Mandats einholen. Theorie und Praxis unterscheiden sich jedoch oftmals auch in der Kommunalpolitik. Jeder **Mandatsinhaber** sollte deshalb nach seiner Wahl – wie auch vor dem Einstieg in die kommunale Praxis – im Wege einer regelmäßigen **Persönlichkeitsanalyse** seine eigenen Möglichkeiten und Zielvorstellungen überprüfen. Nur auf diese Art und Weise wird er seinen Standort im kommunalpolitischen Entscheidungsprozess finden und von unnötigen Misserfolgen verschont bleiben. Folgende Gesichtspunkte sollten in der Analyse Berücksichtigung finden:

1. Persönlichkeitsanalyse

- Ausreichende Zeit zur Ausübung des Ehrenamtes (für Rats-, Ausschuss-, Fraktionssitzungen, Weiterbildungsmaßnahmen, Wahlkreisbetreuung, Repräsentationstermine, Parteiarbeit).
- Generelle Bereitschaft zur Einarbeitung in neue Verfahrens- und Verwaltungsabläufe (z. B. in der Fraktions- und Gremienarbeit) sowie in die Grundzüge der politischen Kommunikation etc.
- Einarbeitung in neue Fach- und Sachgebiete (auf Grundlage eigener Interessen).
- Grundlegendes Verständnis für kommunalpolitische Entscheidungsprozesse.
- Akzeptanz personeller hierarchischer Strukturen im Rat, in der Verwaltung und in der Fraktion.
- Bereitschaft zur Entwicklung und „Vermarktung“ eigener Initiativen und Ideen in der Fraktion, in den Gremien, gegenüber der Verwaltung oder den Medien.

- Bereitschaft zur Übernahme besonderer Funktionen in der Fraktion (Vorsitzender, Sprecher, Geschäftsführer u. Ä.).
- Toleranz und Respekt gegenüber kommunalpolitischen Mitstreitern und „politisch Andersdenkenden".
- Einbringung eigener Fach- und Sachkenntnisse aufgrund beruflicher, ehrenamtlicher oder sonstiger Erfahrungen.
- Engagement im vorpolitischen Raum (Vereine, Bürgerinitiativen, Verbände etc.).

2. Persönliche Zielvorstellungen und deren Umsetzung

Soweit der Mandatsträger Klarheit über seine Einstellung zu den vorgenannten Gesichtspunkten gefunden hat, sollte er sich zwangsläufig auch über seine **Stellung in der Fraktion, im Rat und in Ausschüssen** Gedanken machen:

- Welche Position / Funktion strebe ich an („einfaches Fraktionsmitglied", Fraktionsvorstandsmitglied, Fraktionsvorsitzender, Stellvertreter des Bürgermeisters, Fraktionssprecher in einem bestimmten Sachgebiet, Vertreter der Fraktion / des Rates in Aufsichtsräten / in Verwaltungsräten etc.)?
- Welchen Ausschüssen möchte ich angehören (Fachausschüssen / Hauptausschuss)?
- Ist die Mitarbeit in weiteren kommunalen Gremien (z. B. Seniorenbeirat, Behindertenbeirat, Ausländerbeirat, Jugendparlament etc.) für mich von Interesse?
- Mit welchen Mitteln kann ich auf die Durchsetzung meiner persönlichen Zielvorstellungen Einfluss nehmen (Kontakte zu partei- und kommunalpolitischen Meinungsführern / politischen „Verbündeten" / Medien / Interessengruppen)?

Zur Durchsetzung der Zielvorstellungen bedarf es weiterhin auch einer kritischen **Überprüfung der eigenen Person nach Stärken** und **Schwächen**:

- Was sind erkennbar meine größten Stärken und Fähigkeiten?
- Worin bestehen meine von außen erkennbaren Schwächen?
- Welche persönlichen Erfahrungen (beruflicher, familiärer, ehrenamtlicher, verbandlicher, parteilicher Art) kann ich in die Waagschale werfen?
- Zu welchem kommunalpolitischen Bereich kann ich besondere Aussagen treffen und wirke ich glaubwürdig?
- In welchen Bereichen kann ich besonderes persönliches Engagement nachweisen?
- Welche besonderen Fähigkeiten rechtfertigen die von mir angestrebte besondere kommunalpolitische Funktion (z. B. Ausschussvorsitzender, Sprecher der Fraktion)?
- Habe ich das notwendige Durchsetzungsvermögen, die erforderliche Standhaftigkeit, die Eigeninitiative sowie den politischen Rückhalt, um eine herausgehobene Position in der Fraktion bzw. im Rat auszuüben?
- Stelle ich mich ggf. auch einer Kampfabstimmung?

Warten Sie (gerade) als (neuer) Mandatsträger nicht darauf, dass Ihnen Partei- oder Fraktionskollegen von sich aus nützliche Hinweise und Ratschläge mit Blick auf die **Besetzung herausgehobener Funktionen** oder Positionen geben. Gehen Sie vielmehr davon aus, dass auch Ihre Kollegen (gerade in der Zeit unmittelbar nach der Kommunalwahl) versuchen werden, ihre **eigenen Interessen in der Fraktion, im Rat** und **in sonstigen kommunalen Gremien** durchzusetzen. Dabei spielt der Zeitfaktor eine besondere Rolle. Alle maßgeblichen Entscheidungen über die Besetzung von Fraktions-, Ausschuss- und Gremienpositionen erfolgen in der ersten oder zweiten Sitzung des Rates bzw. der Fraktion. Soweit Sie also eigene Interessen verfolgen, müssen Sie diese frühzeitig den sog. „politischen Vorentscheidern“ innerhalb der Partei und Fraktion, d. h. internen Zirkeln politischer Meinungsführer, mitteilen. Zugleich sollten Sie versuchen, diese als **Verbündete** für Ihre **Ziele** zu gewinnen.

Hierbei stellen sich insbesondere folgende Fragen:

- Wer hat(te) in der Fraktion / Partei wichtige Funktionen inne?
- Wer gilt in der Fraktion / Partei als politisch einflussreich?
- Wer hat in der Fraktion / Partei bisher wichtige (Personal-) Entscheidungen mitgestaltet?
- Welche Funktionen (Träger) sind wirklich wichtig?
- Wer hat genügend Einblick in die tatsächliche Verteilung von Macht und Einfluss?
- Welche Entscheidungsprozesse (Vorberatungen, Einzelgespräche) sind wichtig für die abschließende Entscheidung?
- Welche Personen müssen zur Durchsetzung kommunal- und personalpolitischer Zielsetzungen zwingend mit eingebunden werden?
- Wie kann über Personen, Sachthemen oder Medien Interesse bei den Meinungsführern geweckt und ggf. politischer Druck ausgeübt werden?
- Welche Personen / Interessengruppen können zur Durchsetzung der angestrebten Position mit herangezogen werden?
- Welche „Gegenleistungen“ können angeboten werden?

Eine **wichtige Rolle im Vorentscheidungsprozess** spielt hierbei oftmals auch die **örtliche Partei**, weil der Vorstand der Partei regelmäßig Empfehlungen für die Besetzung bestimmter Positionen und Funktionen ausspricht, an die allerdings die Fraktion nicht gebunden ist.

Zur Durchsetzung eigener Interessen innerhalb der kommunalen Gremien und der Fraktion spielt der zeitliche Faktor eine besondere Rolle.

Gerade in den **ersten Tagen und Wochen nach der Kommunalwahl** klären sich – mit Blick auf die Personalentscheidungen zur Besetzung der kommunalen Ehrenämter – häufig die Grundstrukturen zur Durchführung der kommunalen Entscheidungsprozesse für die anstehende gesamte Wahlperiode. Deshalb ist es besonders wichtig, als (neuer) Mandatsträger seine Interessen im Vorfeld entsprechend einzubringen. Die „**Vergabe**“ **der Positionen durch die Fraktion** erfolgt dabei keineswegs immer nach persönlichen Qualitäten und Fähigkeiten, sondern oftmals auch aufgrund „langjähriger politischer Verdienste“ oder sonstiger – auch persönlicher – Interessen Einzelner, die für die neuen Mandatsträger in der Regel nicht nachvollziehbar sind. Gesellschaftliche Reputation, Interessenvertretung bestimmter Berufsgruppen, Ortsteildenken, zusätzliche Aufwandsentschädigungen oder persönliche Profilierungen spielen dabei eine ebenso große Rolle wie die Berücksichtigung von ausgewogenen parteipolitischen Vertretungen unterschiedlicher Gruppierungen (z. B. Frauen, Senioren, Jugend, EU-„Ausländer“).

Weiterhin ist zu berücksichtigen, dass die Besetzung von Ausschüssen, Aufsichtsrats- bzw. Verwaltungsratspositionen, Funktionen als stellvertretender Bürgermeister etc. regelmäßig für die gesamte Wahlperiode Gültigkeit hat, während besondere **Funktionen innerhalb der Fraktion** (vgl. im Einzelnen unten B.V.10.) häufig nur eine zeitlich begrenzte Dauer (z. B. die Hälfte der Wahlperiode) umfassen.

V. Mitarbeit und Stellung innerhalb der Fraktion

1. Entwicklung und Bedeutung der kommunalen Fraktionen

Allgemein sind Fraktionen selbstständig handelnde, voneinander unabhängige, mit eigenen Zielvorstellungen versehene politische Gruppierungen in parlamentarischen Gremien.

Auf kommunaler Ebene sind **Fraktionen freiwillige Vereinigungen von Mitgliedern kommunaler Vertretungen** (des Rates, Kreistages, der Bezirksvertretung oder Landschafts- bzw. Verbandsversammlung), die sich auf Grundlage grundsätzlicher politischer Übereinstimmung zu möglichst gleichgerichtetem Wirken zusammengeschlossen haben (§ 56 Abs. 1 Satz 1 GO). Bei den kommunalen Vertretungen handelt es sich nicht um Parlamente, sondern um Willensbildungsorgane eines Selbstverwaltungsträgers (Gemeinde, Kreis). **Fraktionsmitglieder** können **nur gewählte Mandatsträger**, nicht aber beispielsweise Sachkundige Bürger oder gar sonstige Parteimitglieder sein.

Fraktionen haben die Aufgabe, den Meinungsbildungsprozess zu beschleunigen, politische Auffassungen zu bündeln, effiziente Arbeit in den kommunalen Gremien zu gewährleisten und das einzelne Mitglied arbeitsmäßig zu entlasten. Insofern haben sie einen über die Vertretung von Parteiinteressen hinausgehenden allgemeinen und der gesamten Gemeindeverwaltung dienenden Zweck.

Mit Blick auf die Vielzahl der Beratungs- und Entscheidungsgegenstände im kommunalen Entscheidungsprozess sowie die Komplexität einzelner Fragestellungen ermöglicht die **Vorberatung durch die Fraktion** erst eine **arbeitsteilige** und **somit effiziente Tätigkeit**. Die Bildung von Fraktionen liegt daher insbesondere bei großen Vertretungskörperschaften (Großstädten und Kreisen) im Interesse der Funktionsfähigkeit. Aber auch in den kleineren Gemeinden ist eine Bündelung der Meinungen zumindest zweckmäßig.

Dem **einzelnen Mandatsträger** ermöglichen erst die Fraktionen, einen zur Entscheidung befähigenden Kenntnisstand zu erlangen, da er schon zeitlich nicht alle Gremien selbst besuchen kann. Die Vorberatung von kommunalen Entscheidungen unter politisch Gleichgesinnten in der Fraktion mit dem Ziel einer gemeinsamen Formulierung von Positionen erhöht zugleich die politische Durchschlagskraft des Einzelnen erheblich. Bringt er die Fraktion auf seine Seite, vervielfacht er gleichsam seine Stimme im Rat.

Fraktionen haben des Weiteren eine **Schlüsselfunktion für die Präsentation der Parteipolitik in der Öffentlichkeit** und bieten damit auch dem Wähler Orientierung für seine Wahlentscheidung. Auf der kommunalen Ebene werden die innerparteiliche Meinungsbildung und die Außendarstellung der Partei oft sogar von der jeweiligen Fraktion dominiert. Dies ist vielfach auf einen erheblichen Informationsvorsprung der Mandatsträger und auch auf eine häufig bestehende **Personalunion von Parteifunktionären und kommunalen Mandatsträgern** zurückzuführen.

2. Unterscheidung von Partei und Fraktion

Trotz der oftmals engen **personellen Verknüpfung zwischen Partei und Fraktion** ist organisationsrechtlich streng zwischen ihnen zu trennen. Das ist notwendig, um eine Reihe von Konflikten zwischen dem einzelnen Mitglied einer kommunalen Vertretung, einer Partei und seiner Fraktion lösen zu können.

Fraktionen sind nicht Organe der politischen Parteien, sondern Organteile der Vertretungskörperschaft.

Andererseits sind die Fraktionen heute keine isolierten ohne Bezug zur Parteiarbeit agierenden Gremien, weil häufig zwischen beiden eine weitgehende Personenidentität besteht und die Wiederaufstellung als Wahlbewerber letztendlich immer durch die Parteigremien entschieden wird. Mitglieder der Fraktionen müssen also stets im Auge behalten, dass sie von den wahlberechtigten Mitgliedern ihrer Partei in ihrer Gemeinde als Bewerber zur Kommunalwahl aufgestellt werden. Das bedeutet jedoch nicht, dass die Fraktion an „Aufträge oder Weisungen" ihrer Partei oder einzelner Parteimitglieder gebunden wäre. Damit besteht ein nicht fixierbarer innerer Zusammenhang zwischen den Aktivitäten der Parteien, ihren Beschlüssen auf Parteikongressen und -versammlungen und den Bemühungen der Fraktion, diese politischen Willensäußerungen ihrer Parteigremien unter dem Licht des Gemeinwohls (vgl. im Einzelnen oben B.I.3.) zu vollziehen. Regelmäßig wird deshalb von den **Fraktionen** auf eine **gute Zusammenarbeit** mit den **Kreis-, Stadt- und Ortsverbänden der Partei** geachtet.

3. Rechtsgrundlagen

Die Bildung von Fraktionen, ihre Stellung und Aufgaben sind in der Gemeindeordnung geregelt. Nach § 56 Abs. 1 sind – in der Wahlperiode bis 2020 – in einer kreisangehörigen Gemeinde mindestens zwei Ratsmitglieder, in einer kreisfreien Stadt mindestens drei Ratsmitglieder erforderlich, um eine Fraktion zu bilden. § 40 Abs. 1 KrO sieht in Kreistagen bis zu 59 Mitgliedern zwei, darüber hinaus drei Kreistagsmitglieder vor. Auch in den Bezirksvertretungen ist die **Fraktionsbildung** ab zwei Mitgliedern möglich (vgl. oben A.III.1.a).

Das Recht zur Bildung von Fraktionen ist zeitlich allerdings nicht fixiert. Es besteht während der gesamten Wahlperiode des Rates. Ebenso sind die Auflösung und die Neubildung von Fraktionen jederzeit möglich.

Da Fraktionen Gliederungen der jeweiligen Vertretungskörperschaft sind, sollten allerdings in der **Geschäftsordnung des Rates** nähere Einzelheiten über die Bildung von Fraktionen festgeschrieben werden, soweit dies nicht bereits durch die Gemeindeordnung gefordert wird.

Üblicherweise gehören zu den Festlegungen auch die **Anzeigepflicht zur Bildung der Fraktion** gegenüber dem Bürgermeister, die Bezeichnung der Fraktion sowie die Namen des Fraktionsvorsitzenden, der Stellvertreter und aller Fraktionsmitglieder. Auch die Rechte im Hinblick auf die Arbeit des Rates und seiner Ausschüsse sollten geregelt werden.

Die Rechte der Fraktion sind umfassend in der Gemeindeordnung geregelt. Weitere Festlegungen – insbesondere zur inneren Organisation – erfolgen durch die Fraktion in einer Fraktionsgeschäftsordnung.

4. Fraktionsgeschäftsordnung

Zur Klärung der Rechte und Pflichten der einzelnen Fraktionsmitglieder und zur Regelung der Verfahrensweisen innerhalb der Fraktion gibt sich die Fraktion in der Regel eine **Geschäftsordnung** (ein sog. „**Fraktionsstatut**"). Nur so kann der reibungslose Ablauf der Fraktionsarbeit sichergestellt werden. Unter Berücksichtigung möglichst weitgehender Transparenz der Fraktionsarbeit und Respektierung des freien Mandats werden regelmäßig zu folgenden Bereichen entsprechende Festlegungen getroffen:

- **Ziele und Aufgaben der Fraktion**
  (z. B. Festlegung der kommunalpolitischen Leitsätze, Förderung der Willensbildung der Mitglieder, Information der Bürgerschaft etc.)

- **Fraktionsmitgliedschaft**
  (Mandatsträger der gleichen Partei, sonstige Ratsmitglieder nach entsprechendem Beschluss der Fraktion)

- **Festlegung der Organe der Fraktion**
  (Fraktionsversammlung, Vorstand, Vorsitzender)

- **Fraktionsversammlung und ihre Aufgaben**
  (Entscheidung über die Grundlinien der Politik sowie alle Einzelfragen, Wahl des Vorstandes, Mitglieder der Ausschüsse und sonstiger Gremien, Festlegung des Verfahrens in den Fraktionssitzungen, Bestimmung über die Hinzuziehung weiterer Personen [z. B. aus der Verwaltung oder Partei] zu den Fraktionssitzungen etc.)

- **Festlegung der Vorstandsstärke und dessen Aufgabe**
  (Vorsitzender, Stellvertreter, Schriftführer, Schatzmeister, Pressesprecher, Beisitzer, Bestimmung von haupt- oder nebenamtlichen Geschäftsführern, Vorberatung von wichtigen Entscheidungen)

- **Stellung und Aufgaben des Fraktionsvorsitzenden**
  (Innen- und Außenvertretung, Einberufung und Sitzungsleitung etc.)

- **Rechte und Pflichten der Fraktionsmitglieder**
  (Teilnahme-, Beratungs-, Offenbarungs- und Verschwiegenheitspflicht etc.)

- **Abstimmungs- / Beschlussverfahren in den Fraktionssitzungen**
  (Sachbeschlüsse und Wahlen, offene, namentliche und geheime Abstimmung)

- **Anträge und Anfragen von Fraktionsmitgliedern**

- **Arbeit in den Ausschüssen**
  (Festlegung von Sprechern, Berichtspflicht an die Fraktion, Vertretung in den Ausschüssen)

- **Einbindung der Sachkundigen Bürger**
  (Rechte und Pflichten, insbesondere Mitberatungs- und Entscheidungsrechte)

- **Grundlagen interfraktioneller Zusammenarbeit**
  (Festlegung interfraktioneller Absprachen, Koalitionsvereinbarungen)

- **Ordnungsmaßnahmen gegen Fraktionsmitglieder**
  (Missbilligung [Rüge], Fraktionsausschluss)

- **Grundlagen der Fraktionsfinanzierung**
  (Führung der Fraktionskasse durch den Schatzmeister, Verwendung öffentlicher Mittel, Abführung von Eigenmitteln an die Fraktionskasse etc.)

- **Führung eines Fraktionsarchivs / einer Fraktionsbibliothek**

- **Berücksichtigung von datenschutzrechtlichen Regelungen**
  (Löschung personenbezogener Daten, Verpflichtung von neben- bzw. hauptamtlichen Fraktionsmitarbeitern zur Verschwiegenheit, sorgfältige Aufbewahrung von fraktionsbezogenen Unterlagen)

- **Öffentlichkeitsarbeit**
  (Festlegung der Aufgaben des Pressesprechers, Durchführung von Pressekonferenzen, Abgabe von Presseerklärungen in Abstimmung mit dem Fraktionsvorsitzenden etc.)

- **Festlegung der Mitgliedschaft in der Kommunalpolitischen Vereinigung**
  (Erfüllung der Beitragsverpflichtung, Wahrnehmung der Dienstleistungen – z. B. Informationen, Rechts- und Sachberatung, kommunalpolitische Weiterbildung)

In der Praxis hat sich die Orientierung der Fraktionsarbeit an der **Muster-Geschäftsordnung für Fraktionen der kommunalpolitischen Vereinigungen** (abgedruckt im Anhang) bewährt. Sie gibt ein brauchbares Gerüst zur Strukturierung der Fraktionsarbeit und verhindert oftmals überflüssige Rechtsunsicherheiten.

Ein wesentlicher Punkt bei der Festlegung der Geschäftsordnung ist die Entscheidung über die Hinzuziehung weiterer Personen zu den Fraktionssitzungen, insbesondere leitende Kommunalbeamte, Sachkundige Bürger, sonstige Parteifunktionäre oder Gäste.

Die Entscheidung über die Heranziehung der Personen ist u. a. abhängig von der Größe der jeweiligen Fraktion, der parteipolitischen Einbindung von Personen oder aber Besonderheiten der anstehenden politischen Entscheidungen.

Einen Anspruch auf Teilnahme an den Fraktionssitzungen haben zunächst nur die stimmberechtigten Fraktionsmitglieder. Dies gilt insbesondere für Fragen der inneren Organisation der Fraktion (z. B. für die Wahlen zum Fraktionsvorsitz, zum Fraktionsvorstand oder zur Bestimmung von Geschäftsordnungsregelungen). Je nach Größe der Gemeinde oder Stadt wird oftmals auch zwischen der sog. **Fraktionsversammlung**, die aus allen Fraktionsmitgliedern besteht, und der sog. „**Fraktionsvollversammlung**", die alle Fraktionsmitglieder und zusätzlich die Sachkundigen Bürger / Einwohner und sonstigen Gäste umfasst, unterschieden.

5. Verhältnis von Mandat und Fraktion

Grundlage für die Tätigkeit als Mandatsträger ist das sog. „**freie Mandat**", d. h., dass die jeweiligen Mandatsträger im Rahmen der vorgegebenen rechtlichen Möglichkeiten ihre Tätigkeit nach ihrer freien, nur durch Rücksicht auf das Gemeinwohl geleiteten Überzeugung ausüben.

Für die Mitgliedschaft in der Fraktion gilt dieser Grundsatz ebenfalls, allerdings modifiziert durch den politischen Gesichtspunkt, die Handlungsfähigkeit der Fraktion im Rat zu wahren.

Obgleich damit schon aus rechtlichen Gründen ein sog. „**Fraktionszwang**" für einzelne Fraktionsmitglieder ausgeschlossen ist, führt der sich aus politischen Gründen ergebende Sachzwang zur Herstellung einer geschlossenen Fraktionshaltung allerdings zu einem faktischen Druck auf das einzelne Fraktionsmitglied. Da es nicht nur für sich allein, sondern mit Gleichgesinnten in der Fraktion an der Verwirklichung der gemeinsamen Zielvorstellungen arbeitet, besteht natürlich auch eine persönliche Verpflichtung, sich nach besten Kräften als nützliches Mitglied in dieser Fraktion zu erweisen und mit vereinten Kräften die Fraktionsbeschlüsse durchzusetzen. Deshalb wird von den Fraktionsmitgliedern auch erwartet, dass sie bei Abweichen von der gemeinsamen politischen Zielsetzung frühzeitig eine entsprechende Mitteilung an den Fraktionsvorsitzenden geben, damit in den anstehenden Ausschuss- bzw. Ratssitzungen entsprechend politisch argumentiert und agiert werden kann.

6. Rechte des Mandatsträgers innerhalb der Fraktion

Zur Wahrnehmung seiner Rechtsstellung innerhalb der Fraktion auf Grundlage des „freien Mandats" sowie der Regelungen der Fraktionsgeschäftsordnung und ergänzender gemeinderechtlicher Vorschriften stehen dem **einzelnen Fraktionsmitglied** in der Regel **folgende Rechte** zu:

- Recht auf Zugang und Mitarbeit in der Fraktion;
- Recht auf Teilnahme an Sitzungen der Fraktion;
- Recht auf Mitberatung (trotz Befangenheit);
- Rede- und Abstimmungsrechte hinsichtlich aller sachpolitischen und innerfraktionellen Punkte (z. B. Wahl und Abberufung von Fraktionsorganen) in den Sitzungen;
- Recht zur Stellung von Anträgen und Anfragen in den Fraktionssitzungen;
- Einberufungsrecht zur Fraktionssitzung (ggf. gemeinsam mit weiteren Fraktionsmitgliedern);

- Recht auf frühzeitige Einladung und Zustellung der Sitzungsunterlagen nach Maßgabe der Regelungen in der Fraktionsgeschäftsordnung;
- Recht auf umfassende Information durch den Fraktionsvorsitzenden bzw. Fraktionsvorstand;
- Recht auf Berücksichtigung bei der Zuordnung von Plätzen in Ausschüssen oder sonstigen Gremien nach Maßgabe der Fraktionsgeschäftsordnungsregelungen bzw. der Beschlusslage der Fraktion;
- Recht auf Einhaltung formaler Geschäftsordnungsregelungen (z. B. Einhaltung der Redezeiten, Rauchverbot, Behandlung von Anträgen etc.);
- Recht auf Kündigung der Fraktionsmitgliedschaft;
- Klagerecht gegen Maßnahmen der Fraktion oder bei Verletzung der vorgenannten Rechte.

Dem einzelnen Fraktionsmitglied stehen folglich sehr weitreichende **Mitwirkungsrechte** sowohl bei **innerfraktionellen Angelegenheiten** wie auch bei der Umsetzung gemeinsamer kommunalpolitischer Zielsetzungen zu (z. B. durch die Einbindung in bestimmte Ausschüsse oder durch den Informationsanspruch zu aktuellen kommunalpolitischen Entwicklungen gegenüber dem Fraktionsvorsitzenden bzw. -vorstand).

7. Weitere Rechte aus dem Status als Fraktionsmitglied

Über seine fraktionsinternen Rechte hinaus stehen dem Mandatsträger für Fraktionstätigkeiten außerdem ein Freistellungsanspruch gegenüber seinem Arbeitgeber, ein Anspruch auf Verdienstausfall sowie entsprechender Auslagenersatz zu. Sofern im Einzelfall für Fraktionssitzungen Aufwandsentschädigungen gezahlt werden, wird auch insoweit ein entsprechender „Kostenersatz“ gewährt. Im Einzelnen richtet sich dies nach den jeweiligen Entschädigungsverordnungen und den Ratsentscheidungen vor Ort.

8. Pflichten innerhalb der Fraktion

Neben den umfangreichen Rechten obliegen dem Fraktionsmitglied auch eine **Reihe von Pflichten** zur Ausübung einer ordnungsgemäßen Fraktionsarbeit, deren **Einhaltung** ggf. von der **Fraktionsversammlung sanktioniert** werden kann. Hierzu gehören u. a.:

- Mitarbeitspflicht nach den Grundsätzen der Geschäftsordnungsregelungen;
- Teilnahmepflicht an Fraktions-, Ausschuss- und Ratssitzungen sowie sonstigen Veranstaltungen (z. B. Fraktionssprechstunden oder Pressekonferenzen);
- Vertretungspflicht für andere Fraktionsmitglieder;
- Verschwiegenheitspflicht in innerfraktionellen und sachpolitischen Angelegenheiten;
- Offenbarungspflicht (z. B. bei Befangenheit, bestehenden Vertretungsverboten oder abweichendem Stimmverhalten);
- Beitragszahlungspflicht in die Fraktionskasse;
- Beitrittspflicht zur Kommunalpolitischen Vereinigung;
- haftungsrechtliche Verpflichtungen;
- Gebot der Zurückhaltung im kommunalpolitischen Geschehen (Verbot fraktionsschädigenden Verhaltens, beleidigender Äußerungen, verbaler Entgleisungen);
- Pflicht zur einheitlichen Außendarstellung der Fraktion;
- Mitteilungspflichten gegenüber dem Fraktionsvorsitzenden oder der Fraktion über wichtige kommunalpolitische Entwicklungen;
- Beachtung der datenschutzrechtlichen Grundsätze in der Fraktionsarbeit;

- Einhaltung der Regelungen der Fraktionsgeschäftsordnung im Hinblick auf die Sitzungsdurchführung (z. B. Beachtung der Redezeiten, Einhaltung des Hausrechts etc.);
- generelle Verpflichtung zur Weiterbildung, zur sorgfältigen Vorbereitung der Sitzungsunterlagen;
- Beachtung der Richtlinien zur Betreuung der jeweiligen Wahlbezirke durch geeignete Maßnahmen;
- Berücksichtigung besonderer Pflichten wie z. B. der Berichterstattung, Vorberatung oder Information gegenüber der Fraktion als Verantwortlicher für die Fraktion (z. B. als entsandtes Vorstandsmitglied eines Gremiums oder Obmann bzw. Sprecher oder Vorsitzender eines Ausschusses);
- Mitteilungspflicht bei Kündigung der Fraktionsmitgliedschaft gegenüber dem Fraktionsvorsitzenden.

Die **Einhaltung** der vorgenannten **Pflichten** des einzelnen Fraktionsmitgliedes bestimmt in der Praxis maßgeblich die **Qualität der gesamten Fraktionsarbeit**. Diese ist in der Regel nur dann gewährleistet, wenn sich neben den verfahrensrechtlichen und organisatorischen Rahmenbedingungen auch die erforderliche vertrauensvolle und disziplinierte Zusammenarbeit entwickelt.

Weitere allgemeine Pflichten im Zusammenhang mit der Ausübung des Mandats umfassen beispielsweise die Pflicht zur Verschwiegenheit, das Mitwirkungsverbot wegen Befangenheit oder das sog. kommunale Vertretungsverbot, was bedeutet, dass Ansprüche anderer gegen die Gemeinde durch den Mandatsträger nicht geltend gemacht werden dürfen.

Bei erheblichen **Verstößen gegen die Pflichten** als Fraktionsmitglied besteht im Ausnahmefall die Möglichkeit durch die Fraktion, im Wege von **Ordnungsmaßnahmen** gegenüber dem jeweiligen Fraktionsmitglied vorzugehen.

9. Ordnungsmaßnahmen gegenüber Fraktionsmitgliedern

Die Entwicklung zeigt, dass Ordnungsmaßnahmen gegen Fraktionsmitglieder – generell und speziell der kommunale Fraktionsausschluss – immer größere Bedeutung gewinnen (vgl. hierzu ausführlich Kleerbaum, Der Partei- und Fraktionsausschluss in der Praxis, Kommunalpolitische Blätter 5/2006, 6/2006, 7/2006, jeweils S. I ff.). Dabei ist zunächst darauf hinzuweisen, dass ein solcher Ausschluss aus einer kommunalen Fraktion nicht auch automatisch zum Ausschluss aus der jeweiligen Partei führt und umgekehrt. Vielmehr sind der (kommunale) Fraktionsausschluss und der Parteiausschluss rechtlich selbstständige Ordnungsmittel, die unterschiedliche rechtliche Voraussetzungen haben und in der parteipolitischen Praxis oftmals differenziert angewendet werden.

Auch innerhalb einer kommunalen Fraktion bedarf es – wie in jedem anderen Dauerschuldverhältnis – nicht nur der Möglichkeit, Verhaltensregeln als Zielvorgabe durch Geschäftsordnungsbestimmungen vorzugeben, sondern auch entsprechender Mittel, um die **Verletzung der Verhaltensregeln** zu **sanktionieren**. Soweit sich ein Fraktionsmitglied nicht an die aufgestellten Regeln hält, muss es auch zur Verantwortung gezogen werden können.

Generelle gesetzliche Regelungen, die die formellen und materiellen Voraussetzungen von Ordnungsmaßnahmen gegenüber den Mitgliedern einer kommunalen Fraktion fixieren, liegen allerdings bis heute nicht vor. Lediglich die nordrhein-westfälische Gemeindeordnung gibt im Rahmen der Regelung zur Bildung und Rechtsstellung der Fraktionen in § 56 Abs. 2 Satz 3 GO einen Hinweis auf die Problematik der schärfsten möglichen Ordnungsmaßnahme gegen kommunale Fraktionsmitglieder – den Ausschluss aus der Fraktion. Nach dieser Vorschrift haben sich Rats- und Bezirksvertretungsfraktionen ein **Statut** zu geben, in dem das Abstimmungsverfahren, die Aufnahme in und der Ausschluss aus der Fraktion geregelt werden. Die gleiche Regelung findet sich für Kreistagsfraktionen in § 40 Abs. 2 Satz 3 KrO, für Fraktionen in der Landschaftsversammlung der Landschaftsverbände in § 16a Abs. 2 Satz 3 LVerbO NRW sowie für Fraktionen in der Verbandsversammlung des Regionalverbandes Ruhr in § 11 Abs. 6 Satz 1

RVRG i.V.m. § 56 GO und § 14 Abs. 2 Verbandsordnung des RVR i.V.m. § 56 GO.

In der Praxis hat dies dazu geführt, dass die **kommunalpolitischen Vereinigungen der Parteien** ihren jeweiligen Fraktionen entsprechende **Muster-Geschäftsordnungen** zur Verfügung stellen (vgl. Anhang), die die wichtigsten Regelungen für die innere Organisation der Fraktionen und ihre Arbeitsweise beinhalten. Typischerweise umfassen die Fraktionsgeschäftsordnungen dabei u. a. sowohl Festlegungen zu den Rechten und Pflichten der Fraktionsmitglieder als auch entsprechende Ordnungsmaßnahmen, welche die Verstöße gegen die Bestimmungen der Geschäftsordnung sanktionieren.

Die Muster-Geschäftsordnungen sehen insoweit regelmäßig folgende – **abgestufte** – **Maßnahmen** bei einem entsprechenden Zuwiderhandeln vor:

- Missbilligung (Rüge) eines Verhaltens,
- Ausschluss aus der Fraktion.

Obgleich kommunale Mandatsträger – wie Abgeordnete – grundsätzlich nicht an Aufträge und Weisungen gebunden und nur ihrem Gewissen verpflichtet sind, unterwerfen sie sich mit der Entscheidung zur **Bildung von Fraktionen** bzw. zu deren **Beitritt** entsprechenden Regelungen, die in dem jeweiligen **Fraktionsstatut** ihre **Konkretisierung** erfahren. Durch ihre Mitgliedschaft und Mitarbeit erhalten die Fraktionsmitglieder weitergehende Mitwirkungs- und Mitgestaltungsmöglichkeiten (z. B. die Mitgliedschaft in Ausschüssen, die Erlangung von Vorsitz- oder Bürgermeisterfunktionen etc.).

Zugleich erkennen sie durch ihren Beitritt zur Fraktion auch deren **innere Ordnung und Verfahrensweise** als Grundlage der gemeinsamen Arbeit an. Insoweit haben sie sich an den gemeinschaftlichen Zielen der Fraktion zu orientieren und bei Beratungen, Wahlen und Beschlüssen des Vertretungsorgans und seiner Ausschüsse auch in der

Öffentlichkeit die politische **Gesamtlinie der Fraktion** zu vertreten und zu fördern.

Aus dieser Rechtsstellung des Fraktionsmitgliedes wird heute allgemein das Recht der Fraktion abgeleitet, entsprechende Ordnungsmaßnahmen gegenüber einzelnen Fraktionsmitgliedern zu beschließen und vollziehen zu können. Selbst in dem Fall, wo sich Fraktionen keine eigene Fraktionsgeschäftsordnung gegeben haben, wird in der Rechtsprechung und Literatur nunmehr allgemein anerkannt, dass in Anlehnung an vereins- und gesellschaftsrechtliche **Dauerschuldverhältnisse** Ordnungsmaßnahmen – und hier insbesondere der Fraktionsausschluss – auch ohne besondere schriftliche Regelung, z. B. in einer Geschäftsordnung, rechtlich zulässig sind (vgl. hierzu OVG NRW, NJW 1989, S. 1105 f., HessVGH, DVBl. 1998, S. 783 f., VG Gießen, NVwZ-RR 2004, S. 204 f., m.w.N.). Gleichwohl empfiehlt es sich, aus Gründen der Rechtssicherheit die Verhängung von Ordnungsmaßnahmen ausdrücklich in der jeweiligen Fraktionsgeschäftsordnung zu regeln.

a) Formelle Voraussetzungen zur Durchführung einer Ordnungsmaßnahme

Hinsichtlich der Sanktionierung von **Verstößen gegen fraktionsinterne Verhaltensregeln** sind allerdings unter Beachtung der Fraktionsgeschäftsordnungsregelungen konkrete formelle wie auch materielle Voraussetzungen zu beachten, die sich überwiegend aus dem Rechtsstaatsprinzip ableiten.

Eine Übersicht zu den formellen Voraussetzungen von Ordnungsmaßnahmen ist in Form eines Ablaufschemas nachfolgend abgedruckt.

- Ablaufschema zu den formellen Voraussetzungen einer Ordnungsmaßnahme -

1. Antrag

(Schriftlicher) Antrag eines Fraktionsmitgliedes oder eines Quorums der Fraktionsmitglieder (je nach Fraktionsgeschäftsordnung) auf Durchführung einer Ordnungsmaßnahme

↓

2. Inhalt des Antrages

- Konkrete Beschreibung, welche Verhaltensregeln verletzt wurden und welcher Vorwurf geltend gemacht wird
- Antrag auf Durchführung einer bestimmten Ordnungsmaßnahme (Missbilligung [Rüge] oder Fraktionsausschluss)

↓

3. Ordnungsgemäße Einberufung der Fraktionssitzung

Ordnungsgemäße – insbesondere form- und fristgerechte – Einberufung der Fraktionssitzung unter Aufnahme des Antrages auf Durchführung einer Ordnungsmaßnahme in die Tagesordnung

↓

4. Frühzeitige Information des betroffenen Fraktionsmitgliedes

Bekanntgabe des Inhalts des konkreten Antragsschreibens zur Ermöglichung der Stellungnahme im Rahmen der anschließenden Anhörung

↓

5. Gewährung rechtlichen Gehörs, Anhörung und Beteiligung des Betroffenen

Fraktion muss dem betroffenen Mitglied Gelegenheit geben, sich vor der Entscheidung zu den ihm gegenüber erhobenen Vorwürfen zu äußern

🡻

6. Abstimmungsverfahren

Abstimmung über die beantragte Ordnungsmaßnahme:

- im Zweifel geheim
- mindestens Mehrheit der Fraktionsmitglieder erforderlich
- bei Fraktionsausschluss in der Regel Zwei-Drittel-Mehrheit

🡻

7. Umfassende Protokollierung

- Umfassende Protokollierung des Beratungsverlaufs und der Entscheidungsgründe
- Bei Fraktionsausschluss auch Ausführungen zum Verhältnismäßigkeitsgrundsatz

🡻

8. Bekanntgabe der Entscheidung mit Begründung

Schriftliche Bekanntgabe der konkreten Entscheidung und der maßgeblichen Gründe an das betroffene Fraktionsmitglied

b) Materielle Voraussetzungen zur Durchführung einer Ordnungsmaßnahme

Als „klassische" Ordnungsmaßnahmen gegenüber einem Fraktionsmitglied kommen insbesondere die Missbilligung (Rüge) eines bestimmten Verhaltens oder der Fraktionsausschluss in Betracht.

aa) Missbilligung (Rüge) des Verhaltens

Die „**Missbilligung**" oder auch „Rüge des Verhaltens" kommt insbesondere dann in Betracht, wenn ein Fraktionsmitglied zum ersten Mal vorwerfbar und nachweislich gegen Regeln der Fraktionsgeschäftsordnung verstoßen hat oder ein wiederholter, aber nicht schwerer Verstoß vorliegt.

Diese **Maßnahme** ist dann **gerechtfertigt**, wenn ein Fraktionsmitglied z. B. (mehrfach) unentschuldigt an Fraktionssitzungen nicht teilgenommen hat, unentschuldigt an Rats- und Ausschusssitzungen nicht teilgenommen hat oder entgegen der abgestimmten Fraktionsmeinung und ohne entsprechenden Hinweis in einer weniger bedeutsamen kommunalpolitischen Angelegenheit eine abweichende Auffassung vertritt.

bb) Fraktionsausschluss

Ob und ggf. unter welchen Voraussetzungen ein Fraktionsmitglied ausgeschlossen werden kann, richtet sich in erster Linie nach den bei der Errichtung der Fraktion getroffenen Absprachen und den hierbei zugrunde gelegten rechtlichen Regelungen (insbesondere der Fraktionsgeschäftsordnung), die von den Gerichten im Verfahren auf ihre Rechtswirksamkeit hin mit überprüft werden.

Während weniger einschneidende Ordnungsmaßnahmen lediglich den innerfraktionellen Bereich betreffen, wird durch den **Fraktionsausschluss** gleichzeitig auch die **Stellung der Fraktion** insgesamt innerhalb des Rates getroffen. Nicht nur die Veränderung der Stimmenanteile im Rat und in den Ausschüssen, denen das ausgeschlossene Fraktionsmitglied angehört hat, sondern auch z. B. die Änderung der gemeindlichen Zuwendungen an die Fraktion sind regelmäßige Folgen eines entsprechenden Ausschlusses.

Auch das betroffene Fraktionsmitglied wird durch die Maßnahme wesentlich in seiner **Stellung als Ratsmitglied** geschwächt, weil es einerseits durch den Fraktionsausschluss zu einer Beeinträchtigung der Informationsmöglichkeiten kommt, andererseits aber auch zu einem Verlust an Rechten führt, die nach der Kommunalverfassung und der Geschäftsordnung des Rates lediglich der Fraktion als Ganzes zugewiesen sind.

Ausgangspunkt eines Ausschlussverfahrens ist, dass ein unter der Voraussetzung grundsätzlicher Übereinstimmung der Beteiligten und mit dem Ziel ihrer persönlichen Zusammenarbeit auf längere Dauer eingegangenes Rechtsverhältnis nur aus „**wichtigem Grund**" beendet werden kann. Die mit der Bildung einer Fraktion verfolgten politischen Zwecke lassen sich nur so lange erreichen, wie sich die Mitglieder der Fraktion zumindest in den Grundsatzfragen einig und in Randfragen zu Kompromissen bereit sind.

Eine entsprechende Situation liegt insbesondere dann vor, wenn als Grund für die **Störung des Vertrauensverhältnisses** nur Umstände in Frage kommen, die von dem betroffenen Mitglied zu verantworten sind und in seinem alleinigen Einwirkungsbereich liegen.

In der Rechtsprechung ist ein Fraktionsausschluss beispielsweise in folgenden Fällen bejaht worden, die als Anhaltspunkte für die Angemessenheit eines Fraktionsausschlusses dienen können:

- abweichendes Stimmverhalten und entsprechende negative Darstellung der Fraktionsmeinung in der Öffentlichkeit;
- Verkündung nationalsozialistischen Gedankengutes durch ein Fraktionsmitglied im Rahmen seiner kommunalpolitischen Tätigkeit;
- wiederholt beleidigende Äußerungen über andere Gemeinderatsmitglieder durch das betroffene Fraktionsmitglied.

cc) Beurteilungsspielraum der Fraktion und eingeschränkte Prüfungskompetenz der Gerichte

Bei der entscheidenden Frage, ob das konkrete Verhalten des Fraktionsmitgliedes das Erfordernis des „wichtigen Grundes“ erfüllt und damit einen Fraktionsausschluss rechtfertigt, **steht der Fraktion ein gerichtlich nicht überprüfbarer Beurteilungsspielraum** zu. Es handelt sich dabei um eine Frage, die außerhalb eines rechtlich exakt erfassbaren Bereichs steht. Dabei spielen insbesondere auch persönliche Erfahrungen und Eindrücke innerhalb und außerhalb der Fraktionsarbeit eine nicht unerhebliche Rolle. Letztendlich haben die **Fraktionsmitglieder eine Prognose zu treffen**, ob aufgrund des Verhaltens des Betroffenen eine **weitere Zusammenarbeit zumutbar und vertretbar erscheint**.

Eine Überprüfung und Einschätzung dieser wertenden Kriterien steht den Gerichten bei der Beurteilung eines Fraktionsausschlusses nur in begrenztem Umfang zu.

Die **Prüfungskompetenz der Gerichte** bezieht sich einerseits darauf, ob die Fraktion ihre Entscheidung über den Fraktionsausschluss auf einer ausreichenden Beurteilungsgrundlage getroffen hat, d. h., ob die Fraktionsmitglieder die **zutreffenden tatsächlichen und rechtlichen Verhältnisse** zugrunde gelegt haben und von einem **möglichst vollständig aufgeklärten Sachverhalt** ausgehen konnten.

dd) Ermessen und Verhältnismäßigkeitsgrundsatz

Des Weiteren darf die Fraktion bei ihrer Ausschlussentscheidung den Rahmen ihres Beurteilungsspielraumes bzw. ihrer sog. „**Einschätzungsprärogative**“ nicht überschritten haben.

Bei der vorzunehmenden **Gesamtwürdigung des Verhaltens** des Auszuschließenden muss es zumindest „vertretbar erscheinen“, dass das **Vertrauensverhältnis des Auszuschließenden** zu den übrigen Fraktionsmitgliedern **nachhaltig gestört** ist und dass diesen Mitgliedern die **weitere Zusammenarbeit** mit ihm **nicht mehr zugemutet** werden kann.

Stehen im Rahmen der Gesamtbetrachtung weniger strenge Mittel zur Einwirkung auf das Fraktionsmitglied nicht zur Verfügung bzw. erscheinen sie im Hinblick auf die nachhaltige Störung des Vertrauensverhältnisses unter Berücksichtigung der Umstände des Einzelfalles als ungeeignet, so stehen weder Ermessensgesichtspunkte noch der Grundsatz der Verhältnismäßigkeit einer entsprechenden Ausschlussentscheidung entgegen.

c) Rechtsmittel gegen den Fraktionsausschluss

Aufgrund der einschneidenden Rechtswirkungen des Fraktionsausschlusses auf das betroffene Fraktionsmitglied ist diesem nach allgemeiner Meinung eine gerichtliche Überprüfung im Wege einer sog. Kommunalverfassungsstreitigkeit zu eröffnen.

Neben der Durchführung des Hauptsacheverfahrens, das unter Umständen mehrere Jahre dauern kann, kann der Betroffene sein Begehren auch durch eine einstweilige Anordnung nach § 123 Abs. 1 Satz 2 VwGO verfolgen, um eine möglichst schnelle Vorabentscheidung des zuständigen Verwaltungsgerichts herbeizuführen.

10. Fraktionsorgane

Die **Fraktionsversammlung**, die aus allen Fraktionsmitgliedern besteht, ist das höchste Organ der Fraktion. Sie entscheidet über alle von der Fraktion zu beschließenden Einzelfragen und wählt die weiteren Organe der Fraktion. Ebenso nominiert sie (nach vorheriger Beratung) die auf die Fraktion entfallenen Ausschussvorsitzenden, Ausschussmitglieder etc. (vgl. hierzu unten C.II.2.).

Der **Fraktionsvorstand** übernimmt die Leitungs- und Vorberatungsfunktion (teilweise auch Vorentscheidung). Er kann sich bei kleinen Fraktionen auch auf die Person eines Fraktionsvorsitzenden beschränken. Die Zahl der zu wählenden Stellvertreter des Vorsitzenden und ggf. weiterer Vorstandsmitglieder (z. B. Schriftführer, Pressesprecher, Schatzmeister, Beisitzer) sollte ebenfalls von der Fraktionsgröße abhängig gemacht werden.

Dem Fraktionsvorstand können als „**Vollmitglieder**“ nur Fraktionsmitglieder angehören. Allerdings besteht die Möglichkeit, weitere Personen (Parteifunktionäre, Verwaltungsmitarbeiter, Fraktionsgeschäftsführer etc.) beratend – ohne Stimmrecht – im Wege der Kooptation mit einzubeziehen (vgl. hierzu bereits oben B.I.4.).

Die Aufgaben eines Fraktionsvorstandes, die von Ort zu Ort mitunter erheblich variieren, lassen sich zwar in etwa umschreiben, nicht aber in feste Regeln pressen, die für alle Fraktionen verbindlich sind. Die Bedeutung des Fraktionsvorstandes ist erfahrungsgemäß von der Größe der Fraktion abhängig.

Als Kollegialorgan obliegt ihm beispielsweise regelmäßig die **Organisation der Arbeit** großer Fraktionen. Hierunter ist in groben Zügen die fraktionsinterne Informations- und Entscheidungsvorbereitung (insbesondere bei wichtigen Angelegenheiten und Personalentscheidungen), die politische Planung, die Entwicklung von Strategien, die Führungs- und Konfliktregelung sowie die Unterhaltung der politischen Kontakte zu den anderen Fraktionen, zur Verwaltungsspitze und zahlreichen anderen Stellen zu verstehen.

Der **Fraktionsvorsitzende** vertritt die Fraktion nach innen und außen. Ihm kommt insoweit vor allem als Spitze einer Mehrheitsfraktion eine bedeutende Stellung im „Machtgefüge“ der Kommunalpolitik zu, da er als Mehrheitsführer die Durchsetzung, aber auch Verhinderung einzelner Projekte maßgeblich beeinflusst. Aber auch der Oppositionsführer hat eine herausgehobene Stellung inne. In ihm sehen die Bürger den Widerpart und die Alternative zur „regierenden Mehrheit“ und der Verwaltung. Fraktionsvorsitzende und ggf. auch deren Vertreter erhalten erhöhte Aufwandsentschädigungen nach Maßgabe der sog. Entschädigungsverordnung (abgedruckt im Anhang).

Die **Vertretung der Fraktion** umfasst eine Vielzahl von Aufgaben und vollzieht sich in weiten Teilen nicht unter den Augen der Öffentlichkeit.

Verhandlungen mit anderen Fraktionsvorsitzenden, der Verwaltung oder Interessengemeinschaften gehören ebenso zum Tagesgeschäft wie die Unterstützung einzelner Bürgeranliegen oder die Vertretung in nichtöffentlich tagenden Gremien (z. B. Ältestenrat oder Vorentscheidergremien).

Fraktionsintern bedarf es zur Durchsetzung gemeinsamer politischer Entscheidungen der Fraktion oftmals entsprechender Vorgespräche, um einvernehmliches Stimmverhalten aller Fraktions- und Ausschussmitglieder – ggf. im Wege eines Kompromisses – herbeizuführen.

Darüber hinaus obliegen dem Fraktionsvorsitzenden – im Verbund mit dem Fraktionsvorstand oder dem Geschäftsführer – der organisatorische Ablauf der Fraktionsarbeit sowie die **Leitung der Fraktions(vorstands)sitzungen**.

Die **Aufgabenbewältigung erfordert** – unabhängig von der Größe der Fraktion – insbesondere **folgende Voraussetzungen**:

- Verhandlungsgeschick;
- Durchsetzungsvermögen;
- Führungsqualitäten;
- rhetorische Fähigkeiten;
- Menschenführung;
- parteipolitische Erfahrungen;
- Akzeptanz bei den Fraktionsmitgliedern und der Verwaltung;
- ausreichende Zeit zur Ausführung seiner Tätigkeiten.

Der Fraktionsvorsitzende stützt sich zur Erledigung seiner Aufgaben regelmäßig auf die **Mitarbeit weiterer Personen**, in kleineren Gemeinden insbesondere seiner Stellvertreter, die auch Fraktionsgeschäftsführertätigkeiten ausüben, in größeren Städten und Gemeinden oftmals auch auf einen hauptamtlichen Mitarbeiterstab.

11. Fraktionsgeschäftsführung

Die organisatorischen Angelegenheiten werden regelmäßig durch einen **Fraktionsgeschäftsführer** ausgeübt.

Der Fraktionsgeschäftsführer leitet – soweit vorhanden – das Fraktionsbüro und koordiniert die gesamte Fraktionsarbeit in Abstimmung mit dem Fraktionsvorsitzenden bzw. dem Fraktionsvorstand. Ihm obliegt die Aufgabe, die einzelnen Fraktionsmitglieder und die Fraktionsorgane bei der Informationsauswertung zu unterstützen und sie von organisatorischen Aktivitäten zu entlasten.

In größeren Städten wird die Fraktionsgeschäftsführung regelmäßig von hauptamtlichen Mitarbeitern wahrgenommen.

12. Verfahrensablauf von Fraktionssitzungen

Regelmäßig enthält die **Fraktionsgeschäftsordnung** auch Regelungen zum Verfahrensablauf von Fraktionssitzungen, um die Grundlage der Zusammenarbeit der einzelnen Fraktionsmitglieder zu organisieren.

Vorrangig wird die Arbeit der Fraktion durch die Vorberatung der Tagesordnungspunkte, die im Rat und in den Ausschüssen behandelt werden sollen, geprägt, jedoch müssen vielfach auch innerfraktionelle Angelegenheiten (z. B. Wahlen, Vertretungsregelungen, Vorbereitung von Klausurtagungen) oder Fragen der aktuellen Öffentlichkeitsarbeit beraten und entschieden werden.

Die Vorbereitungshandlungen obliegen in größeren Fraktionen regelmäßig der Fraktionsgeschäftsführung, die in Abstimmung mit dem Fraktionsvorsitzenden oder auch dem gesamten Vorstand alle erforderlichen formellen Voraussetzungen sicherstellt. In **Großstädten** obliegt es regelmäßig dem Fraktionsvorstand, die Fraktionssitzungen inhaltlich vorzuberaten und Richtlinien festzulegen. In kleineren Städten und Gemeinden wird diese Aufgabe vielfach vom Fraktionsvorsitzenden übernommen.

Die **Vorbereitung der Fraktionssitzungen** sollte – vergleichbar der Vorbereitung der Ratssitzungen – in einem formellen Verfahren erfolgen, das im Einzelnen in der jeweiligen Geschäftsordnung festgelegt wird.

Der inhaltlichen Beratung und Entscheidung der Tagesordnungspunkte geht in der Fraktionssitzung zunächst die Einberufung voraus. Die Einberufung umfasst die Terminbestimmung, die Festlegung der Tagesordnung und den Versand der Einladung mit der Tagesordnung nebst erforderlichen weiteren Unterlagen.

In der Praxis bestimmen regelmäßig die Termine der Ausschuss- und Ratssitzungen die **Einberufung der Fraktionssitzungen**. Das Gleiche gilt auch für die Festlegung der Tagesordnungspunkte, da sie regelmäßig die einzelnen Punkte zur Vorberatung der Ausschüsse und Ratssitzungen umfassen. Darüber hinaus wird die Tagesordnung regelmäßig mit einem **Bericht des Fraktionsvorsitzenden** über vergangene sowie zukünftige kommunalpolitische Ereignisse und Entwicklungen bestimmt sein. Weitere innerfraktionelle sowie aktuelle Angelegenheiten (Dringlichkeitsanträge) sind ebenfalls bei der Festlegung der Tagesordnung mit zu berücksichtigen.

In der Praxis werden regelmäßig keine hohen Anforderungen an die formellen Voraussetzungen zur Einberufung der Fraktionssitzungen gestellt, soweit diesbezüglich Einvernehmen unter den Fraktionsmitgliedern herrscht. So ist es beispielsweise durchaus üblich, bereits zu Beginn des Jahres oder aber jeweils zu Beginn eines neuen Halbjahres eine **generelle Terminliste** für die Fraktionssitzungen abzustimmen und nur bei Bedarf zu ändern. Auch im Hinblick auf die Festlegung der einzelnen Tagesordnungspunkte wird in der Praxis oftmals ein vereinfachtes Verfahren durch Standardisierung und ständige Übung (Bericht des Vorsitzenden, Vorbereitung der anstehenden Ausschuss- und Ratssitzungen, Anträge und Anfragen von Fraktionsmitgliedern, Verschiedenes etc.) festgelegt und akzeptiert. Wenn keine besonderen Punkte zur Beratung anstehen, wird ggf. auch auf eine schriftliche Einladung verzichtet.

Die Einberufung der Sitzungen sollte grundsätzlich durch den Fraktionsvorsitzenden erfolgen, soweit die Geschäftslage es erfordert. Nach den Muster-Geschäftsordnungen hat sie zudem zu erfolgen, wenn ein bestimmtes Quorum (z. B. ein Viertel der Fraktionsmitglieder) es verlangt.

Bei der **Aufstellung und Festsetzung der Tagesordnung** berücksichtigt der Fraktionsvorsitzende regelmäßig die Punkte, die ihm – aufgrund des aktuellen Beratungsbedarfs in den Ausschüssen und im Rat – erörterungs- und entscheidungsbedürftig erscheinen oder für die ein konkreter Antrag vorliegt.

In schwierigen kommunalpolitischen Fällen erfolgt oftmals auch eine **vorherige Abstimmung im Fraktionsvorstand**.

Neben der **Einladung** und der Tagesordnung werden ggf. weitere Informationen an alle Fraktionsmitglieder und ggf. auch an weitere Personen (vgl. hierzu oben B.I.4.) gegeben. Die Einladung muss die Zeit sowie den Ort der Sitzung enthalten, soweit dies nicht bereits durch ständige Übung bekannt ist.

Hinsichtlich der Erweiterung der **Tagesordnung** sind die Grundsätze anzuwenden, die auch für die Geschäftsordnung des Rates gelten. An die Erweiterung der Tagesordnung werden jedoch in der Praxis oftmals weniger strikte Voraussetzungen geknüpft, als dies nach rechtlichen Vorgaben zu fordern ist.

Im Übrigen ist eine Änderung der Tagesordnung auf Antrag eines Fraktionsmitgliedes nur vor Aufruf des ersten Sachtagesordnungspunktes zulässig.

Die Absetzung von Tagesordnungspunkten, die Veränderung der Reihenfolge oder die Zusammenlegung von Tagesordnungspunkten ist durch entsprechenden Mehrheitsbeschluss der Fraktionsversammlung ebenso möglich wie die Verschiebung von Tagesordnungspunkten.

Die ordnungsgemäße Einberufung ist weiterhin Voraussetzung für die **Beschlussfähigkeit der Fraktion**, d. h., die in der Geschäftsordnung festgelegten Regelungen (insbesondere die Ladungsfrist und Ladungsform) müssen eingehalten werden. Das Muster einer Tagesordnung für die Einladung zur (ersten) Fraktionssitzung ist unter C.I. abgedruckt.

Die Leitung der Fraktionssitzung obliegt dem Fraktionsvorsitzenden. Er ist für den ordnungsgemäßen **Ablauf der Sitzung** zuständig und hat dabei insbesondere folgende Punkte zu berücksichtigen:

- Begrüßung / Eröffnung
- Feststellung der form- und fristgerechten Einladung
- Feststellung der Beschlussfähigkeit
- Feststellung der Tagesordnung, ggf. Erweiterung der Tagesordnung
- Aufruf der einzelnen Tagesordnungspunkte (Hinweis auf Mitwirkungsverbote einzelner Fraktionsmitglieder im Ausschuss)
- Worterteilung (nach der Reihenfolge der Wortmeldungen); insbesondere auch Beachtung der Einhaltung der Redezeit
- Handhabung der Ordnung (z. B. Erteilung eines Ordnungsrufes, Wortentzug, Ausschluss aus der Sitzung)
- Ausübung des Hausrechts
- Berücksichtigung von Geschäftsordnungsanträgen, z. B.
    - Antrag auf Unterbrechung, Vertagung oder Aufhebung der Sitzung
    - Antrag auf Übergang zur Tagesordnung
    - Antrag auf Ausschluss der Wiederherstellung der Öffentlichkeit
    - Antrag auf Schluss der Aussprache
    - Antrag auf Schluss der Rednerliste
    - Antrag auf Absetzung einer Angelegenheit von der Tagesordnung oder deren Erweiterung
    - Antrag auf geheime Abstimmung
- Leitung der Abstimmung
- Schließung der Sitzung
- Unterzeichnung der Niederschrift

In der Praxis ist es üblich, dass unter dem Tagesordnungspunkt „**Bericht des Fraktionsvorsitzenden**“ sowohl vergangene als auch anstehende aktuelle kommunalpolitische Angelegenheiten erörtert werden. Darüber hinaus sollte den Fraktionsmitgliedern die Möglichkeit gegeben werden, im Wege von eigenen Anträgen oder Anfragen die Fraktionsarbeit wesentlich mitzubestimmen.

Zur ordnungsgemäßen Sitzungsleitung gehört auch die **Überprüfung der Anwesenheit** in den Rats- / Ausschusssitzungen sowie in sonstigen kommunalpolitischen Terminen, um die Präsenz der Fraktion sicherzustellen.

Die **Anfertigung von Niederschriften** über die Fraktionssitzungen sollte – soweit überhaupt erforderlich und in der Geschäftsordnung festgelegt – in kurzer und knapper Form erfolgen und nur Kernaussagen der Erörterungen und Entscheidungen sowie die Anwesenheit der Fraktionsmitglieder und sonstiger Personen beinhalten.

Wie auch aus der Muster-Geschäftsordnung der Kommunalpolitischen Vereinigung ersichtlich, richten sich im Zweifel verfahrensrechtliche Regelungen nach althergebrachten üblichen Grundsätzen und ggf. auch nach sonstigen kommunalverfassungsrechtlichen Regelungen.

13. Fraktionssitzungen als Video- und Telefonkonferenzen

Die Covid-19-Pandemie mit ihren weitreichenden Restriktionen für das öffentliche Leben erforderte auch eine gänzliche Neubewertung der rechtlichen Zulässigkeit von Video- und Telefonkonferenzen im Kommunalverfassungsrecht (erste Übersicht vgl. Meyer, NVwZ 2020, S. 1302 ff.). Video- und Telefonkonferenzen haben durch die Corona-Pandemie eine breite gesellschaftliche Akzeptanz erfahren, sodass die meisten Bundesländer Fraktionssitzungen in Form von Videokonferenzen ausdrücklich unter bestimmten Voraussetzungen und unter Beachtung bestimmter Modalitäten nunmehr zulassen.

Unter den im Gesetz genannten Voraussetzungen und unter den dort geregelten Modalitäten sind auch Fraktionssitzungen in Form von Video- und Telefonkonferenzen zulässig. Die Fraktionen haben auch in digitalen oder hybriden Sitzungen sicherzustellen, dass Anwesenheit und Ergebnisse der Beratungen dokumentiert werden. Auch bei digitalen und hybriden Fraktionssitzungen besteht für die Teilnehmer ein Anspruch auf Entschädigung nach Maßgabe der allgemeinen Regelungen des § 45 GO NRW i.V.m. der jeweils aktuellen Entschädigungsverordnung. (Zur Durchführung von Sitzungen vgl. ausführlich unten Kapitel D.).

Voraussetzung ist, dass ortsrechtlich die jeweiligen Regelungen zur Ermöglichung dieser Sitzungsformate getroffen werden.

14. Fraktionsarbeit als Teamarbeit

Die vielfältigen Entscheidungen im Rat und in den Ausschüssen bedürfen **sorgfältiger Sachvorbereitung in der Fraktion**, die einen erheblichen Zeitaufwand für die Mandatsträger erfordert. Regelmäßig wird der einzelne Mandatsträger nicht dazu in der Lage sein, sich in alle Angelegenheiten so hineinzuarbeiten und zu vertiefen, dass er sämtliche Details übersehen und beurteilen kann. Dies verlangt eine entsprechende **Aufteilung der Ressourcen** der einzelnen Mandatsträger im Rahmen einer **abgestimmten Teamarbeit**. Ebenso wie die Verwaltung Sachkenner für bestimmte Fachbereiche, besonders vorgebildete Beamte, Techniker oder Planer besitzt, sollte auch die Fraktion Fachleute haben, die aufgrund ihrer Vorbildung, ihres Fleißes, ihrer Erfahrung oder ihres besonderen Interesses der Verwaltung und auch dem politischen Gegner „Paroli bieten“ können.

Die **Arbeitsaufteilung** erfolgt regelmäßig in – ausschussbezogenen – Teams, d. h., die Vertreter der Fraktion im Ausschuss stimmen sich in entsprechenden Vorberatungen ggf. auch mit Fachausschüssen der örtlichen Partei ab, welche Angelegenheiten entscheidungsrelevant sind bzw. wie zu welchen Sachfragen Stellung genommen werden soll.

Die Arbeitsaufteilung in der Fraktion setzt dabei voraus, dass zunächst die Bereitschaft der einzelnen Mitglieder vorhanden ist, sich mit einer bestimmten Materie eingehend zu befassen, und die übrigen Mitglieder zugleich das erforderliche Vertrauen haben, den Vorschlägen dieser Sachkenner zu folgen.

Teamarbeit in der Fraktion bedeutet: Ökonomischer Einsatz vorhandener Mittel und Möglichkeiten und damit Arbeitsentlastung des Einzelnen, ohne ihn jedoch von der Verantwortung zur Fraktionsmitarbeit zu befreien. Erst durch die Arbeitsteilung wird es möglich, nicht ausschließlich die Verwaltungsvorlagen abzuarbeiten, sondern eigene politische Initiativen zu entwickeln.

Während in kleineren Fraktionen der Einzelne meist auf sich allein gestellt sein wird und weitergehende Informationen z. B. über die Kommunalpolitischen Vereinigungen einholen kann, wird in größeren Städten oftmals eine entsprechende Unterstützung durch die Fraktionsmitarbeiter bzw. den Fraktionsgeschäftsführer erfolgen.

Besondere Verantwortung obliegt dabei in den Ausschüssen sowohl dem jeweiligen **Vorsitzenden**, soweit er der eigenen Fraktion angehört, als auch den gewählten **Fraktionssprechern** in den einzelnen Fachausschüssen, in denen es – rein rechtlich betrachtet – keine Fraktionen gibt. In der Praxis bestimmen die Fraktionen regelmäßig für jeden Ausschussbereich ein Mitglied zum sog. Obmann, der die Interessen der Fraktion stellvertretend und in Abstimmung mit seinen Ausschusskollegen hauptverantwortlich wahrnimmt.

Die Obmänner haben neben der Verpflichtung zur Informationseinholung regelmäßig auch die Aufgabe, die Arbeit zu koordinieren, Vorbesprechungen der Fraktionsvertreter des jeweiligen Ausschusses durchzuführen, Presseerklärungen vorzubereiten, Kontaktpflege zu Verbänden und Interessengruppen zu unterhalten und der Fraktion über Einzelheiten zu berichten, soweit sie von besonderer Bedeutung sind.

In den Aufgabenbereich der Obmänner fällt oftmals auch die Aufgabe, für eine frühzeitige und ordnungsgemäße Stellvertretung von Ausschussmitgliedern zu sorgen, die an den anstehenden Sitzungen oder Terminen nicht teilnehmen können.

15. Mittel der Fraktion

Zur Erfüllung ihrer politischen Aufgaben, insbesondere zur Wahrnehmung der von der Gemeindeordnung eingeräumten Beteiligungs- und Kontrollrechte gegenüber dem Rat und der Verwaltung, bedarf es **aus-**

reichender sachlicher und finanzieller Grundlagen für die Fraktionsarbeit. Der Umfang der finanziellen Unterstützung wird regelmäßig durch entsprechende Beschlüsse des Rates festgelegt. Üblicherweise treten die Fraktionsmitglieder zudem von den ihnen zustehenden persönlichen Zuwendungen freiwillig Beträge an die Fraktion ab, wenn die vorgenannten finanziellen Mittel nicht ausreichen.

Für das einzelne Fraktionsmitglied bedeutet dies zugleich, dass auf Grundlage der Fraktionsgeschäftsordnungsregelungen oder aber entsprechender Beschlüsse der Fraktionsversammlung z. B. für zusätzliche Schulungs-, Bildungs- oder Repräsentationsveranstaltungen, die für die Fraktionsarbeit erforderlich sind, entsprechender Kostenersatz – losgelöst von den persönlichen Aufwandsentschädigungen der Gemeinde – gezahlt werden kann.

16. Rechte der Fraktion

Zur Wahrnehmung ihrer Aufgaben stehen den Fraktionen – abhängig von der Ausgestaltung der Gemeindeordnung bzw. der Hauptsatzung und Geschäftsordnung des Rates – im kommunalen Entscheidungsprozess umfassende eigene Rechte zu.

Hierzu zählen beispielsweise:

- das Recht auf Einberufung einer Rats- / Ausschusssitzung;
- das Recht zur Stellung von Sachanträgen einschließlich der Aufnahme des Antrages als Tagesordnungspunkt;
- das Akteneinsichtsrecht;
- das Recht auf Stellungnahme durch den Bürgermeister;
- die Vorschlags- und Entsendungsrechte der Fraktion zur Besetzung der Ausschüsse und anderer Gremien;
- das Recht auf Berücksichtigung bei der Verteilung der Ausschussvorsitze;
- das Recht auf Nominierung der Stellvertreter des Bürgermeisters.

Die Fraktionsarbeit bildet in der kommunalen Praxis den Schwerpunkt für eine inhaltlich erfolgreiche Mandatstätigkeit. Deshalb sollte sich jeder Mandatsträger auf seine Aufgaben und Funktionen konzentrieren, um den angestrebten Einfluss auf den kommunalen Entscheidungsprozess verwirklichen zu können!

C. Konstituierung der Fraktion – Bildung / Besetzung von Ausschüssen

I. Konstituierung der Fraktion

In der ersten Ratssitzung werden bereits bedeutende Entscheidungen mit teilweise weitreichenden Auswirkungen getroffen. Diese bedürfen einer sorgfältigen Vorbereitung in den Fraktionen. Die Fraktionskonstituierung sollte deshalb in jedem Fall vor der konstituierenden Ratssitzung erfolgen, um wirksame Vorschläge für die in der ersten Sitzung anstehenden Entscheidungen zu erarbeiten.

Einzuladen sind sämtliche gewählten Bewerber einer Partei oder eines Wahlvorschlags, die ihre Mandatsannahme erklärt haben. Üblicherweise erfolgt die Einladung durch den Parteivorsitzenden. Die rechtsverbindliche Fraktionsbildung ist zwar erst nach Beginn der Wahlperiode möglich, gleichwohl können – und sollten – sich die neu gewählten Ratsmitglieder bereits nach Annahme der Wahl über eine künftige Zusammenarbeit und Fraktionskonstituierung verständigen. Es bietet sich ggf. an, dass die neu gewählten Ratsmitglieder zu einer vorbereitenden Sitzung der „neuen" Fraktion zusammenkommen und sich bereits eine Geschäftsordnung geben und ggf. einen Geschäftsführer, den Fraktionsvorstand oder einen vorläufigen Sprecher wählen, um handlungsfähig zu sein. Darüber hinaus sind die **Vorbereitungen für die Entscheidungen zur Besetzung wichtiger Funktionen** (Stellvertreter des Bürgermeisters, Ausschussvorsitzende, Ausschussmitglieder) abzustimmen.

Eine frühzeitige Beratung ermöglicht gründliche Entscheidungen, um ggf. erforderliche Absprachen mit anderen Fraktionen zur Besetzung der kommunalen Gremien treffen zu können.

In der ersten Fraktionssitzung – oder zumindest in den ersten Sitzungen – sind u. a. folgende Tagesordnungspunkte zu behandeln:

Muster einer Tagesordnung zur (ersten) Fraktionssitzung

I. Wahl des Fraktionsvorsitzenden oder bereits des gesamten Fraktionsvorstandes (ggf. Fraktionsgeschäftsführer)

II. ggf. Bestätigung von Beschlüssen, die vor der rechtverbindlichen Fraktionskonstituierung gefasst wurden (evtl. durch Sammelbeschluss)

III. ggf. Beschlussfassung über das Eintreten in Rechtsverhältnisse der Vorgängerfraktion (Arbeitsverträge, Kontovertrag,etc.)

IV. Beratung bzw. Verabschiedung einer Geschäftsordnung

V. Vorbereitung der ersten Wahlen und Entscheidungen im Rat:

a) ehrenamtliche Stellvertreter des Bürgermeisters / Landrates

b) Bezirks- / Ortsvorsteher (Bezirks- / Ortsbürgermeister)

c) Ausschussbesetzungen / -vorsitze

d) Vertreter in kommunalen Einrichtungen / Gremien / Gesellschaften

VI. Vorbereitung von Anfragen an die Verwaltung

VII. Festlegung der vordringlichen Maßnahmen

VIII. Kontaktaufnahme zu den anderen Fraktionen

IX. Wahlanalyse, Wahlprüfung

X. Kontakt zu den Bürgern, Öffentlichkeitsarbeit

XI. Ggf. Koalitionsvereinbarungen

XII. Verschiedenes

II. Die Bildung und Besetzung von Ausschüssen – Vorschlags- und Entsenderechte der Fraktion

Die Vorschlags- und Entsenderechte nehmen zu **Beginn einer jeden Wahlperiode** einen besonderen Stellenwert in der Fraktionsarbeit ein, weil **nach der Konstituierung des Rates** die wichtigen Fragen der Festlegung der Anzahl und inhaltlichen Zuordnung der **Ausschüsse sowie deren Besetzung** einschließlich der Vorsitzbestimmung und die Besetzung weiterer Gremien (Aufsichtsräte, Gesellschafterversammlungen, Verwaltungsräte etc.) zur Entscheidung anstehen.

Die Bezirksvertretungen in den kreisfreien Städten sind keine Ausschüsse, und ihre Mitglieder werden von den im jeweiligen Stadtbezirk Wahlberechtigten unmittelbar gewählt (vgl. oben A.III.).

1. Die Bildung von Ausschüssen – Pflichtausschüsse und freiwillige Ausschüsse

Die Bildung einiger Ausschüsse ist gesetzlich **zwingend vorgeschrieben**. Zu diesen sog. Pflichtausschüssen gehören der **Haupt-, Finanz- und Rechnungsprüfungsausschuss** (§ 57 Abs. 2 GO), wobei der Rat auch beschließen kann, dass die Aufgaben des Finanzausschusses vom Hauptausschuss wahrgenommen werden. Daneben gibt es aber auch außerhalb der Gemeindeordnung gesetzliche Vorschriften, welche die Bildung von Ausschüssen vorschreiben. Zu diesen Ausschüssen gehören beispielsweise der Jugendhilfeausschuss nach § 71 SGB VIII, §§ 4 bis 7 Ausführungsgesetz zum KJHG NRW (AG KJHG NRW) und der Denkmalausschuss nach § 23 Abs. 2 Denkmalschutzgesetz NRW. Auch der in § 114 GO erwähnte Betriebsausschuss nach § 5 Abs. 1 EigenbetriebsVO NRW, der einzurichten ist, wenn in der Gemeinde Eigenbetriebe vorhanden sind, sowie der Krankenhausausschuss nach § 6 GemeindekrankenhausbetriebsVO NRW, der zu bilden ist, wenn die Gemeinde ein Krankenhaus ohne eigene Rechtspersönlichkeit betreibt, sind hier zu nennen.

Darüber hinaus steht es dem Rat grundsätzlich frei, ob und welche (freiwilligen) Ausschüsse er bilden will. **Freiwillige Ausschüsse** können z. B. der Personalausschuss, der Bauausschuss, der Kulturausschuss, der Sozialausschuss, der Verkehrsausschuss, der Sportausschuss oder der Ausschuss für Grundstücksangelegenheiten usw. sein. Auch der Schulausschuss nach § 85 Schulgesetz NRW ist ein freiwilliger Ausschuss. Die Bezirksausschüsse gehören gemäß § 39 Abs. 2 GO ebenfalls zu den freiwilligen Ausschüssen, da der Rat auf die Bildung von Bezirksausschüssen verzichten und stattdessen Ortsvorsteher wählen kann (zur Bestellung der Mitglieder der Bezirksausschüsse vgl. oben A.III.2.a und unten C.II.2.f).

Der Vorbereitung der Ausschussbildung sollte zunächst eine **Bewertung der bisherigen Ausschüsse** und ihrer Arbeit vorangehen. Dabei sollte auch die Frage gestellt werden, ob einzelne freiwillige Ausschüsse überflüssig sind bzw. ob neue freiwillige Ausschüsse geschaffen werden sollen. Da die Bildung zu vieler Ausschüsse erfahrungsgemäß dazu führt, dass zwischen den einzelnen Ausschüssen Kompetenzstreitigkeiten entstehen und oftmals Doppelarbeit geleistet werden muss, sodass die Arbeit letztlich erschwert und verzögert wird, empfiehlt es sich, eher eine kleinere Zahl an handlungsfähigen Ausschüssen zu bilden. In jedem Fall sollten die Anzahl und Größe der Ausschüsse in einem angemessenen Verhältnis zur Größe der Gemeinde und zum Umfang der gemeindlichen Verwaltungsaufgaben stehen.

Die Bildung von Ausschüssen erfolgt durch **Mehrheitsbeschluss des Rates**, soweit es sich nicht um gesetzlich vorgeschriebene Ausschüsse handelt. Die Auflösung eines Ausschusses bedarf der einfachen Ratsmehrheit.

2. Die Besetzung von Ausschüssen

a) Grundsätzliches zur Ausschussbesetzung

Hat der Rat festgelegt, welche Ausschüsse gebildet werden sollen, so muss weiterhin geklärt werden,

- **wie viele Mitglieder** die einzelnen Ausschüsse haben sollen,
- **wie viele Sachkundige Bürger** (und / oder Sachkundige Einwohner) in die jeweiligen Ausschüsse bestellt werden sollen bzw. gesetzlich zulässig sind (§ 58 Abs. 3 GO).

Bei diesen – mit einfacher Mehrheit zu treffenden – Entscheidungen über die **Zusammensetzung der Ausschüsse** hat der Bürgermeister kein Stimmrecht, wie sich aus § 40 Abs. 2 Satz 6 i.V.m. § 58 Abs. 1 GO ergibt. Der Gesetzgeber hat hier das Stimmrecht des Bürgermeisters ausdrücklich ausgeschlossen.

Bei der **Besetzung der Ausschüsse** ist darauf zu achten, dass die Zusammensetzung des (Rats-) Plenums und das darin wirksame **politische Meinungs- und Kräftespektrum widergespiegelt** werden müssen (BVerwGE 90, S. 104, 113). Es gilt das sog. „Prinzip der Weitergabe der Repräsentation“, wonach die einzelnen politischen Kräfte proportional zu berücksichtigen sind. Aus diesem Grund ist auch das Stimmrecht des Bürgermeisters bei der Ausschussbesetzung ausgeschlossen, da ansonsten die Wahlentscheidung der Bürger nicht unverfälscht auf die Ausschüsse weitergegeben würde.

Bei der Regelung der Mitgliederzahl der einzelnen Ausschüsse sollte mit Blick auf die Entscheidungsfähigkeit der Ausschüsse eine **ungerade Zahl** gewählt werden. Im Rahmen des § 58 Abs. 1 Satz 1 GO kann der Rat die Zahl der Ausschussmitglieder und ggf. der hinzugewählten **Mitglieder** nach seinem **freien Ermessen** bestimmen. Eine ungerade Zahl von Ausschussmitgliedern ist aber zweckmäßig, weil dann zumindest bei voller Besetzung des Ausschusses eine Stimmengleichheit vermieden werden kann, sofern keine Stimmenthaltungen vorliegen.

Zwar ist der Rat verfassungsrechtlich nicht verpflichtet, die Zahl der Ausschussmitglieder so festzulegen, dass alle Fraktionen in den Ausschüssen vertreten sind. Dennoch entspricht es demokratischen Gepflogenheiten, Fraktionen mit beachtlicher Größe nicht von der Mitarbeit in den Ausschüssen auszuschließen. Durch § 58 Abs. 1 Satz 7 bis 10 GO ist ohnehin sichergestellt, dass jede Fraktion wenigstens ein beratendes Mitglied in jedem Ausschuss stellen kann.

Allerdings ist bei der Besetzung des Hauptausschusses zu berücksichtigen, dass die Position des Bürgermeisters als Vorsitzender bei der Zuordnung der Sitze unberücksichtigt bleibt.

b) Ausschussbesetzung und Wahl der Ausschussmitglieder

Hinsichtlich der Ausschussbesetzung gibt es zwei Möglichkeiten:

- Haben sich die Ratsmitglieder auf die Besetzung aller Ausschusssitze geeinigt, ist der einstimmige Beschluss der Ratsmitglieder über die Annahme dieses Wahlvorschlags ausreichend (vgl. § 50 Abs. 3 Satz 1 GO). Dieses sog. **Einigungsverfahren** setzt einen einheitlichen Wahlvorschlag aller Ratsmitglieder voraus, der durch den einstimmigen Beschluss der Ratsmitglieder angenommen werden muss. Der Bürgermeister stimmt hier – wie bei der gesamten Ausschussbesetzung – nicht mit (§ 40 Abs. 2 Satz 6 i.V.m. § 50 Abs. 3 GO). Nach einem Urteil des OVG NRW (NVwZ-RR 2003, S. 228; NWVBl. 2003, S. 101) darf wegen des Merkmals der Einheitlichkeit nur ein einziger Vorschlag konkurrenzlos zur Beschlussfassung unterbreitet werden. Nicht ausreichend ist es also, wenn die Ratsmitglieder einen von mehreren Wahlvorschlägen einstimmig annehmen.

- Widerspricht nur ein einziges Ratsmitglied dem Wahlvorschlag, bleibt das Verfahren nach § 50 Abs. 3 Satz 1 GO erfolglos, und es sind Wahlvorschläge einzubringen, über die nach den Grundsätzen der Verhältniswahl abzustimmen sind (§ 50 Abs. 3 Satz 2 GO). Für die Ausschussbesetzung wird das Verfahren nach Hare/Niemeyer angewandt. Hierzu stellen die Fraktionen – ggf. auch gemeinsame – Listen auf. Über diese Listen, auf denen die von den Fraktionen vorgeschlagenen Bewerber namentlich und in fester Reihenfolge aufgeführt sind, wird anschließend durch Ratsbeschluss in einem Wahlgang abgestimmt. Die Wahlstellen sind entsprechend dem Verhältnis der Stimmenzahlen für einen Wahlvorschlag zur Gesamtzahl der abgegebenen Stimmen zu verteilen. Jedem Wahlvorschlag werden so viele Sitze zugeteilt, wie sich für ihn ganze Zahlen ergeben. Sind danach noch Sitze zu vergeben, so sind diese in der Reihenfolge der höchsten Zahlenbruchteile zuzuteilen. Sind auch diese gleich, so entscheidet das Los (§ 50 Abs. 3 GO). Der (Ober-) Bürgermeister ist wegen des Wortlauts des § 50 Abs. 3 GO, der allein auf „Ratsmitglieder" abstellt, bei der Ausschussbesetzung nicht stimmberechtigt (§ 40 Abs. 2 Satz 6 GO). Der (Ober-) Bürgermeister kann nicht in Ausschüsse gewählt werden. Eine Ausnahme gilt für den Hauptausschuss, in dem er gemäß § 57 Abs. 3 GO stimmberechtigter Vorsitzender ist.

Das Verfahren nach **Hare/Niemeyer** führt zu einer – rechtlich unbedenklichen – Zuordnung mit der **Bevorzugung kleinerer Fraktionen gegenüber** dem zuvor beschriebenen **d'Hondtschen Höchstzahlverfahren, welches** dem Grundsatz Rechnung trägt: „Keine Gruppe soll einen (weiteren) Sitz erhalten, solange nicht eine andere Gruppe auf eine größere Stimmenziffer ein (weiteres) Mandat erhalten hat." Damit wurden beim **d'Hondtschen Höchstzahlverfahren** letztendlich – wenn auch leicht – die **größeren Fraktionen bevorzugt**.

- Ausschussbesetzung nach Hare/Niemeyer -

Beim Quotenverfahren nach Hare/Niemeyer werden die zu vergebenden Sitze mit der Stimmenzahl der jeweiligen Partei / Wählergruppe multipliziert und durch die Gesamtstimmenzahl (ohne Enthaltungen und ungültige Stimmen) geteilt (= Quote).

Der Ganzzahlenwert der Quote wird als Sitzzahl direkt zugeteilt. Sofern die Summe direkt zugeteilter Sitze nicht der Gesamtsitzzahl des Ausschusses entspricht, werden die Restsitze nach der Reihenfolge der höchsten Nachkommastellen zugeteilt.

Der Rat der Gemeinde setzt sich im vorliegenden Beispiel aus 50 Vertretern zusammen, die sich wie folgt auf die Fraktionen verteilen:

Fraktion A 25 Fraktion B 18 Fraktion C 7

Der Bürgermeister, der kein Ratsmitglied ist und damit keiner Fraktion angehört, ist bei der Besetzung der Ausschüsse nicht stimmberechtigt (§ 40 Abs. 2. Satz 6 i.V.m. § 50 Abs. 3 GO).

Für einen Ratsausschuss sollen elf Ratsmitglieder gewählt werden. Von jeder Fraktion ist ein Listenvorschlag eingereicht worden.

Liste 1 (Fraktion A)	Liste 2 (Fraktion B)	Liste 3 (Fraktion C)
1. Bäcker 2. Bergmann 3. Koch 4. Schäfer 5. Schneider 6. Schreiner 7. Schuster	1. Lehmann 2. Meyer 3. Müller 4. Schmidt 5. Schulze	1. Friedrich 2. Heinrich 3. Otto

In der Wahl werden für die Liste 1 = 25 Stimmen, für die Liste 2 = 18 Stimmen und für die Liste 3 = 7 Stimmen abgegeben.

Fraktion	Sitze	x Stimmen	: Gesamtstimmen	= Quotient	ganze Sitze	extra	Gesamtzahl
A	11	x 25 A	: 50	= 5,50	5		5
B	11	x 18 B	: 50	= 3,96	3	+ 1	4
C	11	x 7 C	: 50	= 1,54	1	+ 1	2

Im Unterschied zur Berechnung nach d'Hondt erhält die Fraktion A 5 Sitze, auf die Fraktion B entfallen 4 Sitze und auf die Fraktion C 2 Sitze. Damit ist erkennbar, dass das Verfahren nach Hare/Niemeyer zur Bevorzugung kleinerer Parteien führt.

- Ausschussbesetzung unter Beteiligung Sachkundiger Bürger -

Bei der Ausschussbesetzung ist zu beachten, inwieweit die einzelnen Fraktionen ggf. auch **Sachkundige Bürger** – als vollwertige Ausschussmitglieder – mitberücksichtigen wollen. In diesem Fall muss nämlich stets die gesetzlich vorgeschriebene Mehrzahl der Ratsmitglieder gegenüber den Sachkundigen Bürgern im Ausschuss gewährleistet sein. Nach § 58 Abs. 3 Satz 3 GO darf die Zahl der Sachkundigen Bürger die Zahl der Ratsmitglieder in den einzelnen Ausschüssen nicht erreichen.

Ausgehend vom obigen **Beispiel einer Ausschussbesetzung** mit Ratsmitgliedern ergibt sich Folgendes:

Der Rat der Gemeinde setzt sich aus 50 Vertretern zusammen, die sich wie folgt auf die Fraktionen verteilen:

Fraktion A 25 Fraktion B 18 Fraktion C 7

Der Bürgermeister, der kein Ratsmitglied ist und damit keiner Fraktion angehört, ist bei der Besetzung der Ausschüsse nicht stimmberechtigt (§ 40 Abs. 2 Satz 6 i.V.m. § 50 Abs. 3 GO).

Für einen Ratsausschuss sollen elf Mitglieder gewählt werden, davon fünf Sachkundige Bürger. Von jeder Fraktion ist ein Listenvorschlag eingereicht worden.

Liste 1 (Fraktion A)	**Liste 2 (Fraktion B)**	**Liste 3 (Fraktion C)**
1. Bäcker	1. Lehmann	1. Friedrich
2. Bergmann	2. Meyer	
3. Koch	3. Müller	
4. Schäfer		
1. Schneider (Sachk.B.)	1. Schmidt (Sachk.B.)	1. Heinrich (Sachk.B.)
2. Schreiner (Sachk.B.)	2. Schulze (Sachk.B.)	2. Otto (Sachk.B.)
3. Schuster (Sachk.B.)		

In der Wahl werden für die Liste 1 = 25 Stimmen, für die Liste 2 = 18 Stimmen und für die Liste 3 = 7 Stimmen abgegeben.

Im Verfahren Hare/Niemeyer werden die Sitze getrennt nach Ratsmitgliedern und Sachkundigen Bürgern verteilt:

Fraktion	Sitze 6 RM	x Stimmen	: Gesamtstimmen	= Quotient	ganze Sitze	extra	Gesamtzahl
A	6	x 25 A	: 50	= 3,00	3		3
B	6	x 18 B	: 50	= 2,16	2		2
C	6	x 7 C	: 50	= 0,84	0	+ 1	1
gesamt					**5**		**6**

Fraktion	Sitze 5 S.B.	x Stimmen	: Gesamtstimmen	= Quotient	ganze Sitze	extra	Gesamtzahl
A	5	x 25 A	: 50	= 2,50	2		2
B	5	x 18 B	: 50	= 1,80	1	+ 1	2
C	5	x 7 C	: 50	= 0,70	0	+ 1	1
gesamt					**3**		**5**

Fraktion	Sitze Ratsmitglieder	Sitze Sachk. Bürger	zusammen
A	3	2	5
B	2	2	4
C	1	1	2
gesamt	**6**	**5**	**11**

Fraktion A kann drei Ratsmitglieder und zwei Sachkundige Bürger entsenden. Fraktion B stellt je zwei Ratsmitglieder bzw. Sachkundige Bürger. Auf Fraktion C entfallen je ein Ratsmitglied bzw. Sachkundiger Bürger.

- Kleine Fraktionen und Einzelratsmitglieder -

Soweit **kleine Fraktionen** aufgrund des Verteilungsverfahrens unberücksichtigt bleiben und nicht in einem Ausschuss vertreten sind, so ist dies hinzunehmen, auch wenn damit ein nicht ganz proporzgerechtes Ergebnis erzielt wird. Der Gefahr, dass größere Fraktionen die Zahl der Ausschusssitze mit diesem Ziel festlegen und kleinere Fraktionen keinen Platz bekommen, kann durch den Zusammenschluss von kleineren Fraktionen und / oder Einzelkandidaten zur Entsendung gemeinsamer Vertreter in die Ausschüsse begegnet werden. Im Übrigen endet die Gestaltungsfreiheit des Rates bei der Festlegung der Ausschussgrößen erst dort, wo ansehnlich große Gruppen von einer Vertretung im Ausschuss ausgeschlossen werden.

Unberücksichtigt bleibende Fraktionen sind gemäß § 58 Abs. 1 Satz 7 bis 10 GO ausdrücklich berechtigt, für den betreffenden Ausschuss ein (zusätzliches) Mitglied mit beratender Stimme zu benennen. Dies wirkt in dem Ausschuss mit **beratender Stimme** mit und wird bei der Zusammensetzung und der Berechnung der Beschlussfähigkeit des Ausschusses nicht mitgezählt. Indem die Fraktionen statt Ratsmitglieder auch Sachkundige Bürger in den Ausschuss entsenden können, wird zugleich den Personalnöten kleinerer Fraktionen in besonderer Weise Rechnung getragen. Dieses sog. „**Grundmandat**" der Ausschüsse gilt allerdings **nicht** beim Wahlausschuss (§ 2 Abs. 3 Satz 2 KWahlG), Gutachterausschuss, Umlegungsausschuss und Jugendhilfeausschuss.

Einzelne (fraktionslose oder fraktionsangehörige) **Ratsmitglieder** haben nach § 58 Abs. 1 Satz 11 GO den Anspruch, mindestens einem Ausschuss als Mitglied mit beratender Stimme anzugehören. Ein Anspruch auf Vollmitgliedschaft besteht jedoch nicht (BVerwG, NVwZ-RR 1993, S. 209). Durch die Nichtbeteiligung in Ausschüssen werden sie der Rechtsprechung zufolge nicht in der Wahrnehmung ihrer elementaren Rechte und Aufgaben beeinträchtigt (VGH Mannheim, NVwZ-RR 1993, S. 657, 658). Dem Informationsrecht des einzelnen Ratsmitgliedes wird bereits dadurch hinreichend entsprochen, dass es als Zuhörer an öffentlichen und nichtöffentlichen Sitzungen teilnehmen darf (ausdrücklich garantiert in § 58 Abs. 1 Satz 4 und 6 GO mit weitergehendem Beratungsrecht im Ausschuss bei Behandlung eines eigenen Antrages).

Im Rahmen der Zusammensetzung der Ausschüsse sind gleichzeitig auch **stellvertretende Ausschussmitglieder** vom Rat zu bestellen. Der Rat legt sowohl die Anzahl der Vertreter als auch ihre Stellung (Ratsmitglieder, Sachkundige Bürger) und die Reihenfolge der Vertretung fest. Eine bestimmte Verfahrensweise sieht das Gesetz dabei nicht vor. Möglich ist sowohl eine namentliche Vertretung als auch eine generelle Vertretung nach der Reihenfolge der von der Fraktion auf einer Liste benannten Ratsmitglieder. In der Praxis sollte gewährleistet sein, dass über eine flexible Stellvertreterregelung alle Fraktionen mit der ihnen zugewiesenen Anzahl von Ausschussmitgliedern an den Ausschusssitzungen teilnehmen können. Bei der Einbindung Sachkundiger Bürger als stellvertretende Mitglieder ist darauf zu achten, dass die Beschlussfähigkeit in den Ausschüssen immer eine Mehrzahl von Ratsmitgliedern voraussetzt. Dies kann z. B. dadurch geschehen, dass Ratsmitglieder auch nur von Ratsmitgliedern vertreten werden.

c) Zählgemeinschaften bei der Ausschussbesetzung

Bei der Verteilung der Ausschusssitze ist es in Nordrhein-Westfalen ferner möglich, dass sich mehrere Fraktionen oder auch einzelne Ratsmitglieder, unabhängig von einer Fraktionszugehörigkeit, zu einer sog. **Listenverbindung oder Zählgemeinschaft** zusammenschließen und einen gemeinsamen Wahlvorschlag einreichen (vgl. § 50 Abs. 3 Satz 3 GO).

Dabei ist unter Berücksichtigung der Leitsätze des Bundesverwaltungsgerichts aus einem Urteil vom 10. Dezember 2003 (sog. Tönisvorst-Urteil, abgedruckt in DVBl. 2004, S. 439 ff.) und der Rechtsprechung des OVG NRW (Urt. v. 24.11.2017 – 15 A 2331/15 –) eine Listenverbindung zur Verteilung von Ausschusssitzen nur zulässig, wenn sie unter Beachtung des Meinungs- und Kräftespektrums im Rat erfolgt und nicht zum Nachteil einer anderen Fraktion geht, die nicht an der Listenverbindung beteiligt ist. Das bedeutet, dass eine **Verschiebung von Ausschusssitzen zwischen den an der Listenverbindung beteiligten Fraktionen** durchaus stattfinden kann.

Das **Tönisvorst-Urteil** betrifft nur den **Sonderfall** einer Listenverbindung, bei der es darum geht, durch ein erst nach der Kommunalwahl vereinbartes **„Ad-hoc-Bündnis“** eine bessere Reststimmenverwertung zu erreichen und so einen mathematischen Vorteil bei dem anschließenden Verteilungsverfahren zu gewinnen. Hierzu hat das Bundesverwaltungsgericht klargestellt, dass die Verbindung von mehreren Fraktionen zu einer Zählgemeinschaft nicht lediglich dazu dienen darf, einen zusätzlichen Sitz im Ausschuss zu erlangen. Solche Listenverbindungen sind unzulässig.

d) Ausschussvorsitze

Die Festlegung und Verteilung der **Ausschussvorsitze** erfolgen gemäß § 58 Abs. 5 GO, soweit nicht – wie etwa beim Haupt-, Jugendhilfe- oder Wahlausschuss – sondergesetzliche Regelungen einschlägig sind (vgl. im Einzelnen unten C.II.2.f).

Grundsätzlich kann die Besetzung der Ausschussvorsitze auf zweierlei Art erfolgen:

(1) Haben sich die Fraktionen über die Verteilung der Ausschussvorsitze geeinigt und wird dieser Einigung nicht von (mindestens) einem Fünftel der Ratsmitglieder widersprochen, so bestimmen die Fraktionen die Ausschussvorsitzenden aus der Mitte der den Ausschüssen angehörenden stimmberechtigten Ratsmitglieder (sog. **Einigungsverfahren**). Die Verteilung der Ausschussvorsitze erfolgt sodann gemäß der Einigung durch die Fraktionen, denen der jeweilige Vorsitz zusteht.

(2) Soweit eine solche Einigung nicht zustande kommt, erfolgt die Verteilung – im Gegensatz zur Ausschussbesetzung – nach dem **d’Hondtschen Höchstzahlverfahren**. Dabei werden den Fraktionen die Ausschussvorsitze in der Reihenfolge der Höchstzahlen zugeteilt, die sich beim Dividieren der Mitgliederzahlen der Fraktionen durch 1, 2, 3 usw. ergeben (sog. **Zugreifverfahren**). Die Verteilung der Ausschussvorsitze erfolgt sodann gemäß dem Stärkeverhältnis der Fraktionen im Rat (vgl. Ausschussbesetzung). Hierbei können sich mehrere Fraktionen – im Sinne einer Listenverbindung – zusammenschließen (vgl. § 58 Abs. 5 Satz 2

Halbsatz 2 GO). Die oben dargestellten Grundsätze zum Tönisvorst-Urteil (vgl. oben C.II.2.c) gelten in diesem Falle nicht. Allerdings muss der Rat der Gemeinde laut Oberverwaltungsgericht NRW (NWVBl. 1996, S. 334) bei der Verteilung der Ausschussvorsitze im Zugreifverfahren einen solchen Fraktionszusammenschluss nur dann berücksichtigen, wenn die an dieser Fraktionsgemeinschaft beteiligten Fraktionen rechtzeitig und unmissverständlich darauf hingewiesen haben, dass sie sich zum Zwecke eines gemeinsamen Zugriffs auf die Ausschussvorsitze bzw. stellvertretenden Ausschussvorsitze zu einer Fraktionsgemeinschaft zusammengeschlossen haben. Bei gleichen Höchstzahlen entscheidet das Los, das der Bürgermeister, der bei der Wahl der Ausschussvorsitzenden gemäß § 40 Abs. 2 Satz 6 i.V.m. § 58 Abs. 5 GO nicht mitstimmt, zu ziehen hat. Die Fraktionen benennen die Ausschüsse, deren Vorsitz sie beanspruchen, in der Reihenfolge der Höchstzahlen und bestimmen die Vorsitzenden.

Die Verteilung der Ausschussvorsitze wird am nachstehenden **Beispiel** verdeutlicht:

Geht man erneut von einem 50-köpfigen Gemeinderat mit folgendem Stärkeverhältnis aus: Fraktion A = 25 Sitze, Fraktion B = 18 Sitze, Fraktion C = 7 Sitze, so errechnet sich die Reihenfolge des Zugriffsrechts auf die einzelnen Ausschussvorsitze wie folgt:

Die Reihenfolge des Zugriffsrechts bestimmt sich nach den Höchstzahlen der Divisionsergebnisse (vgl. nachstehende Tabelle).

	Liste 1 (Fraktion A)	**Liste 2 (Fraktion B)**	**Liste 3 (Fraktion C)**
abgegebene Stimmen:	**25**	**18**	**7**
Teiler: 1.	25 : 1 = 25 (1)	18 : 1 = 18 (2)	7 : 1 = 7 (6)
2.	25 : 2 = 12,5 (3)	18 : 2 = 9 (4)	7 : 2 = 3,5
3.	25 : 3 = 8,33 (5)	18 : 3 = 6 (8)	7 : 3 = 2,33

	Liste 1 (Fraktion A)	Liste 2 (Fraktion B)	Liste 3 (Fraktion C)
4.	25 : 4 = 6,25 (7)	18 : 4 = 4,5 (10)	7 : 4 = 1,75
5.	25 : 5 = 5 (9)	18 : 5 = 3,6	7 : 5 = 1,4
6.	25 : 6 = 4,17 (11)	18 : 6 = 3	7 : 6 = 1,17

Bei gleichen Höchstzahlen entscheidet das Los, das der Bürgermeister zu ziehen hat (§ 58 Abs. 5 Satz 3 GO). Danach entfallen auf die

- A-Fraktion der 1., 3., 5., 7., 9., 11. Zugriff,
- B-Fraktion der 2., 4., 8., 10. Zugriff und
- C-Fraktion der 6. Zugriff.

Fraktion A kann also zunächst entscheiden, in welchem Ausschuss sie den Vorsitz übernehmen will. Daraufhin kann Fraktion B den Zugriff auf den Vorsitz des für sie (nächst-) wichtigsten Ausschusses nehmen. Dann wiederum kann Fraktion A einen Ausschuss benennen, dem sie vorsitzen will. Fraktion C hat erst beim sechsten Ausschuss die Möglichkeit, einen Vorsitzenden aus ihren eigenen Reihen durchzusetzen.

Die einzelnen Fraktionen, die sich auch bei der Wahl der Ausschussvorsitze zu Listenverbindungen zusammenschließen können, müssen also sowohl hinsichtlich der Anzahl der Ausschüsse als auch hinsichtlich der Auswahl der jeweiligen Ausschussvorsitze frühzeitig in internen Beratungen abklären, welche Ausschussvorsitze sie als besonders wichtig ansehen, und eine entsprechende „Rangliste“ festlegen, die natürlich durch die jeweiligen Zugriffe der anderen Fraktionen beeinträchtigt werden kann.

Bei der Besetzung einiger Ausschüsse sind allerdings **Besonderheiten** zu beachten:

Den **Vorsitz im Hauptausschuss** führt der **Bürgermeister**, der im Hauptausschuss Stimmrecht hat. Einer Wahl bedarf es insofern also nicht (§ 57 Abs. 3 GO).

Zu beachten ist, dass der Hauptausschuss bei der Verteilung der Ausschussvorsitze außer Betracht bleibt, denn der Bürgermeister übt den Hauptausschussvorsitz kraft Gesetzes aus (§ 57 Abs. 3 GO) und kann als nichtgewähltes, sondern gesetzliches Mitglied im Rat keiner Fraktion angehören. Er ist insoweit – unabhängig von einer Parteizugehörigkeit – keiner Fraktion anzurechnen.

Das **Zugreifverfahren** findet weiterhin **keine Anwendung** z. B. auf den Jugendhilfe- und Wahlausschuss sowie die Bezirksausschüsse in kreisangehörigen Gemeinden. Hier gibt es gesetzliche Spezialregelungen zur Frage des Vorsitzes (vgl. unten C.II.2.f).

Das **Zugreifverfahren** gilt aber – mit Ausnahme der Sonderregelung für den Hauptausschuss – für alle Vorsitze in den Pflicht- und freiwilligen Ausschüssen der Gemeindeordnung. Darüber hinaus gilt das Prinzip auch in einigen sondergesetzlichen Ausschüssen wie z. B. im Schulausschuss, Betriebsausschuss oder Wahlprüfungsausschuss.

Für **stellvertretende Vorsitze** gelten die Regelungen über die Bestimmung der Ausschussvorsitze entsprechend (§ 58 Abs. 5 Satz 6 GO). Um Unklarheiten zu vermeiden, sollte im Vorfeld vom Rat durch Beschluss klargestellt werden, ob das bereits bei der Zuteilung der Ausschüsse angewandte Verteilungsprinzip auf die stellvertretenden Vorsitze weiter angewandt wird oder ob es für die Bestimmung der stellvertretenden Vorsitze getrennt – in einem neuen Zugreifverfahren – erfolgen soll. Zu berücksichtigen ist weiterhin, dass der stellvertretende Vorsitzende des Hauptausschusses aus dessen Mitte gewählt wird, also außerhalb des beschriebenen Zugreifverfahrens.

Scheidet ein Ausschussvorsitzender während der Wahlperiode aus, bestimmt die Fraktion, der er angehörte, ein Ratsmitglied zum **Nachfolger** (vgl. § 58 Abs. 5 Satz 5 GO). Der in der Praxis übliche Ratsbeschluss hierzu hat lediglich deklaratorischen Charakter.

Werden während der Wahlperiode Ausschüsse neu gebildet, aufgelöst oder ihre Aufgaben wesentlich verändert, bedarf es sowohl einer Neuregelung der Zusammensetzung der Ausschüsse gemäß § 58 Abs. 1 Satz 1 GO als auch einer erneuten Verteilung der Ausschussvorsitze gemäß § 58 Abs. 5 GO (§ 58 Abs. 6 GO).

e) Ausschussbesetzung in den Kreisen

Die Besetzung der Ausschüsse und der Ausschussvorsitze in den Kreisen erfolgt im Wesentlichen nach den dargestellten Regeln zur Ausschussbesetzung in den Gemeinden.

Verpflichtend vorgeschrieben ist hier allerdings die Einrichtung eines Kreisausschusses (vgl. im Einzelnen oben A.VI.2.; zur gesetzlichen Anpassung ab 2020 vgl. auch oben A.V.). Über die Bildung weiterer Ausschüsse (z. B. Bau-, Umwelt-, Sport-, Kultur-, Sozialausschuss) kann der Kreistag eigenverantwortlich entscheiden. Ihre Einrichtung ist freiwillig (§ 41 Abs. 1 KrO). Im Gegensatz zu gemeindlichen Ausschüssen kommen den Ausschüssen auf Kreisebene – abgesehen von sondergesetzlichen Regelungen – keinerlei Entscheidungsbefugnisse zu. Ihre Beschlüsse sind vielmehr Vorschläge an den Kreisausschuss bzw. Kreistag.

Bei der **Ausschussbesetzung** kann ein einheitlicher Wahlvorschlag der Kreistagsmitglieder mit einstimmigem Beschluss der Kreistagsmitglieder angenommen werden. Kommt allerdings ein solcher einheitlicher Wahlvorschlag nicht zustande, so wird nach den Grundsätzen der Verhältniswahl in einem Wahlgang abgestimmt. Die Sitzverteilung erfolgt auch hier nach dem oben beschriebenen Verfahren Hare/Niemeyer (§ 35 Abs. 3 KrO). Fraktionen, die in einem Ausschuss nicht vertreten sind, sind berechtigt, für diesen Ausschuss ein zusätzliches Mitglied mit beratender Stimme zu entsenden (§ 41 Abs. 3 Satz 7 KrO).

Neben den Kreistagsmitgliedern können auch **Sachkundige Bürger** der kreisangehörigen Gemeinden, die dem Kreistag angehören können, zu Ausschussmitgliedern bestellt werden. Ihre Zahl darf die der Kreistagsmitglieder in den einzelnen Ausschüssen nicht erreichen (§ 41 Abs. 5 KrO).

Die Besetzung der **Ausschussvorsitze** erfolgt, soweit eine einvernehmliche Regelung zwischen den Fraktionen nicht zustande kommt, nach dem sog. **Zugreifverfahren** (vgl. § 41 Abs. 7 Satz 2 KrO; vgl. auch oben S. 125 ff.).

f) Besonderheiten bei der Zusammensetzung sowie personellen Besetzung einzelner Ausschüsse und Ausschussvorsitze

Bei der Besetzung einiger Ausschüsse sind **Besonderheiten** gegenüber den Vorgaben der Gemeindeordnung zu beachten.

Dem **Hauptausschuss** dürfen gemäß § 58 Abs. 3 Satz 1 GO **keine Sachkundigen Bürger** angehören. Durch den Verweis in § 58 Abs. 4 Satz 2 GO gilt diese Regelung auch für Sachkundige Einwohner, die ebenfalls nicht Mitglied im Hauptausschuss sein können. Vorsitzender im Hauptausschuss ist zwingend der Bürgermeister (§ 57 Abs. 3 GO).

Aufgrund der Änderung der Gemeindeordnung können nunmehr dem Finanz- und Rechnungsprüfungsausschuss auch Sachkundige Bürger angehören.

Auf die Besonderheiten des **Kreisausschusses**, in dem der Landrat den Vorsitz führt (§ 51 Abs. 3 KrO), wurde bereits näher eingegangen (vgl. im Einzelnen oben A.V.2.).

Beim **Jugendhilfeausschuss** ergeben sich Besonderheiten hinsichtlich der Zusammensetzung aus § 71 SGB VIII und §§ 4, 5 AG KJHG NRW. So dürfen dem Ausschuss **maximal 15 stimmberechtigte Mitglieder** einschließlich des Vorsitzenden angehören (§ 4 Abs. 1 AG KJHG NRW). **Drei Fünftel** der stimmberechtigten Mitglieder sind hierbei nach § 71 Abs. 1 Nr. 1 SGB VIII **Mitglieder der Vertretungskörperschaft** des Trägers der öffentlichen Jugendhilfe oder von ihr gewählte Frauen und Männer, die in der Jugendhilfe erfahren sind. Die anderen **zwei Fünftel** der stimmberechtigten Mitglieder werden **auf Vorschlag der** im Bereich des öffentlichen Trägers wirkenden und anerkannten **Träger der Freien Jugendhilfe** von der Vertretungskörperschaft gewählt. Dabei sind Vorschläge der Jugend- und Wohlfahrtsverbände angemessen zu berücksichtigen (§ 71 Abs. 1 Nr. 2 SGB VIII). Des Weiteren gehören dem Jugendhilfeausschuss kraft Amtes der **Hauptverwaltungsbeamte** oder ein von ihm bestellter Vertreter und der Leiter des Jugendamtes als beratende Mitglieder an. Kraft Bestellung kommen als **beratende Mitglieder** ein Richter, ein Vertreter der Arbeitsverwaltung, ein Vertreter der Schulen, ein Vertreter der Polizei und je eine Vertretung der Katholischen und Evangelischen Kirche sowie der jüdischen Kultusgemeinde hinzu (§ 5 Abs. 1 AG KJHG NRW). Durch Satzung kann der Kreis der beratenden Mitglieder um weitere sachkundige Personen erweitert werden (§ 5 Abs. 3 AG KJHG NRW). Der **Vorsitzende** des Jugendhilfeausschusses und dessen Stellvertreter werden gemäß § 4 Abs. 5 AG KJHG NRW von den stimmberechtigten Mitgliedern aus den Mitgliedern des Ausschusses gewählt, die der **Vertretungskörperschaft** angehören.

Beim **Schulausschuss**, der gemäß § 85 Abs. 1 Schulgesetz NRW (SchulG NRW) ein freiwilliger Ausschuss ist, erfolgt die Zusammensetzung grundsätzlich nach den Vorschriften der Gemeindeordnung. Allerdings ist **je ein von der Katholischen und Evangelischen Kirche benannter Geistlicher** oder anderer Vertreter als ständiges Mitglied mit beratender Stimme in den Ausschuss zu entsenden. Außerdem können Vertreter der Schulen zur ständigen Beratung berufen werden (§ 85 Abs. 2 SchulG NRW).

Bei den **Betriebsausschüssen** sind je nach Anzahl der Beschäftigten unterschiedliche Vorgaben zu beachten (vgl. § 114 Abs. 3 GO). Bei Eigenbetrieben mit **bis zu 10 Beschäftigten** liegt die Festlegung der Anzahl der Sitze im Betriebsausschuss im freien Ermessen des Rates. Sachkundige Bürger können dem Betriebsausschuss angehören. Ihre Zahl darf die der Ratsmitglieder im Ausschuss allerdings nicht erreichen (§ 114 Abs. 3 Satz 6 GO). Für Eigenbetriebe **mit 11 bis zu 50 Beschäftigten** liegt die Zahl der Sitze ebenfalls im Ermessen des Rates. Jedoch ist zwingend vorgeschrieben, dass zwei Beschäftigte des Eigenbetriebes dem Betriebsausschuss angehören müssen. Hier sind ebenfalls Sachkundige Bürger zulässig, deren Zahl zusammen mit den beiden Beschäftigten die der Ratsmitglieder nicht erreichen darf. Für Eigenbetriebe **ab 51 Beschäftigten** gilt, dass die Zahl der Sitze im Betriebsausschuss durch drei teilbar sein muss. Der Betriebsausschuss muss außerdem zu einem Drittel aus Beschäftigten bestehen und die Zahl der Beschäftigten und der Sachkundigen Bürger darf zusammen die der Ratsmitglieder nicht erreichen. In allen Betriebsausschüssen sind (volljährige) Sachkundige Einwohner lediglich mit beratender Stimme gemäß § 58 Abs. 4 GO zulässig. Für mehrere Eigenbetriebe kann ein gemeinsamer Betriebsausschuss gebildet werden (§ 5 Abs. 1 Satz 2 EigenbetriebsVO NRW). Die Zusammensetzung des Betriebsausschusses wird durch die Betriebssatzung geregelt. Ihm sollen keine Mitglieder angehören, für die Ausschließungsgründe nach § 31 GO vorliegen. Für die dem Ausschuss angehörenden Beschäftigten wählt der Rat eine gleich große Anzahl von Stellvertretern (§ 5 Abs. 2 EigenbetriebsVO NRW).

Der **Wahlausschuss** besteht aus dem Wahlleiter als Vorsitzender und vier, sechs, acht oder zehn Beisitzern, die die Vertretung des Wahlgebiets wählt (§ 2 Abs. 3 KWahlG). Bewerber für das Amt des Bürgermeisters oder Landrates können nicht Mitglieder des Wahlausschusses der Gemeinde oder des Kreises sein (§ 2 Abs. 7 Satz 2 KWahlG). Sie sind in diesem Fall, weil sie als Bewerber nicht Wahlleiter sein können (vgl. § 2 Abs. 2 Satz 2 KWahlG), auch vom Vorsitz im Wahlausschuss ausgeschlossen. Einige für andere Ausschüsse geltende Grundsätze (z. B. über das Grundmandat – vgl. hierzu auch oben C.II.2.b.) nach § 58 Abs. 1 Satz 7 bis 10 GO und § 41 Abs. 3 Satz 7 bis 10 KrO sind durch § 2 Abs. 3 Satz 2 KWahlG auf den Wahlausschuss nicht anwendbar.

g) Die Bezirksausschüsse

Auch die Bezirksausschüsse in den kreisangehörigen Städten und Gemeinden sind Ausschüsse des Rates im Sinne des § 57 Abs. 1 GO. Insofern gelten die Vorschriften für die Ausschüsse des Rates grundsätzlich entsprechend. Aus **§ 39 Abs. 4 Nr. 1 bis 4 GO** ergeben sich aber einige **Besonderheiten**, die bereits erwähnt worden sind (vgl. oben A.III.2.a), hier aber der Vollständigkeit halber noch einmal ausführlicher dargestellt werden.

Bei der **Bestellung der Mitglieder** der Bezirksausschüsse durch den Rat ist das bei der Wahl des Rates **im jeweiligen Gemeindebezirk erzielte Stimmenverhältnis** zugrunde zu legen. Daher kann § 50 Abs. 3 GO, der bei der Wahl der übrigen Ausschüsse des Rates von der Stimmabgabe der Ratsmitglieder ausgeht, nicht angewendet werden. Die zwingend vorgeschriebene Berücksichtigung der Stimmenverhältnisse im Gemeindebezirk verlangt vielmehr, dass auf Grundlage der vom Rat in der Hauptsatzung festgelegten Sitzzahl nach den **Grundsätzen der Verhältniswahl** errechnet wird, wie viele Sitze auf die einzelnen Parteien und Wählergruppen entfallen. § 50 Abs. 3 GO ist hier also nur insoweit verbindlich, als dort bei den Wahlen zu den Ausschüssen die Grundsätze der Verhältniswahl allgemein vorgeschrieben sind. Auf jeden Fall muss vor der Bestellung der Bezirksausschussmitglieder feststehen, wie viele Sitze auf die einzelnen Parteien oder Wählergruppen entfallen. Steht die **Sitzverteilung** fest, können die im Rat vertretenen Fraktionen die Personen benennen, die entsprechend ihrem zustehenden Kontingent Mitglieder des jeweiligen Bezirksausschusses werden sollen. Der Rat beschließt dann über deren Bestellung im Sinne des § 39 Abs. 4 Nr. 1 GO.

Abweichend von § 58 Abs. 3 Satz 3 GO dürfen einem Bezirksausschuss **mehr Sachkundige Bürger als Ratsmitglieder** angehören (§ 39 Abs. 4 Nr. 2 GO).

Parteien und Wählergruppen, die im Rat vertreten sind, haben das Recht, **beratende Mitglieder** für die Bezirksausschüsse nach § 58 Abs. 1 Satz 7 bis 10 GO zu benennen (§ 39 Abs. 4 Nr. 3 GO).

Abweichend vom Zugreifverfahren in § 58 Abs. 5 GO (vgl. oben C.II.2.d.1) wählt der Bezirksausschuss den **Vorsitzenden** und einen oder mehrere Stellvertreter aus den ihm angehörenden Ratsmitgliedern selbst (§ 39 Abs. 4 Nr. 4 GO), und zwar nach dem für die Wahl der Stellvertreter des Bürgermeisters geltenden Listenwahlverfahren gemäß § 67 Abs. 2 GO (vgl. nachfolgend 3.).

Die **Wahl von Ortsvorstehern** – als Alternative zur Bildung von Bezirksausschüssen (vgl. oben A.III.2.b) –, erfolgt nach anderen Grundsätzen: Der Ortsvorsteher ist unter Berücksichtigung der Stimmenverhältnisse bei der Ratswahl in dem betreffenden Ortsteil zu wählen (§ 39 Abs. 6 GO). Hat z. B. eine Partei die absolute Mehrheit der Stimmen im jeweiligen Wahlbezirk erreicht, ist der Rat verpflichtet, die von der Mehrheitspartei benannte Person zum Ortsvorsteher zu wählen. Ausreichend soll nach dem Oberverwaltungsgericht NRW im Einzelfall auch die relative Mehrheit der Stimmen sein (OVG NRW, DÖV 1989, S. 591). Insoweit sind allerdings die konkreten Umstände vor Ort zu berücksichtigen.

3. Wahl der Stellvertreter des Bürgermeisters

Der Rat wählt nach Einführung der Direktwahl des hauptamtlichen Bürgermeisters nunmehr nur noch die **ehrenamtlichen Stellvertreter des Bürgermeisters**. Das Wahlverfahren richtet sich nach § 67 Abs. 2 GO und ist nach dem d'Hondtschen Höchstzahlverfahren durchzuführen. Gewählt werden können nur Mitglieder des Rates. Der Bürgermeister darf bei der Wahl der Stellvertreter mitwählen (vgl. § 40 Abs. 2 Satz 4 GO).

Die Anzahl der ehrenamtlichen Stellvertreter des Bürgermeisters ist gesetzlich nicht geregelt. Aus dem Wortlaut des § 67 Abs. 1 Satz 1 GO („ehrenamtliche Stellvertreter") folgt, dass **mindestens zwei** ehrenamtliche Stellvertreter des Bürgermeisters gewählt werden müssen. Nach einem Urteil des Verwaltungsgerichts Minden verletzt ein Beschluss des Stadtrates, die Zahl der stellvertretenden Bürgermeister auf (nur) einen festzulegen, das geltende Recht (VG Minden, Urt. v. 19.10.2011 – 1 K 110/10 –, Rn. 31).

Ansonsten kann der Rat die Anzahl der Stellvertreter nach oben frei festlegen. Die Zahl der Stellvertreter wird oftmals auch in der Hauptsatzung der Gemeinde verankert.

Die Wahl erfolgt in einem **Wahlgang in geheimer Abstimmung**. Erster Stellvertreter des Bürgermeisters ist, wer an erster Stelle des Wahlvorschlags steht, auf den die erste Höchstzahl entfällt, zweiter Stellvertreter, wer an vorderster noch nicht in Anspruch genommener Stelle des Wahlvorschlags steht, auf den die zweite Höchstzahl entfällt, dritter Stellvertreter, wer an vorderster noch nicht in Anspruch genommener Stelle des Wahlvorschlags steht, auf den die dritte Höchstzahl entfällt usw. Zwischen Wahlvorschlägen mit gleichen Höchstzahlen findet eine Stichwahl statt; bei Stimmengleichheit entscheidet dann das vom Bürgermeister zu ziehende Los.

Nach Bekanntgabe des Wahlergebnisses hat der Bürgermeister die gewählten Kandidaten zu fragen, ob sie die Wahl annehmen. Erst durch die **Annahmeerklärung** der Gewählten ist der Wahlakt vollzogen. Nimmt ein gewählter Bewerber die Wahl jedoch nicht an, so ist gewählt, wer an nächster Stelle desselben Wahlvorschlags steht.

Für die Ratsfraktionen ist es auch aus parteipolitischen Erwägungen bedeutsam, dass sowohl der Bürgermeister als auch dessen erster (ehrenamtlicher) Stellvertreter derselben Partei angehören können.

4. Wahl von Vertretern in wirtschaftlichen Unternehmen

Gemeinden sind häufig an juristischen Personen oder Personenvereinigungen beteiligt und haben infolgedessen das Recht, Vertreter in deren Organe zu entsenden. Sind z. B. die Versorgungs- und / oder Verkehrsbetriebe einer Gemeinde in der Rechtsform einer GmbH (Beispiel: Stadtwerke-GmbH) organisiert, so entsendet die Gemeinde entsprechend dem Umfang ihrer Beteiligung Vertreter in die Gesellschafterversammlung, die ihrerseits wiederum den Geschäftsführer bestellt und Einfluss auf die Geschäftsführung nehmen kann. Die Regelungen zur Vertretung der Gemeinde in Unternehmen und Einrichtungen sind in **§ 113 GO** zusammengefasst, dessen Zweck es ist, die **gemeindlichen Einflussnahmemöglichkeiten** bei solchen Beteiligungen an organisatorisch von der Gemeinde getrennten juristischen Personen und Personenvereinigungen in den entsprechenden Gremien (Beiräte, Ausschüsse, Gesellschafterversammlungen, Aufsichtsräte und Vorstände) sicherzustellen.

Die Vertreter der Gemeinde in wirtschaftlichen Unternehmen werden auch vom Rat bestellt. Ob die Bestellung durch Beschluss, durch Wahl oder durch Verhältniswahl vorzunehmen ist, ergibt sich aus § 50 Abs. 4 GO. Ob die Gemeinde durch einen oder mehrere Vertreter ihre Mitgliedschaftsrechte wahrnehmen kann, richtet sich nach dem Recht der juristischen Person oder Personenvereinigung, in deren Organ, Beirat oder Ausschuss die Mitgliedschaftsrechte wahrgenommen werden (z. B. Gesellschafterversammlung einer GmbH, Aufsichtsrat einer AG).

Sind zwei oder mehr Vertreter zu bestellen, ist eine Verhältniswahl entsprechend § 50 Abs. 4 GO vorzunehmen. Ist nur ein Vertreter zu bestellen, so geschieht dies durch Wahlen nach § 50 Abs. 2 GO. Bei der Bestellung können auch die vorgeschlagenen Ratsmitglieder mitwirken, da für sie gemäß § 31 Abs. 3 Nr. 4 GO ausdrücklich kein Mitwirkungsverbot gilt. Nach der Regelung des § 50 Abs. 4 Satz 1 GO hat der (Ober-) Bürgermeister bei allen Entscheidungen nach § 50 Abs. 4 GO Stimmrecht.

Bestehen andere Vorschriften über die Wahrnehmung von Mitgliedschaftsrechten in Gremien, so gehen diese spezialgesetzlichen Regelungen vor (vgl. z. B. § 15 Abs. 2 Gesetz über kommunale Gemeinschaftsarbeit – GkG oder § 7b Landschaftsverbandsordnung Nordrhein-Westfalen – LVerbO NRW).

Auch auf geborene Mitglieder eines Aufsichtsrats oder eines anderen Gremiums findet § 50 Abs. 4 GO keine Anwendung, sodass hierbei weder eine Bestellung durch den Rat noch eine Anrechnung auf die nach § 50 Abs. 4 GO zu bestellenden Vertreter erfolgt. Ist der (Ober-) Bürgermeister insofern als Verwaltungsspitze geborenes Mitglied eines solchen Gremiums, wird er in dieser Funktion durch seinen allgemeinen Vertreter nach § 68 GO vertreten. Ist er aber als vom Rat nach § 50 Abs. 4 GO gewählter Vertreter Mitglied des Gremiums, so ist auch sein Vertreter nach § 50 Abs. 4 GO zu bestimmen.

Auch bei einer gemeindlichen Einpersonengesellschaft (meist GmbH) bildet der Rat als solcher nicht automatisch die Gesellschafterversammlung. Diese besteht vielmehr allenfalls aus der Gesamtheit der vom Rat nach § 63 Abs. 2 GO zu bestellenden einzelnen Ratsmitglieder. Der Rat bleibt insofern stets und ausschließlich Gemeindeorgan, wird aber nicht als Gesellschaftsorgan tätig.

§ 50 Abs. 4 GO differenziert hinsichtlich des Verfahrens nicht danach, ob dem Rat ein Bestellungs- oder lediglich ein Vorschlagsrecht zusteht. Zu beachten ist in diesem Zusammenhang, dass der Rat zur Wahrung seiner Rechte Vorschläge zur Besetzung der Gremien auch dann zu beschließen hat, wenn dafür keine ausdrückliche Regelung besteht. Insofern ist der Rat z. B. auch verpflichtet, die Vertreter der Gemeinde in der Haupt- oder Gesellschafterversammlung einer AG oder GmbH, die gemäß § 113 Abs. 1 Satz 2 GO an die Beschlüsse des Rates und der Ausschüsse gebunden sind, anzuweisen, bei der Bestellung eines Aufsichtsrats auf eine dem politischen Kräfteverhältnis im Rat entsprechende Zusammensetzung dieses Gremiums hinzuwirken. Ansonsten liefe das Vorschlagsrecht aus § 50 Abs. 4 GO leer (vgl. hierzu Wagner, in: Kleerbaum/Palmen, GO NRW, § 50, V.).

Das Vorschlagsrecht des § 50 Abs. 4 GO zielt folglich auf eine spiegelbildliche Vertretung des Rates in allen Gremien von Gesellschaften ab, an denen die Gemeinde beteiligt ist. Selbst bei weisungsgemäßem Handeln der Gemeindevertreter im Sinne des § 113 Abs. 1 Satz 2 GO ist die Durchsetzung dieser Zielsetzung schwierig, da regelmäßig die Gesellschafterversammlung, in der weitere gemeindefremde Gesellschafter vertreten sind, durch Mehrheitsbeschluss über die jeweilige Gremienbesetzung entscheidet.

Bei Gesellschaften, an denen die Gemeinde nicht als Alleingesellschafter, sondern u. U. lediglich mit einer Minderheit beteiligt ist, wie z. B. in Tochtergesellschaften von Gesellschaften, an denen die Gemeinde beteiligt ist, ist das gesetzgeberische Ziel daher oftmals nicht durchsetzbar. Folglich kann die Mehrheit des Entscheidungsgremiums der Muttergesellschaft, aber ebenso bereits die Mehrheit der Gesellschafterversammlung einer Gesellschaft, bei der die Gemeinde nicht Alleingesellschafterin ist, die Minderheit von einer Mitwirkung in den von ihr zu besetzenden Gremien ausschließen.

Scheidet ein nach § 50 Abs. 4 GO bestellter oder vorgeschlagener Vertreter vorzeitig aus seinem Amt aus, ordnet § 50 Abs. 4 Satz 3 GO für die Ersatzbestellung eine Mehrheitswahl nach § 50 Abs. 2 GO für die restliche Zeit an.

Scheiden hingegen zwei oder mehr Personen vorzeitig aus einem Gremium aus und müssen durch mehrere Nachfolger ersetzt werden, so ordnet § 50 Abs. 4 Satz 2 GO eine Neubestellung bzw. einen Neuvorschlag nach den Regeln des § 50 Abs. 3 GO an, also ein Verfahren über einen einheitlichen Vorschlag oder aber eine Bestellung bzw. einen Vorschlag auf Grundlage einer Verhältniswahl.

Der Rat kann grundsätzlich nach eigenem Ermessen entscheiden, wen er als Vertreter bestellen will. Er ist in seiner Auswahl nicht beschränkt auf Mandatsträger oder Bedienstete der Verwaltung, sofern nicht durch spezial-gesetzliche Vorschriften oder Satzungen bzw. Gesellschaftsverträge etwas anderes bestimmt ist (z. B. § 15 Abs. 2 GkG; § 7a Abs. 1 LVerbO; § 10 Abs. 1 Gesetz über den Regionalverband Ruhr – RVRG).

Zu beachten hat der Rat jedoch die Festschreibung der Regelvertretung in § 113 Abs. 2 Satz 2 und Abs. 3 Satz 3 GO. Sofern der Gemeinde demnach in Beiräten, Ausschüssen, Gesellschafterversammlungen, Aufsichtsräten und entsprechenden Organen von juristischen Personen mehr als ein Vertreter zugestanden ist, muss hierzu der (hauptamtliche) (Ober-) Bürgermeister oder ein von ihm vorgeschlagener Beamter oder Angestellter zählen. Dieser Sitz ist (unabhängig von einer Parteimitgliedschaft) nicht auf die Liste einer Fraktion anzurechnen, da er kraft Gesetzes ausschließlich aufgrund der Funktion die Interessen der Gemeinde in anderen Unternehmen oder Einrichtungen wahren soll. Sofern also z. B. fünf Aufsichtsratssitze einer AG durch die Gemeinde zu besetzen sind, findet das Verfahren nach Hare/Niemeyer nur auf vier Sitze Anwendung.

- Sonderfall: Entsendung nur eines gemeindlichen Vertreters -

Ist lediglich ein Vertreter der Gemeinde zu entsenden, so erfolgt die Bestellung nach § 50 Abs. 2 GO durch Mehrheitswahl. Der Rat ist in seiner Entscheidung frei, ob er ein Ratsmitglied oder aber den Bürgermeister in das Gremium entsendet. Der Bürgermeister ist dabei stimmberechtigt.

Die **vom Rat bestellten Vertreter sind an** die **Beschlüsse des Rates und seiner Ausschüsse gebunden** und haben ihr Amt auf Beschluss des Rates jederzeit niederzulegen (§ 113 Abs. 1 Satz 2 und 3 GO). Die Weisungsgebundenheit gilt jedoch dann nicht, wenn besondere gesetzliche Vorschriften (z. B. § 15 Landschaftsverbandsordnung, § 14 Abs. 5 Sparkassengesetz NRW) dies ausdrücklich bestimmen (§ 113 Abs. 1 Satz 4 GO). Etwas anderes ist gesetzlich auch durch die bundesrechtlichen Bestimmungen des Gesellschaftsrechts (§§ 93, 116 Aktiengesetz, § 43 GmbH-Gesetz, §§ 34, 41 Genossenschaftsgesetz) bestimmt. Hiernach sind die durch den Rat entsandten Vertreter bei der Ausübung ihrer Tätigkeiten in den Aufsichts- und Leitungsorganen nach gesellschaftsrechtlichen Vorschriften grundsätzlich weisungsfrei gestellt. Allerdings muss die Gemeinde nach § 108 Abs. 4 Nr. 2 GO bei der Gründung von Gesellschaften oder der Beteiligung daran bezüglich der Ausgestaltung des Gesellschaftsvertrages einer GmbH sicherstellen, dass der Gemeinderat den von der Gemeinde bestellten oder auf

Vorschlag der Gemeinde gewählten Mitgliedern eines fakultativen Aufsichtsrats Weisungen erteilen kann.

Die **Weisungen gelten nur im Innenverhältnis** zwischen Gemeinde und Vertreter; die Wirksamkeit von Beschlüssen der Organe, Beiräte und Ausschüsse, in denen sie als Vertreter der Gemeinde mitwirken, werden hierdurch nicht berührt.

Scheiden gemeindliche Vertreter freiwillig oder durch Abberufung nach § 113 Abs. 1 Satz 3 GO aus, so werden die **Nachfolger** gemäß § 50 Abs. 2 GO durch **Mehrheitswahl** gewählt (§ 50 Abs. 4 Satz 2 GO). Der Bürgermeister hat dabei Stimmrecht.

Alle Vertreter müssen nunmehr gemäß § 113 Abs. 6 GO einen Sachkundenachweis erbringen, um das Mandat wahrnehmen zu können.

Zusammenfassung

- Kommt bei der Ausschussbesetzung ein einheitlicher Wahlvorschlag des gesamten Rates nicht zustande, so wird nach den Grundsätzen der Verhältniswahl über die Besetzung der einzelnen Ausschüsse abgestimmt. Hierzu stellen die Fraktionen Listen auf, die in fester Reihenfolge die von ihnen vorgeschlagenen Bewerber aufführen.
- Sofern Sachkundige Bürger vorgesehen sind, ist darauf zu achten, dass stets mehr Ratsmitglieder als Sachkundige Bürger dem Ausschuss angehören (§ 58 Abs. 3 Satz 3 GO).
- Bleiben kleine Fraktionen in einem Ausschuss unberücksichtigt, so ist dies im Rahmen der Gestaltungsfreiheit des Rates hinzunehmen. Es besteht dann aber ein Anspruch auf beratende Mitwirkung durch einen Vertreter dieser Fraktion. Einzelne Ratsmitglieder haben keinen Anspruch auf Wahl in einen Ausschuss.
- Die Ausschussvorsitze der Ratsausschüsse (Ausnahme: Hauptausschuss [Vorsitz: Bürgermeister]) werden den Fraktionen nach ihrem Stärkeverhältnis zugeteilt. Dabei benennen die Fraktionen die Ausschüsse, deren Vorsitz sie beanspruchen, in der durch die Größenverhältnisse vorgegebenen Reihenfolge (Zugreifverfahren).
- Der Rat wählt am Anfang seiner Wahlperiode die ehrenamtlichen Stellvertreter des Bürgermeisters.
- Die Entscheidung, wer die Gemeinde in den Organen von gemeindlichen Unternehmen und Einrichtungen vertritt, obliegt dem Rat. Die Bestellung erfolgt nach den Grundsätzen der Verhältniswahl. Ist mehr als ein Vertreter zu bestellen, so muss der Bürgermeister oder ein von ihm vorgeschlagener Bediensteter der Gemeinde berücksichtigt werden (§ 113 Abs. 2 GO).

D. Zulässigkeit und Grundlagen für digitale bzw. hybride Sitzungen kommunaler Gremien

I. Gesetzliche Grundlagen zur Digitalisierung der Rats- und kommunalen Gremienarbeit

Nachdem der Landtag in seiner Sitzung vom 06.04.2022 mit dem „Gesetz zur Einführung digitaler Sitzungen für kommunale Gremien und zur Änderung kommunalrechtlicher Vorschriften“ die Rechtsgrundlage geschaffen hat, befinden wir uns derzeit in einer Phase der Umsetzung, um den neu geschaffenen Rechtsrahmen auszufüllen. Durch dieses Gesetz wurden u.a. Regelungen in die Gemeindeordnung sowie die Kreisordnung für das Land Nordrhein-Westfalen aufgenommen, mit denen die Grundlage für digitale Sitzungen aller kommunalen Gremien geschaffen wird.

Aktuell beschäftigen sich zahlreiche Vertretungen mit der Frage, welche Maßnahmen sie ergreifen können oder sollten, um von der Möglichkeit, zukünftig digital oder hybrid Sitzungen durchführen zu können, Gebrauch zu machen.

Ziel des Gesetzes ist es, die Handlungsfähigkeit der kommunalen Ebene auch in kritischen Notfalllagen über einen längeren Zeitraum sicherzustellen. Darüber hinaus gewährt der Gesetzgeber den Kommunen auch die Möglichkeit, außerhalb von besonderen Ausnahmefällen „hybride Sitzungen“ von Ratsausschüssen ein- bzw. durchzuführen. Die Entscheidung, ob die Möglichkeit zur Durchführung digitaler bzw. hybrider Sitzungen geschaffen wird, liegt in den jeweiligen Städten und bei den gewählten Vertretungen (vgl. §§ 47a, 58a GO). Ebenso unterliegen die Regelungen (Geschäftsordnung) und die konkrete Umsetzung des Ablaufs digitaler und hybrider Sitzungen vor Ort nach wie vor dem Prinzip der kommunalen Selbstverwaltung (vgl. im Einzelnen §§ 12a, 12b und 12c der Muster-Geschäftsordnung sowie §§ 4b und 4c der Muster-Hauptsatzung des StGB NRW im Anhang).

1. Vorbehalt zur Nutzung landesweit zugelassener Standards

Das Gesetz enthält einen Zulassungsvorbehalt bezüglich der eingesetzten Software. Die genutzten Anwendungen müssen den für die digitale und hybride Gremienarbeit in der Digitalen Sicherheitsverordnung festgelegten technischen, datenschutzrechtlichen und organisatorischen Standards genügen. Die auf der Verordnungsermächtigung des Gesetzes am 27.04.2022 verabschiedete Verordnung über die Durchführung digitaler und hybrider Sitzungen kommunaler Vertretungen (Digitalsitzungsverordnung – DigiSiVO) legt landesweit einheitlich die einschlägigen organisatorischen, technischen, datenschutzrechtlichen und IT-sicherheitstechnischen Anforderungen an die Fachanwendungen fest und enthält auch die für das Zulassungsverfahren einzuhaltenden Regelungen.

2. Notwendiges Zulassungsverfahren durch die gpaNRW

Als Zulassungsstelle wurde durch das Gesetz die Gemeindeprüfungsanstalt Nordrhein-Westfalen (gpaNRW) bestimmt. Der Gesetzgeber hat zudem durch das Gesetz in § 133 Absatz 4 GO NRW nunmehr geregelt, dass das für Kommunales zuständige Ministerium eine Rechtsverordnung erlassen kann, die die Vorgaben hinsichtlich der technischen und organisatorischen Umsetzung von Sitzungen in digitaler und in hybrider Form – einschließlich datenschutzrechtlicher und informationssicherheitsrechtlicher Standards – beschreibt.

Ergänzend wurde die Verwaltungsvorschrift zur Zulassung von Anwendungen zur Bild-Ton-Übertragung sowie von Anwendungen zur Durchführung digitaler Abstimmungen im Rahmen von digitalen und hybriden Sitzungen kommunaler Gremien (Verwaltungsvorschrift Anwendungszulassung Digitalsitzungen – VV AnwendZulDigiSi) veröffentlicht, welche die Vorgehensweise der gpaNRW abschließend näher beschreibt und darstellt.

II. Begriffsbestimmung: Digitale / hybride Sitzungen

Die Begriffe „digitale“ bzw. „hybride Sitzung“ werden in § 47a GO legaldefiniert. Eine digitale Sitzung ist eine Sitzung, bei der alle Gremienmitglieder ohne persönliche Anwesenheit am Sitzungsort unter Einsatz technischer Hilfsmittel durch zeitgleiche Bild-Ton-Übertragung an der Sitzung teilnehmen.

Bei einer hybriden Sitzung nehmen Gremienmitglieder teils persönlich und teils ohne persönliche Anwesenheit an der Sitzung teil, während die Sitzungsleitung am Sitzungsort anwesend ist.

Grundsätzlich ist eine digitale Sitzung nur in einem vom Rat festgestellten Ausnahmefall möglich. Die Durchführung von hybriden Sitzungen kann hingegen auch außerhalb der besonderen Ausnahmefälle vorgesehen werden. Hierzu kann die Gemeinde in der Hauptsatzung die hiervon betroffenen Ausschüsse des Rates bestimmen. Von dieser Möglichkeit ausgenommen sind die in § 57 Abs. 2 GO genannten Ausschüsse.

Verfahrensrechtlich müssen die Gemeinden sicherstellen, dass

- für die digitalen und hybriden Sitzungen nur solche Anwendungen verwendet werden, die von der gpaNRW zugelassen sind,
- die technischen Voraussetzungen während der Sitzung durchgehend bestehen und
- die Gremienmitglieder ihre Sitzungsteilnahme per Bild-Ton-Übertragung in eigener Verantwortung sicherstellen können.

III. Durchführung digitaler und hybrider Sitzungen

1. Besondere Ausnahmefälle (§ 47a GO)

In besonderen Ausnahmefällen wie Katastrophen, einer epidemischen Lage oder anderen außergewöhnlichen Notsituationen kann die Durchführung von Sitzungen des Rates und der Ausschüsse in digitaler Form erfolgen (digitale Sitzung), sofern die dafür erforderlichen Voraussetzungen erfüllt sind (§ 47a Abs. 1 GO).

Der Rat stellt das Vorliegen eines Ausnahmefalles nach § 47a Abs. 1 GO mit einer Mehrheit von zwei Dritteln seiner Mitglieder fest und entscheidet zugleich darüber, ob infolgedessen digitale oder hybride Sitzungen durchgeführt werden. In dem Beschluss ist festzulegen, für welchen Zeitraum Sitzungen in digitaler oder hybrider Form durchgeführt werden (längstens für einen Zeitraum von zwei Monaten) und ob die Durchführung in digitaler oder hybrider Form für den Rat und die Ausschüsse gelten soll. Die Beschlussfassung kann in einer Sitzung des Rates, durch Stimmabgabe im Umlaufverfahren oder in geeigneter elektronischer Form, die die Textform wahrt, erfolgen. Die Beschlussfassung soll so rechtzeitig erfolgen, dass die Frist des § 47 Abs. 2 GO gewahrt werden kann. Die Verlängerung ist bei einem weiteren Andauern des besonderen Ausnahmefalles möglich. Für den Beschluss über eine Verlängerung gelten die vorgenannten Sätze entsprechend.

Die Aufhebung eines Beschlusses nach Absatz 2 ist im Rat mit der Mehrheit der Stimmen der Mitglieder des Rates zulässig.

2. Hybride Durchführung von Ausschusssitzungen (§ 58a GO)

Ausschüsse des Rates dürfen auch außerhalb der besonderen Ausnahmefälle nach § 47a GO NRW hybride Sitzungen durchführen. Dies gilt nicht für die Pflichtausschüsse nach § 59 GO NRW sowie nicht für weitere vom Rat festgelegten Ausschüsse.

Den jeweiligen Ausschüssen bleibt die Entscheidung über eine Durchführung hybrider Sitzungen vorbehalten. Der Beschluss darüber, ob eine Sitzung des Ausschusses als hybride Sitzung durchgeführt werden soll, ist mit einfacher Mehrheit zu fassen. Die Beschlussfassung soll so rechtzeitig erfolgen, dass die Frist des § 47 Abs. 2 GO gewahrt werden kann. Der Beschluss kann frühestens mit Wirkung für die jeweils nächste Ausschusssitzung erfolgen. Jeder Ausschuss im Sinne des Absatzes 1 soll (**alternativ:** kann) einen Vorratsbeschluss darüber treffen, ob die weiteren Sitzungen des Ausschusses in der jeweiligen Wahlperiode als hybride Sitzungen durchgeführt werden. Der Ausschuss kann einen nach Satz 5 getroffenen Vorratsbeschluss mit einfacher Mehrheit für einzelne Ausschusssitzungen oder insgesamt mit Wirkung frühestens für die nächste Ausschusssitzung wieder aufheben.

3. Verfahren zur Durchführung digitaler und hybrider Sitzungen

Bei einer digitalen Sitzung nehmen alle Ratsmitglieder ohne persönliche Anwesenheit am Sitzungsort unter Einsatz technischer Hilfsmittel durch zeitgleiche Bild-Ton-Übertragung an der Sitzung teil. Bei einer digitalen Sitzung gelten per Bild-Ton-Übertragung teilnehmende Ratsmitglieder als anwesend. Ratsmitgliedern, die nicht über einen eigenen Internetzugang verfügen, ist auf Anfrage, die spätestens bis zum dritten Tag vor der Sitzung erfolgen muss, ein Angebot mit einem Internetzugang (z.B. in einer gesonderten Räumlichkeit) bereitzustellen.

Bei einer hybrid durchgeführten Sitzung nehmen Ratsmitglieder teils persönlich anwesend und teils ohne persönliche Anwesenheit unter Einsatz technischer Hilfsmittel durch zeitgleiche Bild-Ton-Übertragung an der Sitzung teil, während die Sitzungsleitung am Sitzungsort anwesend ist. Bei einer hybriden Sitzung gelten sowohl die am Sitzungsort anwesenden Ratsmitglieder als auch die digital per Bild-Ton-Übertragung teilnehmenden Ratsmitglieder als anwesend. Ebenfalls sind der Schriftführer/die Schriftführerin sowie die weiteren Bediensteten der Verwaltung, die aufgrund ihrer dienstlichen Stellung an der Sitzung teilnehmen, am Sitzungsort anwesend.

Sowohl bei einer digitalen Sitzung als auch bei digital teilnehmenden Ratsmitgliedern im Rahmen einer hybriden Sitzung haben die Ratsmitglieder dafür Sorge zu tragen, dass sie in ungestörter Weise an den Ratssitzungen teilnehmen können. Das Aufzeichnen und Weiterverbreiten der Sitzung oder von Sitzungsteilen ist untersagt.

4. Ablauf digitaler und hybrider Sitzungen

Ratsmitglieder müssen bei digitalen oder hybriden Sitzungen jederzeit durch Bildübertragung für die Sitzungsleitung, die anderen Ratsmitglieder und die Öffentlichkeit wahrnehmbar sein. Bei Wortbeiträgen müssen die Ratsmitglieder mit Bild und Ton wahrnehmbar sein. Außerhalb von Wortbeiträgen sind die Mikrofone der Ratsmitglieder stumm zu stellen; ihnen muss es jederzeit während der Sitzung technisch möglich sein, die Wahrnehmbarkeit mit Bild und Ton herzustellen, solange die Ratsmitglieder nicht aufgrund einer anderen Regelung der Geschäftsordnung, der Hauptsatzung der Gemeinde oder der Gemeindeordnung verpflichtet sind, ihre Mikrofone stumm zu stellen und/oder die Bildübertragung zu unterbrechen (z.B. im Falle des Ausschlusses oder beim Entzug des Rederechts).

Die Ratsmitglieder können in besonderen Fällen die Bildübertragung unterbrechen, wenn dies zum Schutz der Privatsphäre oder aus anderen, vergleichbaren Gründen notwendig ist. In diesen Fällen gilt das Ratsmitglied während der Unterbrechung der Bildübertragung als nicht anwesend. Die Unterbrechung der Bildübertragung soll höchstens 10 Minuten dauern, ansonsten hat das Ratsmitglied die Sitzungsleitung über den Grund der Unterbrechung zu informieren.

Die Sitzungsleitung hat das Recht, die Mikrofone von Ratsmitgliedern stumm zu schalten sowie die Bildübertragung zu unterbrechen, wenn eine Stummschaltung oder ein Ausschluss der Bildübertragung nach dieser Geschäftsordnung, der Hauptsatzung der Gemeinde oder der Gemeindeordnung geboten ist. § 2 Abs. 4 Satz 2 Digitalsitzungsverordnung bleibt unberührt.

Die Sitzungsleitung ist berechtigt, zur Vorbereitung der Niederschrift einen Mitschnitt einer digitalen oder hybriden Ratssitzung anzufertigen.

5. Verantwortlichkeiten im Rahmen digitaler und hybrider Sitzungen

Die von Seiten der Gemeinde für die Durchführung von digitalen und hybriden Sitzungen eingesetzten Anwendungen müssen dem aktuellen Stand der IT-Sicherheitstechnik für Videokonferenz- und Abstimmungssysteme entsprechen und von der Gemeindeprüfungsanstalt NRW zugelassen worden sein. Für den Einsatz dieser Anwendungen hat die Gemeinde ein gesondertes Konzept zu erstellen, das den Anforderungen der IT-Sicherheit Rechnung trägt, oder ein vorhandenes

IT-Sicherheitskonzept entsprechend zu erweitern. Das entsprechende Konzept ist den Ratsmitgliedern zur Verfügung zu stellen.

Vor und während der gesamten Dauer der Sitzung hat die Gemeinde die technischen und organisatorischen Voraussetzungen dafür sicherzustellen, dass den Ratsmitgliedern und in öffentlichen Sitzungen der Öffentlichkeit der Zugang und die digitale Teilnahme an der Sitzung dauerhaft möglich sind.

(Zu weiteren verfahrensrelevanten Voraussetzungen vgl. § 12b der Muster-Geschäftsordnung für den Rat und die Ausschüsse des StGB NRW im Anhang.)

Generelle Hinweise zur Durchführung digitaler bzw. hybrider Sitzungen finden Sie ebenfalls im Anhang (Muster-Geschäftsordnung des StGB NRW, §§ 12a bis 12c, sowie Muster-Hauptsatzung des StGB NRW, §§ 4b und 4c – jeweils Stand November 2022).

Anhang

I. Muster-Geschäftsordnung für Fraktionen

(Kommunalpolitische Vereinigung NRW – Stand: November 2022)

II. Verordnung über die Entschädigung der Mitglieder kommunaler Vertretungen und Ausschüsse (Entschädigungsverordnung – EntschVO)

(Ministerium für Heimat, Kommunales, Bau und Gleichstellung NRW – Stand: 1. Januar 2022)

III. Steuerliche Behandlung der Entschädigungen an Mitglieder kommunaler Vertretungen

(Erlass Finanzministerium NRW vom 1. November 2021)

IV. Muster-Geschäftsordnung für den Rat und die Ausschüsse

(Städte- und Gemeindebund NRW – Stand: November 2022)

V. Muster-Hauptsatzung

(Städte- und Gemeindebund NRW – Stand: November 2022)

I. Muster-Geschäftsordnung für Fraktionen

Muster-Geschäftsordnung für Fraktionen*

(gilt sinngemäß für Fraktionen in Stadt- und Gemeinderäten / Bezirksvertretungen / Kreistagen / im Städteregionstag / in den Landschaftsversammlungen sowie im Regionalverband Ruhr)

Geschäftsordnung der X-Fraktion im Rat / in der Bezirksvertretung der Stadt ..... / im Kreistag des Kreises .....

Die von der X-Partei zur Kommunalwahl – zur Kreistagswahl – am ..... aufgestellten und in den Stadtrat – den Gemeinderat – die Bezirksvertretung – den Kreistag – gewählten Bewerber sind am ..... zusammengetreten** und beschließen die folgende Fraktionsgeschäftsordnung:

§ 1 Ziele und Aufgaben

(1) Ziel der Arbeit der Fraktion ist es, die bürgerschaftliche Selbstverwaltung in ihrem Bereich nach den Grundsätzen der X-Partei, insbesondere den kommunalpolitischen Leitsätzen der X-Partei, zu verwirklichen.

---

* Die nachstehend abgedruckte Muster-Geschäftsordnung für Fraktionen entspricht der aktuellen Rechtslage (Stand: November 2022) sowie den Erfahrungen aus der Praxis der Kommunalpolitischen Vereinigung. Sie zeigt an mehreren Stellen bewusst *Alternativlösungen* auf, erfordert also insoweit eine Entscheidung der jeweiligen Fraktion.
Alle Ämter und Funktionen stehen unabhängig von der sprachlichen Bezeichnung selbstverständlich in gleicher Weise Frauen, Männern und diversgeschlechtlichen Menschen offen. Die Verwendung des generischen Maskulinums erfolgt lediglich zwecks besserer Lesbarkeit.

** Der Parteivorsitzende der jeweiligen Parteigliederung lädt zur ersten Sitzung der gewählten Mitglieder der Vertretung ein.

(2) Es ist Aufgabe der Fraktion,

a) eine einheitliche Willensbildung der Mitglieder zu fördern und ihr geschlossenes Auftreten sicherzustellen,

b) die Bürgerschaft und die Einwohner und insbesondere die Mitglieder der X-Partei laufend über ihre kommunalpolitischen Ziele und Auffassungen zu informieren,

c) die Wünsche der Bürger aufzunehmen und eine lebendige Verbindung zwischen Bürgerschaft, Einwohnern und der Vertretungskörperschaft herzustellen.

§ 2 Mitgliedschaft

(1) Die in die Vertretungskörperschaft gewählten Mandatsträger der X-Partei bilden für die Dauer der Wahlperiode die X-Fraktion.

(2) Andere Mitglieder der Vertretungskörperschaft können in die Fraktion aufgenommen werden, wenn ein mit Mehrheit von zwei Dritteln aller Fraktionsmitglieder gefasster Beschluss der Fraktion vorliegt.

(3) Durch Mehrheitsbeschluss der Fraktionsmitglieder können andere Mitglieder der Vertretungskörperschaft als Hospitanten an der Fraktionsarbeit beteiligt werden.

(4) Bei der Feststellung der Mindeststärke für Fraktionen gemäß der Gemeindeordnung zählen Hospitanten nicht mit.

§ 3 Organe

Organe der Fraktion sind:

1. die Fraktionsversammlung,
2. der Vorstand,
3. der Vorsitzende.

§ 4 Die Fraktionsversammlung

(1) Die Versammlung der Fraktionsmitglieder bestimmt die Grundlinien der Politik der Fraktion und entscheidet über alle anstehenden Einzelfragen.

(2) Sie wählt den Vorstand, bestimmt die auf die Fraktion entfallenen Stellvertreter des (Ober-) Bürgermeisters bzw. Landrates sowie die Mitglieder der Ausschüsse und die Obmänner und schlägt die Bewerber für den Vorsitz und die Stellvertretung in den Ausschüssen der Vertretungskörperschaft vor. Entsprechendes gilt für die von der Vertretungskörperschaft zu bestellenden Mitglieder anderer Gremien, Kuratorien, Aufsichtsräte usw.

(3) Die Fraktion tritt in der Regel am ..... / nach Bedarf, mindestens jedoch vor jeder Sitzung der Vertretung, zusammen. Sie kann jederzeit zur Beratung wichtiger Angelegenheiten einberufen werden. Sie muss einberufen werden, wenn ein Viertel der Mitglieder es unter Angabe der Beratungspunkte verlangt. Die Ladungsfrist beträgt mindestens 48 Stunden; in Eilfällen kann sie verkürzt werden.

(4) Die Einladung zu den Fraktionssitzungen erfolgt in elektronischer Form. (Auf Antrag kann anstelle einer elektronischen Einladung diese auch schriftlich auf postalischem Weg erfolgen.)

(5) Die Fraktionssitzungen können auch in digitaler / hybrider Form durchgeführt werden, wenn dies durch Mehrheitsbeschluss der Fraktionsmitglieder festgelegt wird.

(6) Zu den Fraktionssitzungen sollen außer den Mitgliedern eingeladen werden:

a) der (Ober-) Bürgermeister / Landrat, sofern er der X-Partei angehört,

b) der hauptamtliche / nebenamtliche Geschäftsführer der Fraktion, soweit er nicht Fraktionsmitglied ist,

c) die auf der Liste der X-Partei gewählten Sachkundigen Bürger / ggf. stellvertretenden Sachkundigen Bürger, *(möglicher Zusatz: wenn Angelegenheiten ihres jeweiligen Sachbereichs beraten werden,)*

d) die leitenden Kommunalbeamten (Wahlbeamten), die der X-Partei angehören.

(e) (alternativer Zusatz: die der X-Partei angehörenden Bezirksvorsteher, stellvertretenden Bezirksvorsteher und X-Fraktionsvorsitzenden in den Bezirksvertretungen, wenn Angelegenheiten ihres Bezirks beraten werden.)

Darüber hinaus steht es der Fraktion frei, nach Bedarf weitere Personen, insbesondere Funktionsträger der örtlichen X-Partei, die nicht Mitglieder der Fraktion sind, zu den Fraktionssitzungen einzuladen.

Ob und wann dieser Personenkreis eingeladen wird, entscheidet der Fraktionsvorsitzende / Fraktionsvorstand.*

(7) Stehen Angelegenheiten zur Beratung an, die Gegenstand einer nichtöffentlichen Sitzung der Vertretungskörperschaft waren oder sein werden, so haben die in Absatz 6 dieser Vorschrift genannten Personen, soweit sie nicht zur Teilnahme an nichtöffentlichen Sitzungen der Vertretungskörperschaft berechtigt sind, den Sitzungsraum zu verlassen. Der Vorsitzende hat für die Beachtung dieser Bestimmung Sorge zu tragen.

(8) Die Fraktion ist beschlussfähig, wenn mehr als die Hälfte der Mitglieder der Fraktion anwesend sind. Sie gilt als beschlussfähig, solange ihre Beschlussunfähigkeit nicht festgestellt ist.

(9) Stimmrecht haben nur die Mitglieder der Fraktion.

(10) (alternativer Zusatz: Über jede Sitzung ist ein Kurzprotokoll, das alle Beschlüsse enthalten muss, durch den Schriftführer / Ge-

---

* Insgesamt gesehen empfiehlt es sich, den Kreis der Teilnehmer an Fraktionssitzungen nicht zu groß zu ziehen, um die Übersichtlichkeit zu wahren.

schäftsführer zu fertigen und von ihm zu unterzeichnen. Die Protokolle sind den Fraktionsmitgliedern zuzuleiten. Einwendungen gegen das Protokoll sind zu Beginn der nächsten Fraktionssitzung zu behandeln.)

(11) Eine Beschlussfassung im Umlaufverfahren durch schriftliche Stimmabgabe oder durch Stimmabgabe per Telefax oder E-Mail ist zulässig.

Ein Beschluss ist gültig, sofern allen Fraktionsmitgliedern die Teilnahme an der Abstimmung ermöglicht wurde, mehr als die Hälfte aller Mitglieder an der Beschlussfassung teilgenommen hat und der Beschluss mit der nach dieser Geschäftsordnung erforderlichen Mehrheit gefasst wurde.

Das Abstimmungsergebnis wird vom Vorsitzenden oder dessen Stellvertreter sämtlichen Mitgliedern schriftlich oder per Telefax oder per E-Mail bekannt gegeben.

Eine Fraktionsversammlung kann auch als Online-Versammlung (virtuelle Versammlung) durchgeführt werden.

Die Regelungen dieses Absatzes gelten sinngemäß für die Sitzungen des Fraktionsvorstandes.

§ 5 Der Vorstand

(1) Der Vorstand besteht aus folgenden Fraktionsmitgliedern:

a) dem Vorsitzenden,

b) dem Stellvertreter / den Stellvertretern,

c) dem Schriftführer / Geschäftsführer,

d) dem Schatzmeister,

e) dem Pressesprecher,

f) und weiteren ... Beisitzern.

Er wird für die Wahlperiode des Rates / Kreistages / der Bezirksvertretung gewählt. *(Alternative: Er wird für ... Jahre gewählt und bleibt bis zur Wahl des neuen Vorstandes im Amt.)* Die Abwahl des Vorstandes oder einzelner Vorstandsmitglieder ist möglich. Der Antrag kann nur von der Mehrzahl der Mitglieder der Fraktion gestellt werden. Zwischen dem Eingang des Antrages und der Sitzung der Fraktion muss eine Frist von wenigstens zwei Tagen liegen. Der Beschluss über die Abberufung bedarf einer Mehrheit der Mitgliederzahl der Fraktion.

(2) Der Vorstand bereitet die Fraktionssitzungen vor und führt die Geschäfte der Fraktion. Er kann mit Zustimmung der Fraktion einen haupt- oder nebenamtlichen Geschäftsführer berufen und Arbeitsverträge abschließen. Der haupt- / nebenamtliche Geschäftsführer nimmt, vorbehaltlich der Regelung in § 4 Abs. 7 dieser Geschäftsordnung, an den Fraktions- und Vorstandssitzungen teil, hat aber – soweit er nicht Fraktionsmitglied ist – kein Stimmrecht. Gleiches gilt für den (Ober-) Bürgermeister / Landrat.

(3) Der Vorstand tritt nach Bedarf zusammen. Die Einladung erfolgt durch den Vorsitzenden. Die Regelungen des § 4 dieser Muster-Geschäftsordnung finden entsprechende Anwendung.

(4) Der Vorstand kann Mitgliedern der Fraktion bestimmte Aufgaben übertragen und Arbeitskreise einrichten. Wenn Fragen anstehen, die über den Rahmen der Fraktionsarbeit die örtliche Partei berühren, ist der Vorsitzende der Partei einzuladen.

§ 6 Der Vorsitzende

(1) Der Vorsitzende vertritt die Fraktion nach innen und außen.

(2) Der Vorsitzende lädt zu den Sitzungen der Fraktion ein, setzt die Tagesordnung fest und leitet die Sitzungen. Auf Verlangen von mindestens einem Viertel der Fraktionsmitglieder muss die Tagesordnung um gewünschte Punkte erweitert werden.

(3) Der Vorsitzende erstattet der Fraktion jährlich einen Tätigkeitsbericht und sorgt für die Berichterstattung im Kassen- und Rechnungswesen. Er ist nachweispflichtig über die bestimmungsgemäße Verwendung der öffentlichen Gelder (§ 15 Abs. 5 dieser Geschäftsordnung).

(4) Der Vorsitzende hält Kontakt mit der kommunalpolitischen Vereinigung der X-Partei und deren Kreisvereinigung. Die ihm zugehenden Informationen hat er unverzüglich der Fraktion bzw. je nach Sachinhalt den zuständigen Fraktionsmitgliedern zuzuleiten. Er kann mit dieser Aufgabe auch ein Mitglied der Fraktion beauftragen.

§ 7 Rechte und Pflichten

(1) Die Mitglieder der Fraktion sollen bei Beratungen, Wahlen und Beschlüssen der Vertretungskörperschaft und ihrer Ausschüsse und in der Öffentlichkeit die Gesamtlinie der Fraktion vertreten. Sie sollen die gemeinschaftlichen Ziele in Gesinnung, Wort und Haltung fördern. Wird dieser Grundsatz in wichtigen Angelegenheiten gefährdet oder verletzt, so ist jedes Mitglied verpflichtet, den Vorsitzenden unverzüglich zu unterrichten.

(2) Die gemeinschaftlichen Ziele sind im Grundsatzprogramm der X-Partei, im Grundsatzprogramm der kommunalpolitischen Vereinigung der X-Partei, in den kommunalpolitischen Aktionsprogrammen der kommunalpolitischen Vereinigung der X-Partei des Landes Nordrhein-Westfalen und der X-Partei Nordrhein-Westfalen sowie in dem jeweiligen örtlichen Kommunalwahlprogramm der X-Partei festgelegt.

(3) Die Fraktion achtet das persönliche Gewissen und lehnt Fraktionszwang ab. Mitglieder, die sich Beschlüssen der Fraktion nicht anschließen, müssen jedoch ihre abweichende Meinung der Fraktion vor den Sitzungen der Vertretung und der Ausschüsse mitteilen.

(4) Die Fraktion erwartet von ihren Mitgliedern gewissenhafte und verantwortungsfreudige Mitarbeit und Verschwiegenheit. In

Fällen möglicher Befangenheit sollte ein Fraktionsmitglied dies seiner Fraktion im Voraus mitteilen.

(5) Die Mitglieder sind zur Teilnahme an den Fraktionssitzungen verpflichtet. Ein Mitglied, das zu einer Sitzung nicht erscheinen kann, verständigt den Vorsitzenden rechtzeitig. Wer Sitzungen vorzeitig verlassen muss, zeigt dies dem Vorsitzenden zu Beginn der Sitzung an.

§ 8 Wahlen*

(1) Die Wahlen der Bewerber erfolgen geheim. Dem Sitzungsleiter obliegt es, durch geeignete Maßnahmen das Wahlgeheimnis zu gewährleisten. Gewählt ist, wer die Mehrheit der abgegebenen gültigen Stimmen auf sich vereinigt. Wird diese Mehrheit nicht erreicht, findet eine Stichwahl jeweils zwischen den beiden Bewerbern mit den höchsten Stimmenzahlen statt. Stimmenthaltungen zählen nicht als abgegebene Stimmen. Bei Stimmengleichheit entscheidet in jedem Fall das Los.

(2) Für die Wahlen sind einheitliche Stimmzettel zu verwenden.

(3) Die Wahlen der Bewerber können einzeln oder gemeinsam erfolgen.)

(3) Die Vorschläge für die Festlegung der Reihenfolge der Bewerber für ein mehrfach zu besetzendes Vorstandsamt werden der Reihe nach zur Wahl gestellt. Mehrere Einzelwahlgänge werden zusammengefasst, sofern gegen den jeweiligen Vorschlag kein Gegenvorschlag gemacht wird. Erfolgt ein Gegenvorschlag, so wird vor dessen Behandlung zunächst über die vorhergehenden Wahlvorschläge abgestimmt. Für Sammelwahlen müssen die Stimmzettel die Namen aller Bewerber, mit Ausnahme der in

* Das Wahlverfahren nach § 8 dieser Geschäftsordnung stellt einen Vorschlag dar. Es steht der Fraktion frei, ein anderes Wahlverfahren vorzusehen. Die Vorgaben der Kommunalverfassung Nordrhein-Westfalen gemäß § 56 Abs. 2 Satz 2 GO bzw. § 40 Abs. 2 Satz 2 KrO, wonach die innere Ordnung der Fraktion demokratischen und rechtsstaatlichen Grundsätzen entsprechen muss, sind jedoch auch bei Anwendung eines alternativen Wahlverfahrens in jedem Fall einzuhalten.

Einzelabstimmung zu Wählenden, in der Reihenfolge der Abstimmung enthalten. Auf den Stimmzetteln ist für jede einzelne Abstimmung die Möglichkeit, mit „Ja“, „Nein“ oder „Enthaltung“ zu stimmen, sicherzustellen; zur Vereinfachung sollte jedoch auch die Möglichkeit gegeben werden, mit einer Stimme zu allen Vorschlägen mit „Ja“, „Nein“ oder „Enthaltung“ zu stimmen. Bei Gegenvorschlägen erfolgt Einzelwahl, bei der gewählt ist, wer die Mehrheit der abgegebenen gültigen Stimmen erhält. Wird diese Mehrheit nicht erreicht, so erfolgt eine Stichwahl zwischen den beiden Bewerbern mit den höchsten Stimmenzahlen; für die Stichwahl genügt die einfache Mehrheit. Bei Stimmengleichheit entscheidet in jedem Fall das Los.

(4) Zur Wahl des Vorstandes sind nur Fraktionsmitglieder wahlberechtigt.

§ 9 Abstimmungen / Beschlüsse

(1) Abstimmungen erfolgen mit Mehrheit der abgegebenen Stimmen, sofern in dieser Geschäftsordnung nichts anderes geregelt ist. Stimmenthaltungen zählen als nicht abgegebene Stimmen, Stimmengleichheit gilt als Ablehnung.

(2) Beschlüsse werden grundsätzlich offen gefasst. Auf Antrag eines Drittels der anwesenden stimmberechtigten Mitglieder muss geheim abgestimmt werden.

§ 10 Anträge und Anfragen

Anträge und Anfragen von Fraktionsmitgliedern an den Rat / Kreistag / die Bezirksvertretung und seine / ihre Ausschüsse sind vor der Einbringung dem Fraktionsvorsitzenden zur Kenntnis zu geben. Sie sollen nach Möglichkeit in der Fraktion beraten werden.

§ 11 Arbeit in den Ausschüssen

(1) Die der X-Partei angehörenden Ausschussvorsitzenden nehmen für den Ausschuss die Funktion eines Obmannes der Fraktion wahr; daneben wird ein Sprecher bestellt. Für die von anderen Mitgliedern der Vertretungskörperschaft geleiteten Ausschüsse wird ein Obmann der X-Partei bestimmt.

(2) Der Obmann eines Ausschusses ist verantwortlich für

a) die Vorbereitung der Ausschusssitzungen innerhalb der X-Fraktion,

b) die vollzählige Vertretung der X-Fraktion im Ausschuss (Benachrichtigung der Stellvertreter),

c) die Berichterstattung an die Fraktion,

d) die Pflege des Kontaktes zur entsprechenden Verwaltungsabteilung,

e) die Öffentlichkeitsarbeit im Benehmen mit dem Pressesprecher.

Der Sprecher / Obmann ist verantwortlich für die Vertretung der Fraktionsmeinung im Ausschuss.

§ 12 Sachkundige Bürger

(1) Für die gewählten Sachkundigen Bürger in den Ausschüssen gelten die Bestimmungen der §§ 7 und 10 dieser Geschäftsordnung entsprechend.

(2) Wenn Angelegenheiten ihres Sachbereichs zur Beratung anstehen, sind sie zu beteiligen. Bei der Beratung geheimhaltungsbedürftiger Angelegenheiten aus anderen Sachbereichen haben sie die Fraktionssitzung zu verlassen, es sei denn, dass sie nach der Geschäftsordnung der Vertretungskörperschaft das Recht haben, an nichtöffentlichen Sitzungen der Vertretungskörperschaft als Zuhörer teilzunehmen.

§ 13 Interfraktionelle Zusammenarbeit

(1) Die Fraktion beschließt über die Grundsätze der Zusammenarbeit mit anderen Fraktionen. Ob für bestimmte Angelegenheiten mit anderen Fraktionen – oder Einzelvertretern – Verbindung aufzunehmen ist und Absprachen zu treffen sind, entscheidet der Vorstand. Die Fraktion ist über getroffene interfraktionelle Absprachen spätestens in der nachfolgenden Fraktionssitzung zu informieren.

(2) Einzelne Fraktionsmitglieder können ohne Auftrag weder Abmachungen mit anderen Fraktionen – oder Einzelvertretern – treffen noch ihnen gegenüber bindende Erklärungen abgeben.

§ 14 Ordnungsmaßnahmen

(1) Mitglieder, die den Bestimmungen dieser Geschäftsordnung zuwiderhandeln, können zur Verantwortung gezogen werden.

(2) Ordnungsmaßnahmen sind:

a) Missbilligung (Rüge) eines Verhaltens und

b) Ausschluss aus der Fraktion.

(3) Über die Ordnungsmaßnahmen beschließt die Fraktionsversammlung mit der Mehrheit der Stimmen ihrer Mitglieder auf schriftlichen, begründeten Antrag eines Viertels / eines Drittels (Nichtzutreffendes streichen) ihrer Mitglieder *(Alternative: eines oder mehrerer ihrer Mitglieder)* nach vorheriger Anhörung des Betroffenen. Andere Personen – insbesondere die in § 4 Abs. 4 dieser Geschäftsordnung genannten – nehmen an der Abstimmung über die Ordnungsmaßnahmen nicht teil. Zum Ausschluss aus der Fraktion bedarf es eines mit Mehrheit von zwei Dritteln aller Fraktionsmitglieder gefassten Beschlusses der Fraktion. Die Beschlüsse über Ordnungsmaßnahmen sind zu begründen und dem Betroffenen bekannt zu geben.

§ 15 Finanzen

(1) Die Deckung der Kosten, die durch die Arbeit der Fraktion entstehen, wird durch Fraktionsbeschluss geregelt.

(2) Zur Mitfinanzierung der Fraktionsarbeit führen die Fraktionsmitglieder monatlich einen Beitrag an die Fraktionskasse ab. Die Höhe des Beitrages beschließt die Fraktion.

(3) Der Schatzmeister führt die Kassengeschäfte. Er ist dem Vorstand und der Fraktion gegenüber rechenschaftspflichtig.

(4) Zwei von der Fraktion zu bestellende Mitglieder prüfen die Kasse. Das Prüfergebnis ist der Fraktion mitzuteilen.

(5) Über die Verwendung der der Fraktion von der Gemeinde / dem Kreis zur Verfügung gestellten Mittel ist der Fraktionsvorsitzende nachweispflichtig. Er hat dem (Ober-) Bürgermeister / Landrat zu versichern, dass die Haushaltsmittel und Sachleistungen bestimmungsgemäß, das heißt nur für die Geschäftsbedürfnisse der Fraktion, verwendet worden sind, und die entsprechenden Nachweise zu führen.

§ 16 Fraktionsarchiv und Fraktionsbibliothek*

(1) Der Vorsitzende sorgt dafür, dass alle wichtigen Unterlagen erhalten bleiben. Deshalb hat er alle ihm zugänglichen, die Fraktion betreffenden Schriftstücke dem Geschäftsführer / Schriftführer weiterzuleiten.

(2) Der Geschäftsführer / Schriftführer sammelt im (elektronischen) Fraktionsarchiv die Sitzungsprotokolle aus allen Rats- / Kreistags-, Ausschuss- und Fraktionssitzungen sowie die Presseberichte über bedeutsame Ereignisse der Kommunalpolitik, den

* Die Bestimmungen der §§ 16 und 18 dieser Geschäftsordnung sind eher auf Großstadtfraktionen zugeschnitten; sie können für kleinere Fraktionen entsprechend gekürzt werden.

Schriftwechsel der Fraktion und sonstige für das spätere kommunale Geschehen wissenswerte Unterlagen und Schriftstücke.

(3) Es ist eine Fraktionsbibliothek (in elektronischer Form) einzurichten oder fortzuführen; sie ist auf dem neuesten Stand zu halten und durch den Geschäftsführer / Schriftführer zu verwalten.

(4) Nach Abgabe seines Amtes hat der Vorsitzende, Geschäftsführer / Schriftführer alle Unterlagen der Fraktion – spätestens nach vier Wochen – dem neuen Amtsinhaber zu übergeben. Diese Übergabe ist in einer schriftlichen Verhandlung festzuhalten.

§ 17 Datenschutzrechtliche Regelungen

(1) Der Fraktionsvorsitzende hat dafür Sorge zu tragen, dass hinsichtlich der Verarbeitung personenbezogener Daten (i.S.d. § 3 Abs. 1 und 2 DSG NRW) die Vorschriften des Datenschutzgesetzes sowie der Datenschutz-Grundverordnung beachtet werden. Hierzu gehört insbesondere, dass bei Auflösung der Fraktion die aus der Fraktionsarbeit erlangten personenbezogenen Daten gelöscht werden.

(2) Der Fraktionsvorsitzende hat darauf hinzuwirken, dass neben- / hauptamtliche Fraktionsmitarbeiter, die nicht Mitglied der Vertretungskörperschaft sind, zur Verschwiegenheit verpflichtet werden.

(3) Weiterhin hat der Fraktionsvorsitzende für die sorgfältige Aufbewahrung und den Umgang mit fraktionsbezogenen Unterlagen (z. B. Verwendungsnachweise, Kontenführung etc.) Sorge zu tragen.

§ 18 Öffentlichkeitsarbeit*

(1) Aufgabe des Pressesprechers ist es, ständigen Kontakt mit der Presse und dem Lokalfunk zu pflegen. Er soll Erklärungen der Fraktion in Abstimmung mit dem Vorsitzenden vorbereiten sowie Erklärungen und Beschlüsse der Fraktion den Medien zuleiten. (Zur Information der X-Mitglieder und der Öffentlichkeit erstellt der Pressesprecher regelmäßig einen Bericht, der in allgemein verständlicher Form über die Arbeit und Pläne der Fraktion informiert.)

(2) Die Fraktion hat eine permanente Öffentlichkeitsarbeit zu betreiben. Mindestens einmal jährlich – bei Bedarf auch öfter – sind Pressekonferenzen durchzuführen. Mindestens in halbjährlichem Abstand haben im Anschluss an bzw. vor Fraktionssitzungen öffentliche Anhörungen und Aussprachen mit den Bürgern und Einwohnern im Wechsel in verschiedenen Orts- bzw. Stadtteilen stattzufinden. Mindestens einmal monatlich sind Fraktionssprechstunden abzuhalten. Die einzelnen Fraktionsmitglieder führen daneben in ihren Wahl- und Wohnbezirken, über die Reserveliste gewählte Mandatsträger in nicht von der X-Partei gewonnenen Wahlbezirken (Patenschaften), Sprechstunden durch.

(3) Veröffentlichungen der kommunalpolitischen Vereinigung / des Bildungswerkes der X-Partei sind allen Fraktionsmitgliedern zugänglich zu machen.

§ 19 Änderung der Geschäftsordnung

Änderungen der Geschäftsordnung bedürfen der Mehrheit der Stimmen aller Fraktionsmitglieder.

---

* Die Bestimmungen der §§ 16 und 18 dieser Geschäftsordnung sind eher auf Großstadtfraktionen zugeschnitten; sie können für kleinere Fraktionen entsprechend gekürzt werden.

§ 20 Mitgliedschaft in der kommunalpolitischen Vereinigung der X-Partei des Landes Nordrhein-Westfalen

(1) Die Mitglieder der Fraktion sind Mitglieder der kommunalpolitischen Vereinigung der X-Partei / des Bildungswerkes des Landes Nordrhein-Westfalen.

(2) Für die Erfüllung der Beitragsverpflichtung aus der Mitgliedschaft sind der Vorsitzende, der Schatzmeister und der Geschäftsführer / Schriftführer verantwortlich.

(3 Diese Mitgliedschaft berechtigt alle Fraktionsmitglieder, die Dienstleistungen der kommunalpolitischen Vereinigung / des Bildungswerkes der X-Partei des Landes Nordrhein-Westfalen (z. B. Information, Rechts- und Sachberatung, kommunalpolitische Weiterbildung u.a.m.) in Anspruch zu nehmen.

Unterschriften

(Vorsitzender) (Geschäftsführer / Schriftführer)

II. Entschädigungsverordnung (EntSchVO)

Verordnung über die Entschädigung der Mitglieder kommunaler Vertretungen und Ausschüsse (Entschädigungsverordnung – EntschVO)

Vom 5. Mai 2014

(in Kraft getreten am 01.06.2014 – GV.NRW. S. 276 –, geändert durch 4. Verordnung vom 16.10.2020 (GV.NRW. S. 1006), zuletzt geändert durch 5. Verordnung vom 13.12.2021 – GV.NRW. S. 1414 –, in Kraft getreten am 01.01.2022)

Auf Grund

- des § 36 Absatz 4 Satz 3, des § 39 Absatz 7 Satz 6, des § 45 Absatz 7 Satz 1 Nummer 2 und des § 46 Absatz 1 Satz 1 der Gemeindeordnung für das Land Nordrhein-Westfalen in der Fassung der Bekanntmachung vom 14. Juli 1994 (GV.NRW. S. 666), von denen § 36 Absatz 4 Satz 3, § 39 Absatz 7 Satz 6 und § 45 Absatz 7 Satz 1 Nummer 2 zuletzt durch Artikel 15 Nummer 1 des Gesetzes vom 23. Januar 2018 (GV.NRW. S. 90) und § 46 Absatz 1 Satz 1 zuletzt durch Artikel 1 Nummer 7 Buchstabe a des Gesetzes vom 18. Dezember 2018 (GV.NRW. S. 738) geändert worden sind,

- des § 30 Absatz 7 Satz 1 Nummer 2 und des § 31 Absatz 1 Satz 1 der Kreisordnung für das Land Nordrhein-Westfalen in der Fassung der Bekanntmachung vom 14. Juli 1994 (GV. NRW. S. 646), von denen § 30 Absatz 7 Satz 1 Nummer 2 zuletzt durch Artikel 10 des Gesetzes vom 23. Januar 2018 (GV.NRW. S. 90) und § 31 Absatz 1 Satz 1 zuletzt durch Artikel 3 Nummer 4 Buchstabe a des Gesetzes vom 18. Dezember 2018 (GV. NRW. S. 738) geändert worden ist,

- des § 16 Absatz 1 und 2 der Landschaftsverbandsordnung für das Land Nordrhein-Westfalen in der Fassung der Bekanntmachung vom 14. Juli 1994 (GV. NRW. S. 657), dessen Absatz 1 zuletzt durch Artikel 3 Buchstabe a und b des Gesetzes vom 18.

September 2012 (GV. NRW. S. 436) geändert und neu gefasst und dessen Absatz 2 zuletzt durch Artikel 13 Nummer 2 des Gesetzes vom 23. Januar 2018 (GV. NRW. S. 90) geändert worden ist,

- des § 12 Absatz 3 und 4 des Gesetzes über den Regionalverband Ruhr in der Fassung der Bekanntmachung vom 3. Februar 2004 (GV. NRW. S. 96), dessen Absatz 3 zuletzt durch Artikel 4 Nummer 2 Buchstabe b des Gesetzes vom 15. November 2016 (GV.NRW. S. 966) und dessen Absatz 4 zuletzt durch Artikel 11 des Gesetzes vom 23. Januar 2018 (GV.NRW. S. 90) geändert worden ist,

verordnet das Ministerium für Heimat, Kommunales, Bau und Gleichstellung:

§ 1
Mitglieder kommunaler Vertretungen

(1) Aufwandsentschädigungen für Mitglieder kommunaler Vertretungen können gezahlt werden:

1. ausschließlich als monatliche Pauschale

oder

2. gleichzeitig als monatliche Pauschale und Sitzungsgeld.

Mitglieder der Landschaftsversammlungen können auch ausschließlich Sitzungsgeld erhalten.

(2) Die Höhe der Aufwandsentschädigung beträgt

1. bei Ratsmitgliedern

a) ausschließlich als monatliche Pauschale in Gemeinden

		bis	10.000	EW	230,00 Euro
von	10.001	bis	20.000	EW	275,00 Euro
von	20.001	bis	30.000	EW	320,00 Euro
von	30.001	bis	40.000	EW	370,00 Euro
von	40.001	bis	60.000	EW	420,00 Euro

von 60.001	bis	100.000	EW	455,00 Euro
von 100.001	bis	150.000	EW	490,00 Euro
von 150.001	bis	450.000	EW	525,00 Euro
	über	450.000	EW	630,00 Euro

b) gleichzeitig als monatliche Pauschale und Sitzungsgeld

in Gemeinden				mtl. Pauschale	Sitzungs-geld
	bis	10.000	EW	125,00 Euro	25,00 Euro
von 10.001	bis	20.000	EW	165,00 Euro	25,00 Euro
von 20.001	bis	30.000	EW	210,00 Euro	25,00 Euro
von 30.001	bis	40.000	EW	250,00 Euro	25,00 Euro
von 40.001	bis	60.000	EW	310,00 Euro	25,00 Euro
von 60.001	bis	100.000	EW	340,00 Euro	25,00 Euro
von 100.001	bis	150.000	EW	380,00 Euro	25,00 Euro
von 150.001	bis	450.000	EW	420,00 Euro	25,00 Euro
	über	450.000	EW	520,00 Euro	25,00 Euro

2. bei Kreistagsmitgliedern

a) ausschließlich als monatliche Pauschale in Kreisen

bis	200.000	EW	380,00 Euro
über	200.000	EW	485,00 Euro

b) gleichzeitig als monatliche Pauschale und Sitzungsgeld

in Kreisen			mtl. Pauschale	Sitzungs-geld
bis	200.000	EW	310,00 Euro	25,00 Euro
über	200.000	EW	415,00 Euro	25,00 Euro

3. bei Mitgliedern der Bezirksvertretungen in kreisfreien Städten

a) ausschließlich als monatliche Pauschale

in Stadtbezirken						mtl. Pauschale
		bis	50.000	EW		220,00 Euro
von	50.001	bis	100.000	EW		255,00 Euro
		über	100.000	EW		285,00 Euro

b) gleichzeitig als monatliche Pauschale und Sitzungsgeld

in Stadtbezirken					mtl. Pauschale	Sitzungs-geld
		bis	50.000	EW	155,00 Euro	25,00 Euro
von	50.001	bis	100.000	EW	185,00 Euro	25,00 Euro
		über	100.000	EW	215,00 Euro	25,00 Euro

4. bei Mitgliedern der Landschaftsversammlungen

a) ausschließlich als monatliche Pauschale	215,00 Euro
b) gleichzeitig als monatliche Pauschale und Sitzungsgeld	
- monatliche Pauschale	105,00 Euro
- Sitzungsgeld	55,00 Euro
c) ausschließlich als Sitzungs-geld	110,00 Euro

5. bei Mitgliedern der Verbandsversammlung des Regionalverbandes Ruhr

a) ausschließlich als monatliche Pauschale	215,00 Euro
b) gleichzeitig als monatliche Pauschale und Sitzungsgeld	

- monatliche Pauschale	105,00 Euro
- Sitzungsgeld	55,00 Euro

§ 2
Sachkundige Bürgerinnen und Bürger sowie sachkundige Einwohnerinnen und Einwohner

Die Höhe der Sitzungsgelder beträgt

1. bei Sachkundigen Bürgerinnen und Bürgern im Sinne des § 58 Absatz 1 und 3 der Gemeindeordnung für das Land Nordrhein-Westfalen in der Fassung der Bekanntmachung vom 14. Juli 1994 (GV.NRW. S. 666) in der jeweils geltenden Fassung und Sachkundigen Einwohnerinnen und Einwohnern im Sinne des § 58 Absatz 4 der Gemeindeordnung für das Land Nordrhein-Westfalen in Gemeinden

		bis	10.000	EW	25,00 Euro
von	10.001	bis	20.000	EW	30,00 Euro
von	20.001	bis	30.000	EW	35,00 Euro
von	30.001	bis	40.000	EW	40,00 Euro
von	40.001	bis	60.000	EW	45,00 Euro
von	60.001	bis	100.000	EW	50,00 Euro
von	100.001	bis	150.000	EW	55,00 Euro
von	150.001	bis	450.000	EW	60,00 Euro
		über	450.000	EW	65,00 Euro

2. bei Sachkundigen Bürgern im Sinne des § 41 Absatz 3 und 5 der Kreisordnung für das Land Nordrhein-Westfalen in der Fassung der Bekanntmachung vom 14. Juli 1994 (GV.NRW. S. 646) in der jeweils geltenden Fassung und Sachkundigen Einwohnern im Sinne des § 41 Absatz 6 der Kreisordnung für das Land Nordrhein-Westfalen in Kreisen

bis	200.000	EW	40,00 Euro
über	200.000	EW	50,00 Euro

3. bei Sachkundigen Bürgern im Sinne des § 12 Absatz 3 und des § 13 Absatz 3 der Landschaftsverbandsordnung für das Land Nordrhein-Westfalen in der Fassung der Bekanntmachung vom 14. Juli 1994 (GV.NRW. S. 657) in der jeweils geltenden Fassung sowie des § 9 Nummer 3 des Gesetzes über den Regionalverband Ruhr in der Fassung der Bekanntmachung vom 3. Februar 2004 (GV.NRW. S. 96) in der jeweils geltenden Fassung

70,00 Euro.

§ 3
Zusätzliche Aufwandsentschädigung

(1) Die zusätzliche Aufwandsentschädigung beträgt:

1. bei der ersten Stellvertretung der Bürgermeisterin oder des Bürgermeisters und der ersten Stellvertretung der Landrätin oder des Landrats den 3-fachen,
2. bei weiteren Stellvertretungen der Bürgermeisterin oder des Bürgermeisters und Stellvertretungen der Landrätin oder des Landrats den 1,5-fachen,
3. bei Fraktionsvorsitzenden in Gemeinden und Kreisen den 2-fachen,
4. bei Fraktionsvorsitzenden in Gemeinden und Kreisen einer Fraktion mit mehr als acht Mitgliedern den 3-fachen,
5. bei Stellvertretenden Fraktionsvorsitzenden in Gemeinden und Kreisen den 1,5-fachen,
6. bei Vorsitzenden von Ausschüssen der kommunalen Vertretungen in Gemeinden und Kreisen mit Ausnahme des Wahlprüfungsausschusses und der durch die Hauptsatzung ausgenommenen Ausschüsse den 1-fachen

Satz des Betrages der Aufwandsentschädigung für Mitglieder kommunaler Vertretungen in Gemeinden beziehungsweise Kreisen gleicher Größe nach § 1 Absatz 2 Nummer 1 Buchstabe a und Nummer 2 Buchstabe a;

7. bei Bezirksvorsteherinnen und Bezirksvorstehern den 2-fachen Satz,
8. bei ersten und zweiten Stellvertretungen der Bezirksvorsteherin oder des Bezirksvorstehers den 1-fachen Satz,
9. bei weiteren Stellvertretungen der Bezirksvorsteherin oder des Bezirksvorstehers den 0,5-fachen Satz,
10. bei Fraktionsvorsitzenden in Bezirksvertretungen den 1-fachen Satz

des Betrages der Aufwandsentschädigung für Mitglieder der Bezirksvertretungen in kreisfreien Städten gemäß § 1 Absatz 2 Nummer 3 Buchstabe a, sofern die Hauptsatzung eine Regelung trifft.

(2) Die Ortsvorsteherinnen und Ortsvorsteher erhalten eine Aufwandsentschädigung von 255,00 Euro monatlich. Die Gemeinde kann stattdessen in der Hauptsatzung bestimmen, dass die Höhe der monatlichen Aufwandsentschädigung in Gemeindebezirken

		bis	500	EW	155,00 Euro
von	501	bis	1.000	EW	175,00 Euro
von	1.001	bis	1.500	EW	200,00 Euro
von	1.501	bis	2.000	EW	220,00 Euro
von	2.001	bis	3.000	EW	235,00 Euro
		über	3.000	EW	255,00 Euro

beträgt.

Der Anspruch der zur Ehrenbeamtin ernannten Ortsvorsteherin oder des zum Ehrenbeamten ernannten Ortsvorstehers auf Ersatz ihrer oder seiner Auslagen, die durch die Erledigung der ihr oder ihm übertragenen Geschäfte der laufenden Verwaltung entstanden sind (§ 33 Absatz 1 Satz 1 der Gemeindeordnung für das Land Nordrhein-Westfalen), bleibt unberührt.

(3) Die zusätzliche Aufwandsentschädigung bei den Landschaftsverbänden und beim Regionalverband Ruhr beträgt:

1. bei Vorsitzenden der Landschaftsversammlung beziehungsweise der Verbandsversammlung den 9-fachen,
2. bei Stellvertretungen der Vorsitzenden der Landschaftsversammlung beziehungsweise der Verbandsversammlung den 6-fachen,
3. bei Fraktionsvorsitzenden den 6-fachen,
4. bei Stellvertretenden Fraktionsvorsitzenden den 2-fachen und
5. bei Ausschussvorsitzenden der Landschaftsversammlung beziehungsweise der Verbandsversammlung mit Ausnahme der durch Satzung ausgenommenen Ausschüsse den 1-fachen

Satz des Betrages der Aufwandsentschädigung für Mitglieder der Landschaftsversammlungen beziehungsweise der Verbandsversammlung nach § 1 Absatz 2 Nummer 4 Buchstabe a und Nummer 5 Buchstabe a.

(4) Soweit die Aufwandsentschädigung für Vorsitzende der Ausschüsse der kommunalen Vertretungen in Gemeinden und Kreisen, der Landschaftsversammlungen oder der Verbandsversammlung als Sitzungsgeld gewährt wird, entspricht dieses der Höhe nach der jeweiligen zusätzlichen Aufwandsentschädigung nach Absatz 1 Nummer 6 und Absatz 3 Nummer 5.

§ 3a
Ersatz des Verdienstausfalls

(1) Der Regelstundensatz für den Ersatz des Verdienstausfalls nach § 45 Absatz 7 Satz 1 Nummer 1 der Gemeindeordnung für das Land Nordrhein-Westfalen und § 30 Absatz 7 Satz 1 Nummer 1 der Kreisordnung für das Land Nordrhein-Westfalen beträgt 9,35 Euro.

(2) Der Höchstbetrag für den Ersatz des Verdienstausfalls nach § 45 Absatz 7 Satz 1 Nummer 1 der Gemeindeordnung für das Land Nordrhein-Westfalen und § 30 Absatz 7 Satz 1 Nummer 1 der Kreisordnung für das Land Nordrhein-Westfalen beträgt 84,00 Euro.

§ 4
Allgemeines

(1) Für die Einwohnerzahlen in § 1 Absatz 2 Nummer 1, 2 und 3 sowie in § 2 Nummer 1, 2 sind die Einwohnerzahlen maßgebend, die nach § 78 Absatz 1 der Kommunalwahlordnung vom 31. August 1993 (GV.NRW S. 592, ber. S. 967), die zuletzt durch Verordnung vom 3. Dezember 2013 (GV.NRW. S. 730) geändert worden ist, der Wahl der Vertretung zugrunde gelegen haben.

(2) Bei den Gemeinden und Kreisen können Aufwandsentschädigungen nach den §§ 1 bis 3 nebeneinander bezogen werden, wenn sie auf mehreren Ämtern beruhen. Stellvertreterinnen und Stellvertreter der Bürgermeisterin oder des Bürgermeisters oder der Landrätin oder des Landrats, die gleichzeitig Fraktionsvorsitzende oder stellvertretende Fraktionsvorsitzende sind, erhalten aus diesen Funktionen nur eine Aufwandsentschädigung nach § 3. Insgesamt ist die Höhe der Aufwandsentschädigungen auf den 5-fachen Satz des Betrages der Aufwandsentschädigung für Mitglieder kommunaler Vertretungen in Gemeinden und Kreisen gleicher Größe nach § 1 Absatz 2 Nummer 1 Buchstabe a beziehungsweise Nummer 2 Buchstabe a begrenzt.

(3) Bei den Landschaftsverbänden und beim Regionalverband Ruhr können Aufwandsentschädigungen nach den §§ 1 bis 3 nebeneinander bezogen werden, wenn sie auf mehreren Ämtern beruhen. Vorsitzende der Landschaftsversammlung beziehungsweise der Verbandsversammlung oder deren Stellvertretungen, die gleichzeitig Fraktionsvorsitzende oder stellvertretende Fraktionsvorsitzende sind, erhalten aus diesen Funktionen nur eine Aufwandsentschädigung nach § 3. Insgesamt ist die Höhe der Aufwandsentschädigungen auf den 9-fachen Satz des Betrages der Aufwandsentschädigung für Mitglieder der Landschaftsversammlungen beziehungsweise der Verbandsversammlung nach § 1 Absatz 2 Nummer 4 Buchstabe a beziehungsweise Nummer 5 Buchstabe a begrenzt.

(4) Aufwandsentschädigungen, die in Form einer monatlichen Pauschale gezahlt werden, werden anteilig gekürzt, wenn die Tätigkeit im Verlauf eines Kalendermonats beginnt oder endet.

(5) Die für Sitzungsgelder festgesetzten Sätze gelten für eine Sitzung. Wird eine Sitzungsdauer von insgesamt sechs Stunden überschritten, kann höchstens ein weiteres Sitzungsgeld gewährt werden. Bei mehreren Sitzungen an einem Tag dürfen nicht mehr als zwei Sitzungsgelder gewährt werden.

§ 5
Fahrkosten

(1) Mitgliedern kommunaler Vertretungen und Ausschüsse sowie Ortsvorsteherinnen und Ortsvorstehern werden die Fahrkosten, die ihnen durch Fahrten zum Sitzungsort und zurück entstehen, erstattet, höchstens jedoch in Höhe der Kosten der Fahrten von der Wohnung zum Sitzungsort und zurück. Bei mehreren Wohnungen ist von der Hauptwohnung auszugehen. Entsprechendes gilt für Fahrkosten aus Anlass der Repräsentation der kommunalen Körperschaft, die der oder dem Vorsitzenden oder – auf Veranlassung der oder des Vorsitzenden oder der Vertretung – ihren oder seinen Stellvertreterinnen oder Stellvertretern oder anderen Mitgliedern der Vertretung entstehen, soweit es sich nicht um Dienstreisen (§ 6) handelt.

(2) Die Mitglieder kommunaler Vertretungen haben Anspruch auf Ersatz ihrer Fahrkosten. Dieser Anspruch kann dadurch abgegolten werden, dass ihnen eine Netzkarte für das Gemeindegebiet oder Freifahrten zur Verfügung gestellt oder die Kosten übernommen werden. Bei Benutzung eines Kraftfahrzeugs ist eine Entschädigung in der in § 6 Absatz 1 Satz 2 Landesreisekostengesetz vom 16. Dezember 1998 (GV.NRW. S. 738), das zuletzt durch Artikel 1 des Gesetzes vom 3. Dezember 2013 (GV.NRW. S. 722) geändert worden ist, vorgesehenen Höhe zulässig; bei Benutzung eines Fahrrads ist eine Entschädigung in der in § 6 Absatz 3 Landesreisekostengesetz vorgesehenen Höhe zulässig. Bei regelmäßigen oder gleichartigen Fahrkosten kann zur Vereinfachung der Abrechnung anstelle der Fahrkostenerstattung eine Pauschvergütung gewährt werden, die nach dem Durchschnitt der in einem bestimmten Zeitraum sonst anfallenden Einzelvergütungen zu bemessen ist.

(3) Mitgliedern der Landschaftsversammlungen und Sachkundigen Bürgerinnen und Bürgern im Sinne des § 12 Absatz 3 und des § 13 Absatz 3 der Landschaftsverbandsordnung für das Land Nordrhein-

Westfalen sowie Mitgliedern der Verbandsversammlung des Regionalverbandes Ruhr und Sachkundigen Bürgerinnen und Bürgern im Sinne des § 9 Nummer 3 des Gesetzes über den Regionalverband Ruhr kann außerdem ein Übernachtungsgeld gezahlt werden, wenn die An- und Abreise am Sitzungstag nicht möglich oder nicht zumutbar war. Dasselbe gilt, wenn Sitzungen oder sonstige Veranstaltungen sich über zwei oder mehrere Tage erstrecken. Das in der Satzung festzusetzende Übernachtungsgeld darf den nach dem Landesreisekostengesetz zulässigen Betrag nicht übersteigen.

§ 6
Reisekostenvergütung

(1) Für genehmigte Dienstreisen erhalten Mitglieder kommunaler Vertretungen und Ausschüsse sowie Ortsvorsteherinnen und Ortsvorsteher Reisekostenvergütung nach Maßgabe des Landesreisekostengesetzes.

(2) Neben Reisekostenvergütung dürfen keine Sitzungsgelder gewährt werden.

§ 7
Zusätzliche Unfallversicherung

Neben der gemäß § 2 Absatz 1 Nummer 10 des Siebten Buchs Sozialgesetzbuch – Gesetzliche Unfallversicherung – (Artikel 1 des Gesetzes vom 7. August 1996, BGBl. I S. 1254), das zuletzt durch Artikel 451 der Verordnung vom 31. August 2015 (BGBl. I S. 1474) geändert worden ist, kann für Mitglieder kommunaler Vertretungen und Ausschüsse sowie für Ortsvorsteherinnen und Ortsvorsteher zusätzlich eine angemessene private Unfallversicherung abgeschlossen werden.

§ 8
Inkrafttreten, Außerkrafttreten

Diese Verordnung tritt am 1. Januar 2022 in Kraft.

Gleichzeitig tritt die Entschädigungsverordnung vom 5. Mai 2014 (GV.NRW. S. 276), die zuletzt durch Verordnung vom 16. Oktober 2020 (GV.NRW. S. 1006) geändert worden ist, außer Kraft.

Die Ministerin
für Heimat, Kommunales, Bau und Gleichstellung
des Landes Nordrhein-Westfalen

III. Erlass Steuerliche Behandlung der Entschädigungen (Ratsherrenerlass)

Entschädigungen an Mitglieder kommunaler Vertretungen

Erlass des Finanzministeriums des Landes Nordrhein-Westfalen
vom 1. September 2021 – S 2337- 3 V B 3 –
(Bezugserlass vom 8. November 2013 – S 2337 - 3 V B 3 –)

Für Entschädigungen an Mitglieder kommunaler Vertretungen gilt ab dem Veranlagungszeitraum 2021 Folgendes:

A. Allgemeines

Die den ehrenamtlichen Mitgliedern kommunaler Vertretungen gewährten Entschädigungen sind grundsätzlich als Einnahmen aus „sonstiger selbständiger Arbeit“ i.S.d. § 18 Abs. 1 Nr. 3 Einkommensteuergesetz (EStG) einkommensteuerpflichtig. Das gilt insbesondere für Entschädigungen, die für Verdienstausfall oder Zeitverlust gewährt werden. Ein Steuerabzug ist bei Auszahlung der Aufwandsentschädigungen nicht vorzunehmen; bezogene Aufwandsentschädigungen sind von den Mandatsträgern im Rahmen ihrer Einkommensteuererklärung anzugeben.

Steuerfrei sind

- nach § 3 Nr. 13 EStG Reisekostenvergütungen, die nach den Vorschriften des Bundesreisekostengesetzes oder entsprechender Landesgesetze gewährt werden,
- nach § 3 Nr. 12 Satz 2 EStG Aufwandsentschädigungen, soweit Aufwendungen abgegolten werden, die einkommensteuerrechtlich als Betriebsausgaben berücksichtigungsfähig wären.

B. Anerkennung steuerfreier Aufwandsentschädigungen (§ 3 Nr. 12 Satz 2 EStG)

I. Für ehrenamtliche Mitglieder eines Gemeinderates (Ratsmitglieder) gilt:

1. Pauschale Entschädigungen und Sitzungsgelder sind steuerfrei, soweit sie insgesamt während der Dauer der Mitgliedschaft folgende Beträge nicht übersteigen:

In einer Gemeinde oder Stadt mit	monatlich	jährlich
höchstens 20.000 Einwohnern	125 €	1.500 €
20.001 bis 50.000 Einwohnern	199 €	2.388 €
50.001 bis 150.000 Einwohnern	245 €	2.940 €
150.001 bis 450.000 Einwohnern	307 €	3.684 €
mehr als 450.000 Einwohnern	367 €	4.404 €

Die pauschalen Entschädigungen und Sitzungsgelder sind jedoch mindestens in Höhe des in R 3.12 Abs. 3 der LStR genannten Betrages von 250 € monatlich steuerfrei.

Beispiel 1:

Die von der Stadt A (bis 20.000 Einwohner) im Januar 2021 an ihre Ratsmitglieder gezahlte pauschale Entschädigung in Höhe von 228,50 € monatlich ist auf Grund des Mindestbetrags in voller Höhe steuerfrei.

Beispiel 2:

Die von der Stadt B (ca. 80.000 Einwohner) im Januar 2021 an ihre Ratsmitglieder gezahlte pauschale Entschädigung in Höhe von 417,20 € monatlich ist in Höhe von 250 € steuerfrei und in der verbleibenden Höhe von 167,20 € steuerpflichtig.

Aus den beiden Beispielen wird deutlich, dass der steuerfreie Mindestbetrag von 250 € monatlich bei Gemeinden oder Städten bis 150.000 Einwohner anzuwenden ist.

Für den höchstens steuerfrei bleibenden Betrag ist es unerheblich, ob die nach der Verordnung über die Entschädigung kommunaler Vertretungen und Ausschüsse (Entschädigungsverordnung) gezahlten Aufwandsentschädigungen ausschließlich als monatliche Pauschale, zugleich als monatliche Pauschale und als Sitzungsgelder oder ausschließlich als Sitzungsgelder gezahlt werden. Ebenso ist es unerheblich, ob ein Sitzungsgeld für die Teilnehmer an einer Sitzung eines Gemeinderats, eines seiner Ausschüsse oder einer Fraktion gezahlt wird.

Die Nachholung nicht ausgeschöpfter steuerfreier Monatsbeträge in anderen Monaten desselben Kalenderjahres ist zulässig. Dabei kann jedoch der steuerfreie Jahresbetrag uneingeschränkt nur dann eingesetzt werden, wenn die Ratsmitgliedschaft während eines ganzen Kalenderjahres bestanden hat.

Für die Eingruppierung nach der Gemeindegröße ist für steuerliche Zwecke – abweichend von der Regelung zur Entschädigungsverordnung – die Einwohnerzahl der Gemeinde zu Beginn des Kalenderjahres zu Grunde zu legen (Grundsatz der Abschnittsbesteuerung).

2. Neben den steuerfreien Beträgen nach Nr. 1 ist die Erstattung der tatsächlichen Fahrtkosten für Fahrten von der Wohnung zum Sitzungsort und zurück als steuerfreie Aufwandsentschädigung zulässig; bei Benutzung eines eigenen Kfz oder Fahrrads ist die Wegstreckenentschädigung nach dem Landesreisekostengesetz maßgebend.

3. Die steuerfreien Beträge nach Nr. 1 erhöhen sich für zwei Stellvertreter des Bürgermeisters, in Gemeinden mit mehr als 50.000 Einwohnern für einen weiteren Stellvertreter, sowie für Fraktionsvorsitzende auf das Doppelte der Beträge nach Nr. 1.

In den Fällen einer Vervielfältigung ist der steuerfreie Mindestbetrag von 250 € monatlich nicht anzuwenden.

Beispiel:

Der erste Stellvertreter des Bürgermeisters der Stadt A (bis 20.000 Einwohner) erhält im Januar 2021 eine Aufwandsentschädigung in Höhe von insgesamt 914 € monatlich.

Die gezahlte pauschale Entschädigung ist in Höhe von 250 € monatlich (125 € x 2) steuerfrei und in Höhe von 664 € monatlich steuerpflichtig.

Die steuerliche Behandlung der den hauptamtlichen Bürgermeistern gezahlten Aufwandsentschädigungen richtet sich nach R 3.12 Abs. 3 Satz 2 Nr. 1 LStR. Danach sind die nach der Eingruppierungsverordnung gezahlten Aufwandsentschädigungen in voller Höhe steuerfrei.

II. Für ehrenamtliche Mitglieder eines Kreistages gilt Folgendes:

1. Pauschale Entschädigungen und Sitzungsgelder sind steuerfrei, soweit sie insgesamt während der Dauer der Mitgliedschaft folgende Beträge nicht übersteigen:

in einem Landkreis mit	**monatlich**	**jährlich**
höchstens 250.000 Einwohnern	245 €	2.940 €
mehr als 250.000 Einwohnern	307 €	3.684 €

Die pauschalen Entschädigungen und Sitzungsgelder sind jedoch bei einem Landkreis mit höchstens 250.000 Einwohnern mindestens in Höhe des in R 3.12 Abs. 3 der LStR genannten Betrages von 250 € monatlich steuerfrei.

2. Die steuerfreien Beträge nach Nr. 1 erhöhen sich für höchstens zwei Stellvertreter des Landrats sowie für Fraktionsvorsitzende in den Kreistagen auf das Doppelte der Beträge nach Nr. 1.

In den Fällen einer Vervielfältigung ist der steuerfreie Mindestbetrag von 250 € monatlich nicht anzuwenden.

Die steuerliche Behandlung der den hauptamtlichen Landräten gezahlten Aufwandsentschädigungen richtet sich nach R 3.12 Abs. 3 Satz 2 Nr. 1 LStR. Danach sind die nach der Eingruppierungsverordnung gezahlten Aufwandsentschädigungen in voller Höhe steuerfrei.

III. Für ehrenamtliche Mitglieder der Landschaftsversammlungen der Landschaftsverbände Rheinland und Westfalen-Lippe sowie der Verbandsversammlung des Regionalverbandes Ruhrgebiet gilt Folgendes:

1. Pauschale Entschädigungen und Sitzungsgelder sind steuerfrei, soweit sie insgesamt während der Dauer der Mitgliedschaft monatlich 307 € und jährlich 3.684 € nicht übersteigen.

2. die steuerfreien Beträgen nach Nr. 1 erhöhen sich

a) für den Vorsitzenden auf das Dreifache,

b) für höchstens zwei Stellvertreter des Vorsitzenden sowie für Fraktionsvorsitzende in den Landschaftsversammlungen bzw. in der Verbandsversammlung auf das Doppelte

der Beträge nach Nr. 1.

IV. Für ehrenamtliche Mitglieder der Bezirksvertretungen und für Ortsvorsteher gilt:

1. Die Regelungen nach Abschnitt I Nr. 1 und 2 gelten sinngemäß für Mitglieder der Bezirksvertretungen in kreisfreien Städten und für Ortsvorsteher in kreisangehörigen Gemeinden. Dabei ist jedoch nicht die Einwohnerzahl der Gemeinde oder der Stadt, sondern die des Stadt- oder Gemeindebezirks maßgebend.

2. Die steuerfreien Beträge nach Nr. 1 erhöhen sich für den Bezirksvorsteher auf das Doppelte der Beträge nach Nr. 1, mindestens auf insgesamt 264 € monatlich.

Beispiel:

Der Ortsvorsteher eines Stadtbezirks (Einwohnerzahl ca. 5.000) erhält eine Aufwandsentschädigung von 203,70 € monatlich.

Die Aufwandsentschädigung ist auf Grund des anzuwendenden Mindestbetrags in Höhe von 250 € monatlich in voller Höhe steuerfrei.

Sofern eine Person Ratsmitglied und Ortsvorsteher ist und für beide Tätigkeiten eine Aufwandsentschädigung erhält, kann der steuerfreie Mindestbetrag von 250 € monatlich für beide Tätigkeiten gesondert in Anspruch genommen werden.

V. Für sachkundige Bürger

1. im Sinne von § 58 Gemeindeordnung sind Sitzungsgelder steuerfrei, soweit sie folgende Beträge nicht übersteigen:

in einer Gemeinde oder Stadt mit	**Sitzungsgeld**
höchstens 20.000 Einwohnern	6,60 €
20.001 bis 50.000 Einwohnern	7,80 €
50.001 bis 150.000 Einwohnern	9,60 €
150.001 bis 450.000 Einwohnern	10,80 €
mehr als 450.000 Einwohnern	12,60 €

2. im Sinne von § 41 Kreisordnung sind Sitzungsgelder steuerfrei, soweit sie folgende Beträge nicht übersteigen:

in einem Kreis mit	**Sitzungsgeld**
höchstens 250.000 Einwohnern	10,80 €
mehr als 250.000 Einwohnern	12,60 €

3. bei sachkundigen Bürgern der Landschaftsversammlungen sowie des Regionalverbandes (vgl. jeweils Abschnitt III.) sind Sitzungsgelder steuerfrei, soweit sie 18,60 € nicht übersteigen.

Die Sitzungsgelder an sachkundige Bürger sind jedoch in den Fällen der Nrn. 1 bis 3 dieses Abschnitts mindestens in Höhe des in R 3.12 Abs. 3 LStR genannten Betrags von 250 € monatlich steuerfrei.

Beispiel 1:

A erhält als sachkundige Bürgerin der Gemeinde B (ca. 40.000 Einwohner) für die Teilnahme an drei Sitzungen im Januar 2021 ein Sitzungsgeld in Höhe von insgesamt 81,90 € (27,30 € x 3).

Das Sitzungsgeld übersteigt nicht den steuerfreien Mindestbetrag (= 250 € monatlich) und ist deshalb in voller Höhe (= 81,90 €) steuerfrei.

Beispiel 2:

C erhält als sachkundiger Bürger der Stadt D (ca. 180.000 Einwohner) für die Teilnahme an acht Sitzungen im Januar 2021 ein Sitzungsgeld in Höhe von insgesamt 297,60 € (37,20 € x 8).

Der nach der o. a. Tabelle steuerfreie Betrag von 86,40 € (10,80 € x 8) übersteigt nicht den steuerfreien Mindestbetrag. Das Sitzungsgeld ist daher in Höhe von 250 € steuerfrei und in Höhe von 47,60 € steuerpflichtig.

Beispiel 3:

E erhält als sachkundige Bürgerin der Stadt F (ca. 500.000 Einwohner) für die Teilnahme an zwanzig Sitzungen im Januar 2021 ein Sitzungsgeld in Höhe von insgesamt 870 € (43,50 € x 20). Der nach der o. a. Tabelle steuerfreie Betrag von 252 € (12,60 € x 20) übersteigt den steuerfreien Mindestbetrag von 250 € monatlich. Das Sitzungsgeld ist daher in Höhe von 252 € steuerfrei und in Höhe von 618 € steuerpflichtig.

Die vorstehenden Ausführungen gelten entsprechend für sachkundige Einwohner.

VI. Steuerpflichtige, die gleichzeitig Mitglied mehrerer kommunaler Vertretungen sind, können steuerfreie Entschädigungen i.S.d. vorstehenden Absätze I bis IV nebeneinander beziehen. R 3.12 Abs. 3 Satz 6 LStR ist insoweit nicht anzuwenden.

VII. Nach § 7 Entschädigungsverordnung kann für Mitglieder kommunaler Vertretungen und Ausschüsse sowie für Ortsvorsteher zusätzlich eine angemessene private Unfallversicherung abgeschlossen werden. In den meisten Fällen handelt es sich um einen „24-Stunden-Schutz" mit der Folge, dass der Versicherungsschutz Unfälle im privaten Bereich, Unfälle im Rahmen der Ausübung der Mandatstätigkeit am Sitzungsort einschließlich der Fahrten von der Wohnung zum Sitzungsort und Unfälle bei mandatsbedingten Auswärtsterminen umfasst.

Für Unfallversicherungen i.S.d. § 7 Entschädigungsverordnung sind die Grundsätze des Schreibens des Bundesministeriums der Finanzen vom 28.10.2009 (BStBl. I S. 1275) zur steuerlichen Behandlung von freiwilligen Unfallversicherungen entsprechend anzuwenden.

C. Wirkung der steuerfreien Aufwandsentschädigungen

Mit den steuerfreien Beträgen nach Abschnitt B sind alle Aufwendungen, die mit einer dort genannten ehrenamtlichen Tätigkeit zusammenhängen, mit Ausnahme der Aufwendungen für Auswärtstätigkeiten und der Fahrten zwischen Wohnung und Sitzungsort, abgegolten. Es bleibt den Steuerpflichtigen unbenommen, ihre tatsächlichen Aufwendungen, soweit sie nicht Kosten der Lebensführung sind, die ihre wirtschaftliche oder gesellschaftliche Stellung mit sich bringt, gegenüber dem Finanzamt nachzuweisen oder glaubhaft zu machen. In diesem Fall können die tatsächlichen Aufwendungen, soweit sie die steuerfreien Entschädigungen übersteigen, als Betriebsausgaben berücksichtigt werden.

Leistet die Körperschaft ausnahmsweise keinen Ersatz für Reisekosten und Aufwendungen für Fahrten zwischen Wohnung und Sitzungsort, so kann das Finanzamt diese Aufwendungen nicht zusätzlich zu dem als Aufwandsentschädigung pauschal steuerfrei belassenen Betrag als Betriebsausgaben berücksichtigen. Eine Berücksichtigung ist in diesen Fällen nur dann möglich, wenn sämtliche mit der ehrenamtlichen Tätigkeit zusammenhängenden Aufwendungen im Einzelnen nachgewiesen werden und der Gesamtbetrag aller nachgewiesenen Betriebsausgaben die steuerfrei belassene Aufwandsentschädigung übersteigt. Für die Höhe der als Betriebsausgaben abziehbaren Aufwendungen für die Wege zwischen Wohnung und Sitzungsort gilt § 9 Abs. 1 Satz 3 Nr. 4 und Abs. 2 EStG entsprechend.

Bei der Führung des Einzelnachweises ist Folgendes zu beachten:

1. Als Betriebsausgaben können nach der Art der Tätigkeit des hier angesprochenen Personenkreises etwa folgende Aufwendungen in Betracht kommen:

1.1 Aufwendungen für Informationsmaterial in Bezug auf die ausgeübte Tätigkeit in der kommunalen Vertretung;

1.2 Aufwendungen für Porti, Telekommunikation, Schreibmaterial und andere Sachkosten, die im Zusammenhang mit der Tätigkeit als Mitglied der kommunalen Vertretung stehen; der Abzug der Aufwendungen für ein häusliches Arbeitszimmer dem Grunde und der Höhe nach richtet sich nach § 4 Abs. 5 Satz 1 Nr. 6 b EStG;

1.3 Beträge, die von Ratsmitgliedern an die Fraktionsgeschäftsführung abgeführt werden müssen, sofern damit Kosten für die Erledigung gemeinsamer oder für das Ratsmitglied übernommener Aufgaben umgelegt werden;

1.4 Reisekosten in besonders gelagerten Fällen;

a) Soweit die für die Benutzung privateigener Kfz für Auswärtstätigkeiten sowie für die An- und Abfahrt zum Sitzungsort nach Maßgabe des Landesreisekostengesetzes erstatteten Beträge niedriger als die tatsächlichen Kosten sind, kann die Differenz als Betriebsausgaben abgezogen werden.

b) Mehraufwand für die Verpflegung und Kosten einer eventuellen Übernachtung im Rahmen einer Auswärtstätigkeit sind grundsätzlich durch die Reisekostenvergütungen nach dem Landesreisekostengesetz abgegolten. Eine Berücksichtigung derartiger Aufwendungen kommt lediglich in Betracht, wenn für eine Auswärtstätigkeit im Einzelfall eine Reisekostenvergütung nicht in Anspruch genommen worden ist oder die nach § 4 Abs. 5 Satz 1 Nr. 5 EStG (ab 2014 i.V.m. § 9 Abs. 4a EStG) in Betracht kommenden Pauschbeträge höher als die Reisekostenvergütungen sind.

1.5 Aufwendungen in angemessenem Umfang

a) für die Bewirtung außerhalb des eigenen Haushalts (vgl. § 4 Abs. 5 Satz 1 Nr. 2 EStG);

b) für Geschenke an Personen nach Maßgabe des § 4 Abs. 5 Satz 1 Nr. 1 EStG.

Voraussetzung ist, dass diese Aufwendungen einzeln mit Angabe des Empfängers und getrennt von sonstigen Betriebsausgaben aufgezeichnet worden sind (§ 4 Abs. 7 EStG).

Vor Anwendung der Vorschriften des § 4 Abs. 5 und 7 EStG ist ferner stets zu prüfen, ob die als Betriebsausgaben geltend gemachten Aufwendungen für die Bewirtung und Repräsentation tatsächlich und eindeutig im Zusammenhang mit der Mandatstätigkeit stehen.

2. Die vorbezeichneten Aufwendungen müssen grundsätzlich nachgewiesen oder zumindest glaubhaft gemacht werden. Dabei genügt es, wenn der Steuerpflichtige den Einzelnachweis für einen zusammenhängenden repräsentativen Zeitraum von sechs Monaten erbringt. Die dabei gewonnenen Erkenntnisse können sodann für die gesamte Legislaturperiode zugrunde gelegt werden, ohne dass es insoweit eines erneuten Nachweises bedarf. Der Einzelnachweis – zumindest für einen repräsentativen Sechsmonatszeitraum – ist im Hinblick auf das Gleichbehandlungsgebot in allen Fällen anzufordern.

Innerhalb des vereinfachten Nachweises können jedoch nicht die Betriebsausgaben berücksichtigt werden, deren Abzug nach § 4 Abs. 7 EStG die Erfüllung besonderer Aufzeichnungspflichten voraussetzt. Diese Aufwendungen sind in jedem Falle einzeln nachzuweisen.

3. Hat sich ein Steuerpflichtiger für einen Veranlagungszeitraum für den vereinfachten Nachweis entschieden, schließt dies nicht aus, dass er für einen anderen Veranlagungszeitraum seine tatsächlichen Betriebsausgaben im Einzelnen nachweist. Es ist jedoch nicht möglich, innerhalb eines Veranlagungszeitraums einen Teil der Betriebsausgaben nach dem vereinfachten Verfahren anzusetzen und darüber hinaus weitere im Einzelnen nachzuweisende Aufwendungen zu berücksichtigen. Der Steuerpflichtige kann vielmehr – abgesehen von den nach § 4 Abs. 7 EStG in jedem Fall besonders nachzuweisenden Betriebsausgaben – für jeden einzelnen Veranlagungszeitraum insgesamt nur zwischen dem Einzelnachweis und dem vereinfachten Nachweis seiner Betriebsausgaben wählen.

D. Keine Anwendung der sog. Drittelregelung

Bei den vorstehenden Ausführungen handelt es sich um eine Regelung i.S.d. R 3.12 Abs. 3 Satz 10 LStR. Die sich aus R 3.12 Abs. 3 Satz 2 Nr. 2 LStR ergebende sog. „Drittelregelung" ist daher nicht anzuwenden.

E. Anwendungszeitraum

Die vorstehenden steuerlichen Regelungen gelten erstmals für den Veranlagungszeitraum 2021. Der Erlas vom 08.11.2013 ist letztmals für den Veranlagungszeitraum 2020 anzuwenden.

IV. Muster-Geschäftsordnung für den Rat und die Ausschüsse (StGB NRW)

MUSTER-GESCHÄFTSORDNUNG FÜR DEN RAT UND DIE AUSSCHÜSSE

- Städte- und Gemeindebund NRW -
(Stand: November 2022)

Inhaltsübersicht

V. Schlussbestimmungen, Inkrafttreten

Präambel

Der Rat der Stadt/Gemeinde .... hat am .... folgende Geschäftsordnung beschlossen:

I. Geschäftsführung des Rates

1. Vorbereitung der Ratssitzungen

§ 1
Einberufung der Ratssitzungen

(1) Der Bürgermeister/Die Bürgermeisterin beruft den Rat ein, so oft es die Geschäftslage erfordert, jedoch soll er den Rat wenigstens alle zwei Monate einberufen. Der Rat ist unverzüglich einzuberufen, wenn mindestens ein Fünftel der Ratsmitglieder oder eine Fraktion unter Angabe der zur Beratung zu stellenden Gegenstände dies verlangen.

(2) Die Einberufung erfolgt durch Übersendung einer Einladung an alle Ratsmitglieder sowie an die Beigeordneten. Die Einladung erfolgt in elektronischer Form. Auf Antrag kann an Stelle einer elektronischen Einladung diese auch schriftlich auf postalischem Wege erfolgen.

(3) In der Einladung sind Zeit, Ort und Tagesordnung anzugeben. Ihr können Erläuterungen zu den einzelnen Verhandlungsgegenständen (Vorlagen) beigegeben werden. Die Übersendung dieser Vorlagen richtet sich nach der jeweiligen Form der Übersendung i.S.v. § 1 Abs.2 der Geschäftsordnung. Vorlagen, die für nichtöffentliche Sitzungen bestimmt sind, können nur dann auf elektronischem Wege übermittelt

werden, wenn sichergestellt ist, dass ein unberechtigter Zugriff Dritter auf diese Dateien nicht möglich ist.[1]

(3a) Wird die Ratssitzung in digitaler oder hybrider Form durchgeführt, sind den Ratsmitgliedern die Daten, die den Zugang zum Videokonferenzsystem und zum Abstimmungssystem ermöglichen (Zugangsdaten), rechtzeitig vor der Sitzung in elektronischer Form (**optional:** Benennung des konkreten Übermittlungsweges[2]) zur Verfügung zu stellen.

optional:

Die Zurverfügungstellung der Daten, die den Zugang zum Videokonferenzsystem und zum Abstimmungssystem ermöglichen (Zugangsdaten), soll mit der Einladung auf elektronischem Weg verbunden werden.

optional:

Die Zurverfügungstellung der Daten, die den Zugang zum Videokonferenzsystem und zum Abstimmungssystem ermöglichen (Zugangsdaten), soll spätestens am dritten Kalendertag vor der Sitzung erfolgen.

(3b) Die Öffentlichkeit ist über den Zugang zu einer digitalen (**optional:** oder hybriden)[3] Sitzung durch einen entsprechenden Hinweis auf der Internetseite der Stadt/Gemeinde X unter www.xxx.xx zu unterrichten.

---

1 Ggf. ist zu überlegen, ob es möglich ist, dass die Gemeinde in ihrer Internetpräsentation die jeweiligen Dateien vorhält und nur die Ratsmitglieder mit einem entsprechenden Passwort darauf Zugriff erhalten.

2 Hier sollte vor Ort geprüft werden, welches Übermittlungssystem bzw. System der Zurverfügungstellung in Betracht kommt. Zudem sollte geprüft werden, ob dieses System bereits so weit feststeht, dass dies in der Geschäftsordnung niedergeschrieben werden kann (ggf. werden hier auch Anpassungsspielräume/Verbesserungsspielräume verengt).

3 Für hybride Sitzungen ist dies nicht verpflichtend; hier wird die Sitzungsöffentlichkeit durch die Möglichkeit zur Anwesenheit im Sitzungsraum gewährleistet. Allerdings kann es vor Ort durchaus gewollt sein, auch bei hybriden Sitzungen Zuhörerinnen und Zuhörern die Teilnahme digital zu ermöglichen; dann kann eine solche Erweiterung in der Geschäftsordnung sinnvoll sein.

Dort ist über das Verfahren zu informieren, mittels dessen Zuhörerinnen und Zuhörer einer digitalen (**optional:** oder hybriden) Sitzung die Daten, die den Zugang zum Videokonferenzsystem für Zuhörerinnen und Zuhörer (Zugangsdaten) ermöglichen, erhalten. Eine Anmeldung nach § 3 Abs. 1 Satz 2 Digitalsitzungsverordnung muss spätestens X Stunden vor der Sitzung erfolgen. Im Übrigen richtet sich das Verfahren nach § 3 Abs. 1 Sätze 2 bis 4 Digitalsitzungsverordnung.[4]

optional:

In diese Veröffentlichung soll im Sinne des § 1 Absatz 3b dieser Geschäftsordnung auch ein Hinweis an die Öffentlichkeit zum Zugang zu einer digitalen (**optional:** oder hybriden) Sitzung aufgenommen werden.

§ 2
Ladungsfrist

(1) Die Einladung muss den Ratsmitgliedern mindestens 7 volle Tage vor dem Sitzungstag, den Tag der Absendung nicht eingerechnet, zugehen.

(2) In besonders dringenden Fällen kann die Ladungsfrist bis auf 3 volle Tage abgekürzt werden. Die Dringlichkeit ist in der Einladung zu begründen.

(3) Abs. 1 und 2 gelten sowohl für die elektronische Übersendung als auch die schriftliche Übersendung.

§ 3
Aufstellung der Tagesordnung

(1) Der Bürgermeister/Die Bürgermeisterin setzt die Tagesordnung fest. Er/Sie hat dabei Vorschläge aufzunehmen, die ihm/ihr in schrift-

---

4 Das Verfahren ist in § 3 Abs. 1 DigiSiVO dargelegt. Es ist recht kompliziert und verlangt in jedem Fall eine vorherige Anmeldung innerhalb einer in der Geschäftsordnung zu bestimmenden Frist. Für hybride Sitzungen (soweit die Kommune hier einen digitalen Zugang für Zuhörer ermöglicht) stünde es der Kommune nach Auffassung der Geschäftsstelle frei, ein einfacheres Verfahren vorzugeben, z.B. durch Bereitstellung der Zugangsdaten auf der Internetseite Kommune.

licher Form spätestens am 10. Tag vor dem Sitzungstag von mindestens einem Fünftel der Ratsmitglieder oder einer Fraktion vorgelegt werden.

(2) Der Bürgermeister/Die Bürgermeisterin legt ferner die Reihenfolge der einzelnen Tagesordnungspunkte fest und bestimmt unter Beachtung der gesetzlichen Vorschriften, welche Tagesordnungspunkte in nichtöffentlicher Sitzung behandelt werden sollen.

(3) Betrifft ein Vorschlag eine Angelegenheit, die nicht in den Aufgabenbereich der Stadt/Gemeinde fällt, weist der Bürgermeister/die Bürgermeisterin in der Tagesordnung darauf hin, dass die Angelegenheit durch Geschäftsordnungsbeschluss vom Rat von der Tagesordnung wieder abzusetzen ist.

§ 4
Öffentliche Bekanntmachung

Zeit, Ort und Tagesordnung der Ratssitzung sind von dem Bürgermeister/der Bürgermeisterin rechtzeitig öffentlich bekanntzumachen. Die Bekanntmachung erfolgt in der Form, die die Hauptsatzung hierfür vorschreibt.

§ 5
Anzeigepflicht bei Verhinderung

(1) Ratsmitglieder, die verhindert sind, an einer Sitzung teilzunehmen, haben dies unverzüglich dem Bürgermeister/der Bürgermeisterin mitzuteilen.

(2) Ratsmitglieder, die die Sitzung vorzeitig verlassen wollen, haben dies dem Bürgermeister/der Bürgermeisterin spätestens zu Beginn der Sitzung mitzuteilen.

2. Durchführung der Ratssitzungen

2.1 Allgemeines

§ 6
Öffentlichkeit der Ratssitzungen

(1) Die Sitzungen des Rates sind öffentlich.

Jede Person hat das Recht, als Zuhörer/Zuhörerin an öffentlichen Ratssitzungen teilzunehmen, soweit dies die räumlichen Verhältnisse gestatten. Die Zuhörer sind – außer im Falle des § 18 (Einwohnerfragestunde) – nicht berechtigt, das Wort zu ergreifen oder sich sonst an den Verhandlungen des Rates zu beteiligen.

(2) Für folgende Angelegenheiten wird die Öffentlichkeit ausgeschlossen:

a) Personalangelegenheiten,

b) Erwerb bzw. Veräußerung von Grundstücken durch die Gemeinde; dies gilt auch für Pacht, Miete oder ähnliche Rechtsgeschäfte, durch die der Gemeinde Rechte an einer Liegenschaft verschafft werden bzw. die Gemeinde solche Rechte Dritten verschafft,[5]

c) Auftragsvergaben,

d) Angelegenheiten der zivilen Verteidigung,

e) Einzelfälle in Abgabenangelegenheiten,

f) Angelegenheiten der Rechnungsprüfung mit Ausnahme der Beratung des Jahresabschlusses und der Entlastung des Bürgermeisters/der Bürgermeisterin (§ 96 Abs. 1).

---

5 Die vorgeschlagene Regelung stellt klar, dass vom grundsätzlichen Ausschluss der Öffentlichkeit nur solche Angelegenheiten erfasst werden, bei denen die Gemeinde als (Ver-)Käufer, (Ver-)Mieter, (Ver-)Pächter oder ähnliches auftritt. In diesen Fällen gebieten regelmäßig Gründe des öffentlichen Wohls den Ausschluss der Öffentlichkeit. Andere Angelegenheiten, bei denen u.U. Interessen und Belange von Vertragspartnern der Gemeinde berührt sein können, sind datenschutzrechtlich gemäß § 48 Abs. 3 zweiter Halbsatz GO geschützt. Dem wird in Absatz 4 Rechnung getragen.

Dies gilt nicht, wenn im Einzelfall weder Gründe des öffentlichen Wohls noch berechtigte Ansprüche oder Interessen Einzelner den Ausschluss der Öffentlichkeit gebieten.

(3) Darüber hinaus kann auf Antrag des Bürgermeisters/der Bürgermeisterin oder eines Ratsmitgliedes für einzelne Angelegenheiten die Öffentlichkeit ausgeschlossen werden. Anträge und Vorschläge auf Ausschluss der Öffentlichkeit dürfen nur in nichtöffentlicher Sitzung begründet und beraten werden. Falls dem Antrag stattgegeben wird, ist die Öffentlichkeit in geeigneter Weise zu unterrichten, dass in nichtöffentlicher Sitzung weiter verhandelt wird (§ 48 Abs. 2 Sätze 3 bis 5 GO).

(4) Personenbezogene Daten dürfen offenbart werden, soweit nicht schützenswerte Interessen Einzelner oder Belange des öffentlichen Wohls überwiegen; erforderlichenfalls ist die Öffentlichkeit auszuschließen.

(5) Die im Gemeinde-/ Stadtgebiet erscheinenden Zeitungen und im Gemeinde-/ Stadtgebiet tätigen Rundfunk- und Fernsehveranstalter sollen zu den Sitzungen eingeladen werden.

(6) Bei digitalen (**optional:** oder hybriden[6]) Sitzungen hat jede Person das Recht, digital als Zuhörer/in teilzunehmen. Personen, die nicht über einen eigenen Internetzugang verfügen, melden sich bis zum dritten Tag vor der Sitzung bei der Verwaltung der Gemeinde/Stadt (**optional**: Angabe von Kontaktdaten), damit der Person das Verfolgen der Sitzung in geeigneten Räumlichkeiten ermöglicht werden kann (**Hinweis:** Satz 2 bei hybriden Sitzungen nicht erforderlich). Die Zurverfügungstellung der Daten, die den Zugang zum Videokonferenzsystem

[6] Die Sitzungsöffentlichkeit ist bei hybriden Sitzungen grundsätzlich schon dadurch gewährleistet, dass Zuhörerinnen und Zuhörer im Sitzungsraum anwesend sein können; es gibt aus den gesetzlichen Regelungen keinen Anspruch auf digitale Teilnahme bei einer hybriden Sitzung. Dennoch kann es politisch gewünscht sein, Zuhörerinnen und Zuhörern einen digitalen Zugang auch bei hybriden Sitzungen zu ermöglichen (weil z.B. sonst regelmäßig mehr Zuhörende als Mandatsträgerinnen und Mandatsträger im Sitzungsraum sind). Auch wenn diese Möglichkeit nicht ausdrücklich im Gesetz genannt ist, geht die Geschäftsstelle davon aus, dass dieser Weg im Rahmen der Geschäftsordnungsautonomie eröffnet werden kann.

ermöglichen (Zugangsdaten), richten sich nach § 1 Abs. 3b dieser Geschäftsordnung[7]. Digital teilnehmender Zuhörer/innen sind vorbehaltlich der Regelung in § 18 dieser Geschäftsordnung nicht berechtigt, sich an der Sitzung zu beteiligen; dies gilt auch für die optische Kundgabe von Zustimmung oder Missbilligung.

(7) Ist die Öffentlichkeit von der Beratung bei digitalen oder hybriden Sitzungen ausgeschlossen, haben die digital teilnehmenden Ratsmitglieder in ihrem Verantwortungsbereich den erforderlichen Datenschutz sicherzustellen und am Ort ihrer Sitzungsteilnahme zu verhindern, dass Dritte die Inhalte der nichtöffentlichen Beratung ganz oder teilweise wahrnehmen können. Dies gilt sowohl für die Bild- als auch für die Tonübertragung. Diese Pflicht ist Bestandteil der Verschwiegenheitspflicht nach § 30 Abs. 1 GO NRW. Vor Beginn eines nichtöffentlichen Sitzungsteils hat die Sitzungsleitung die Gremienmitglieder auf ihre Pflichten hinzuweisen. Bei erkennbaren Verstößen (z.B. Teilnahme eines Ratsmitglieds im öffentlichen Raum im Nahbereich anderer Personen) kann der Vorsitzende/die Vorsitzende gegenüber dem betreffenden Ratsmitglied die Rechte nach §§ 21, 22 dieser Geschäftsordnung wahrnehmen.

§ 7
Vorsitz

(1) Der Bürgermeister/Die Bürgermeisterin führt den Vorsitz im Rat. Im Falle seiner/ihrer Verhinderung übernimmt sein/ihr Stellvertreter/seine/ihre Stellvertreterin den Vorsitz. Die Reihenfolge der Stellvertretung bestimmt sich aufgrund des Wahlergebnisses nach § 67 Abs. 2 GO.

(2) Der Bürgermeister/Die Bürgermeisterin hat die Sitzung sachlich zu leiten. Er/Sie handhabt die Ordnung in der Sitzung und übt das Hausrecht (§ 51 GO) aus.

---

7 Nach Auffassung der Geschäftsstelle ist bei hybriden Sitzungen auch ein einfacherer Weg zur Zurverfügungstellung der Zugangsdaten rechtlich möglich.

§ 8
Beschlussfähigkeit

(1) Vor Eintritt in die Tagesordnung stellt der Bürgermeister/die Bürgermeisterin die ordnungsgemäße Einberufung sowie die Beschlussfähigkeit der Versammlung fest und lässt dies in der Niederschrift vermerken. Der Rat ist beschlussfähig, wenn mehr als die Hälfte der gesetzlichen Mitgliederzahl anwesend ist. Er gilt als beschlussfähig, solange seine Beschlussunfähigkeit nicht festgestellt ist (§ 49 Abs. 1 GO).

(2) Ist eine Angelegenheit wegen Beschlussunfähigkeit zurückgestellt worden und wird der Rat zur Behandlung über denselben Gegenstand einberufen, so ist er ohne Rücksicht auf die Zahl der Erschienenen beschlussfähig, wenn bei der zweiten Einberufung auf diese Bestimmung ausdrücklich hingewiesen worden ist (§ 49 Abs. 2 GO).

§ 9
Befangenheit von Mitgliedern des Rates

(1) Muss ein Mitglied des Rates annehmen, nach §§ 50 Abs. 6, 43 Abs. 2, 31 GO von der Mitwirkung an der Beratung und Entscheidung ausgeschlossen zu sein, so hat es den Ausschließungsgrund vor Eintritt in die Verhandlung unaufgefordert dem Bürgermeister/der Bürgermeisterin anzuzeigen und den Sitzungsraum zu verlassen; bei einer öffentlichen Sitzung kann das Ratsmitglied sich in dem für die Zuhörer bestimmten Teil des Sitzungsraumes aufhalten.

(1a) Im Falle einer digitalen Sitzung oder einer hybriden Sitzung, bei der das ausgeschlossene Ratsmitglied in digitaler Form teilnimmt, hat der Vorsitzende/die Vorsitzende dafür Sorge zu tragen, dass eine Mitwirkung des betreffenden Ratsmitgliedes an der Beratung und Beschlussfassung ausgeschlossen ist.

Variante 1:

Hierzu ist das Mikrofon des ausgeschlossenen Ratsmitgliedes während der Behandlung des betreffenden Tagesordnungspunktes stumm zu schalten sowie die Möglichkeit zur Teilnahme an einem Abstimmungssystem auszuschließen; das Ratsmitglied hat sich jeder optischen Kundgabe von Zustimmung oder Ablehnung zu enthalten.

Variante 2:

Hierzu ist das Mikrofon und die Übertragung des Videobildes des betreffenden Ratsmitgliedes während der Behandlung des betreffenden Tagesordnungspunktes abzuschalten sowie die Möglichkeit zur Teilnahme an einem Abstimmungssystem auszuschließen.

Bei nicht-öffentlichen Sitzungen ist zudem die Kamera- und Tonübertragung der Sitzung an das ausgeschlossene Mitglied zu unterbrechen.

(2) In Zweifelsfällen entscheidet der Rat darüber, ob ein Ausschließungsgrund besteht.

(3) Verstößt ein Ratsmitglied gegen die Offenbarungspflicht nach Abs. 1, so stellt der Rat dies durch Beschluss fest. Der Ratsbeschluss ist in die Niederschrift aufzunehmen.

(4) Die Regelungen gelten auch für den Bürgermeister/die Bürgermeisterin mit der Maßgabe, dass er/sie die Befangenheit dem/der Stellvertretenden Bürgermeister/ Bürgermeisterin vor Eintritt in die Verhandlungen anzeigt.

§ 10
Teilnahme an Sitzungen

(1) Der Bürgermeister/Die Bürgermeisterin und die Beigeordneten nehmen an den Sitzungen des Rates teil. Der Bürgermeister/Die Bürgermeisterin ist berechtigt und auf Verlangen mindestens eines Ratsmitgliedes verpflichtet, zu einem Punkt der Tagesordnung vor dem Rat Stellung zu nehmen. Auch Beigeordnete sind hierzu verpflichtet, falls es der Rat oder der Bürgermeister/die Bürgermeisterin verlangt (§ 69 Abs. 1 GO).

(2) Mitglieder der Bezirksvertretungen und der Ausschüsse können an den nichtöffentlichen Sitzungen des Rates als Zuhörer teilnehmen, soweit deren Aufgabenbereich durch den Beratungsgegenstand berührt wird. Die Teilnahme als Zuhörer/Zuhörerin begründet keinen Anspruch

auf Ersatz des Verdienstausfalls und auf Zahlung von Sitzungsgeld (§ 48 Abs. 4 GO).

2.2 Gang der Beratungen

§ 11
Änderung und Erweiterung der Tagesordnung

(1) Der Rat kann beschließen,

a) die Reihenfolge der Tagesordnungspunkte zu ändern,

b) Tagesordnungspunkte zu teilen oder miteinander zu verbinden,

c) Tagesordnungspunkte abzusetzen.

Die Verweisung eines zur Beratung in öffentlicher Sitzung vorgesehenen Tagesordnungspunktes in die nichtöffentliche Sitzung darf nur dann erfolgen, wenn es sich um eine geheimhaltungsbedürftige Angelegenheit im Sinne von § 6 Abs. 2 bis 4 GeschO handelt.

(2) Die Tagesordnung kann in der Sitzung durch Beschluss des Rates erweitert werden, wenn es sich um Angelegenheiten handelt, die keinen Aufschub dulden oder die von äußerster Dringlichkeit sind (§ 48 Abs. 1 GO). Der Ratsbeschluss ist in die Niederschrift aufzunehmen.

(3) Ist aufgrund des Vorschlags einer Fraktion oder eines Fünftels der Ratsmitglieder eine Angelegenheit in die Tagesordnung aufgenommen worden, die nicht in den Aufgabenbereich der Stadt/Gemeinde fällt, setzt der Rat durch Geschäftsordnungsbeschluss die Angelegenheit von der Tagesordnung ab.

(4) Wird nach Aufruf eines Tagesordnungspunktes, der eine Angelegenheit betrifft, die nicht in den Aufgabenbereich der Stadt/Gemeinde fällt, ein Geschäftsordnungsantrag nach Abs. 3 aus der Mitte des Rates nicht gestellt, stellt der Bürgermeister/die Bürgermeisterin von Amts wegen den Antrag und lässt darüber abstimmen.

§ 12
Redeordnung

(1) Der Bürgermeister/Die Bürgermeisterin ruft jeden Punkt der Tagesordnung nach der vorgesehenen oder beschlossenen Reihenfolge unter Bezeichnung des Verhandlungsgegenstandes auf und stellt die Angelegenheit zur Beratung. Wird eine Angelegenheit beraten, die auf Vorschlag von einem Fünftel der Ratsmitglieder oder einer Fraktion in die Tagesordnung aufgenommen worden ist (§ 3 Abs. 1 dieser Geschäftsordnung), so ist zunächst den Antragstellern Gelegenheit zu geben, ihren Vorschlag zu begründen. Ist eine Berichterstattung vorgesehen, so erhält zunächst der Berichterstatter/die Berichterstatterin das Wort.

(2) Hinsichtlich der Angelegenheiten, die nicht in den Aufgabenbereich der Stadt/Gemeinde fallen, gelten § 11 Absätze 3 und 4.

(3) Ein Ratsmitglied, das das Wort ergreifen will, hat sich durch Aufheben der Hand zu melden. Melden sich mehrere Ratsmitglieder gleichzeitig, so bestimmt der Bürgermeister/die Bürgermeisterin die Reihenfolge der Wortmeldungen.

(4) Außerhalb der Reihenfolge erhält ein Ratsmitglied das Wort, wenn es Anträge zur Geschäftsordnung stellen will.

(5) Der Bürgermeister/die Bürgermeisterin ist berechtigt, auch außerhalb der Reihenfolge das Wort zu ergreifen.

(6) Die Redezeit beträgt im Regelfalle höchstens 10 Minuten. Sie kann durch Beschluss des Rates verlängert oder verkürzt werden. Ein Ratsmitglied darf höchstens dreimal zum selben Punkt der Tagesordnung sprechen; Anträge zur Geschäftsordnung bleiben hiervon unberührt.[8]

---

[8] Nach dem Urteil des VG Arnsberg vom 05. Dezember 2019 (Az.: 12 K 7751/17) wird eine Redezeitbeschränkung für den Rat als zulässig erachtet. Eine Beschränkung für die Ausschüsse ist dagegen unzulässig, zumindest wenn diese gleichlautend zu der Beschränkung für die Ratssitzung ist.

§ 12a
Durchführung digitaler und hybrider Sitzungen

(1) Bei einer digitalen Sitzung nehmen alle Ratsmitglieder ohne persönliche Anwesenheit am Sitzungsort unter Einsatz technischer Hilfsmittel durch zeitgleiche Bild-Ton-Übertragung an der Sitzung teil. Bei einer digitalen Sitzung gelten per Bild-Ton-Übertragung teilnehmende Ratsmitglieder als anwesend. Ratsmitgliedern, die nicht über einen eigenen Internetzugang verfügen, ist auf Anfrage, die spätestens bis zum dritten Tag vor der Sitzung erfolgen muss, ein Angebot mit einem Internetzugang (z.B. in einer gesonderten Räumlichkeit) bereitzustellen.

(2) Bei einer hybrid durchgeführten Sitzung nehmen Ratsmitglieder teils persönlich anwesend und teils ohne persönliche Anwesenheit unter Einsatz technischer Hilfsmittel durch zeitgleiche Bild-Ton-Übertragung an der Sitzung teil, während die Sitzungsleitung am Sitzungsort anwesend ist. Bei einer hybriden Sitzung gelten sowohl die am Sitzungsort anwesenden Ratsmitglieder als auch die digital per Bild-Ton-Übertragung teilnehmenden Ratsmitglieder als anwesend. Ebenfalls sind der Schriftführer/die Schriftführerin sowie die weiteren Bediensteten der Verwaltung, die aufgrund ihrer dienstlichen Stellung an der Sitzung teilnehmen, am Sitzungsort anwesend.

Optional:

Die Sitzungsleitung kann gestatten, dass die weiteren Bediensteten der Verwaltung, die aufgrund ihrer dienstlichen Stellung an der Sitzung teilnehmen, auch in digitaler Form teilnehmen können.

(3) Sowohl bei einer digitalen Sitzung als auch bei digital teilnehmenden Ratsmitgliedern im Rahmen einer hybriden Sitzung haben die Ratsmitglieder dafür Sorge zu tragen, dass sie in ungestörter Weise an den Ratssitzungen teilnehmen können. Das Aufzeichnen und Weiterverbreiten der Sitzung oder von Sitzungsteilen ist untersagt.

§ 12b
Verantwortlichkeiten im Rahmen digitaler und hybrider Sitzungen

(1) Die von Seiten der Stadt/Gemeinde für die Durchführung von digitalen und hybriden Sitzungen eingesetzten Anwendungen müssen dem aktuellen Stand der IT-Sicherheitstechnik für Videokonferenz- und Abstimmungssysteme entsprechen und von der Gemeindeprüfungsanstalt NRW zugelassen worden sein. Für den Einsatz dieser Anwendungen hat die Stadt/Gemeinde ein gesondertes Konzept zu erstellen, das den Anforderungen der IT-Sicherheit Rechnung trägt, oder ein vorhandenes IT-Sicherheitskonzept entsprechend zu erweitern. Das entsprechende Konzept ist den Ratsmitgliedern zur Verfügung zu stellen.

(2) Vor und während der gesamten Dauer der Sitzung hat die Stadt/Gemeinde die technischen und organisatorischen Voraussetzungen dafür sicherzustellen, dass den Ratsmitgliedern und in öffentlichen Sitzungen der Öffentlichkeit der Zugang und die digitale Teilnahme an der Sitzung dauerhaft möglich sind.

Variante 1:

Dies umfasst die Verantwortung für die grundsätzliche Funktionsfähigkeit der eingesetzten Softwareanwendung, die Übertragungstechnik im Sitzungssaal, die Übertragung von Bild- und Tonaufnahmen an digital teilnehmende Ratsmitglieder sowie im Falle der Bereitstellung von Endgeräten zur Teilnahme an digitalen oder hybriden Sitzungen auch die grundsätzliche Funktionsfähigkeit dieser Endgeräte.

Variante 2:

Dies umfasst die Verantwortung für die grundsätzliche Funktionsfähigkeit der eingesetzten Softwareanwendung, die Übertragungstechnik im Sitzungssaal und die Übertragung von Bild- und Tonaufnahmen an digital teilnehmende Ratsmitglieder. Bei bereitgestellten Endgeräten obliegt die ordnungsgemäße Bedienung und die Pflege der Software (insb. durch das regelmäßige Aufspielen von Updates des Betriebssystems oder der verwendeten Softwareanwendungen) nach Maßgabe eines gesonderten Konzeptes nach § 8 Abs. 1 Satz 2 Digitalsitzungsverordnung den Ratsmitgliedern.

(3) Die Ratsmitglieder können für die Teilnahme an digitalen und hybriden Sitzungen grundsätzlich ihre eigenen Endgeräte verwenden. Hierzu ist in einem gesonderten Konzept nach § 8 Abs. 1 Satz 2 Digitalsitzungsverordnung festzulegen, welche IT-sicherheitsrechtlichen und datenschutzrechtlichen Maßnahmen von den Ratsmitgliedern in eigener Verantwortung zu treffen sind.

Alternativ:

(3) Die Ratsmitglieder müssen für die Teilnahme an digitalen und hybriden Sitzungen grundsätzlich die von Seiten der Stadt/Gemeinde bereitgestellten Endgeräte verwenden.

(4) Die Ratsmitglieder sind für die Herstellung der digitalen Verbindung zur Sitzung mit der dafür von Seiten der Stadt/Gemeinde bereitgestellten Anwendung und mit den dafür zugelassenen oder bereitgestellten Endgeräten verantwortlich.

(5) Die Sitzung ist unverzüglich zu unterbrechen, wenn ein Ratsmitglied eine Störung der Bild-Ton-Übertragung, die es an einer ordnungsgemäßen Sitzungsteilnahme hindert, rügt oder wenn die Sitzungsleitung auf andere Weise Kenntnis von einer solchen Störung erhält. Die Meldung einer Störung kann über eine telefonische Verbindung erfolgen (zweiter Meldeweg), deren Telefonnummer den Ratsmitgliedern vor Beginn einer digitalen oder hybriden Sitzung mitzuteilen ist; die Mitteilung der Telefonnummer soll mit der Zurverfügungstellung der Einwahldaten (§ 1 Abs. 3a) verbunden werden.

(6) Die Sitzung darf vor Behebung der Störung i.S.d. Absatz 5 nicht fortgesetzt werden, es sei denn, dass es sich um eine unbeachtliche Störung handelt oder davon ausgegangen werden kann, dass die Störung in den Verantwortungsbereich des Ratsmitglieds fällt. Das ist insbesondere zu vermuten,

- wenn eine Behebung der Störung nicht gelingt und allen übrigen Ratsmitgliedern eine störungsfreie Bild-Ton-Übertragung möglich ist,

- nach einem Abbruch der Bild-Ton-Übertragung eine Meldung der Störung nach Absatz 5 nicht innerhalb von fünf Minuten nach Auftreten der Störung durch das Ratsmitglied erfolgt, oder
- das betroffene Ratsmitglied nach Wiederherstellung der Übertragung ohne Rüge an Beratungen und Abstimmungen mitwirkt.

§ 12c
Ablauf digitaler und hybrider Sitzungen

(1) Ratsmitglieder müssen bei digitalen oder hybriden Sitzungen jederzeit durch Bildübertragung für die Sitzungsleitung, die anderen Ratsmitglieder und die Öffentlichkeit wahrnehmbar sein. Bei Wortbeiträgen müssen die Ratsmitglieder mit Bild und Ton wahrnehmbar sein. Außerhalb von Wortbeiträgen sind die Mikrofone der Ratsmitglieder stumm zu stellen; ihnen muss es jederzeit während der Sitzung technisch möglich sein, die Wahrnehmbarkeit mit Bild und Ton herzustellen, solange die Ratsmitglieder nicht aufgrund einer anderen Regelung dieser Geschäftsordnung, der Hauptsatzung der Stadt/Gemeinde X oder der Gemeindeordnung NRW verpflichtet sind, ihre Mikrofone stumm zu stellen und/oder die Bildübertragung zu unterbrechen (z.B. im Falle des Ausschlusses nach § 9 Abs. 1a dieser Geschäftsordnung oder beim Entzug des Rederechts nach § 21 dieser Geschäftsordnung).

(2) Die Ratsmitglieder können in besonderen Fällen die Bildübertragung unterbrechen, wenn dies zum Schutz der Privatsphäre oder aus anderen, vergleichbaren Gründen notwendig ist.[9] In diesen Fällen gilt das Ratsmitglied während der Unterbrechung der Bildübertragung als nicht anwesend. Die Unterbrechung der Bildübertragung soll höchstens 10 Minuten dauern, ansonsten hat das Ratsmitglied die Sitzungsleitung über den Grund der Unterbrechung zu informieren.

(3) Die Sitzungsleitung hat das Recht, die Mikrofone von Ratsmitgliedern stumm zu schalten sowie die Bildübertragung zu unterbrechen, wenn eine Stummschaltung oder ein Ausschluss der Bildübertragung nach dieser Geschäftsordnung, der Hauptsatzung der Stadt/Gemeinde

---

[9] Unerwartete Unterbrechung im Nahbereich des an der Sitzung digital teilnehmenden Ratsmitgliedes, sanitäre Bedürfnisse etc.

X oder der Gemeindeordnung NRW geboten ist. § 2 Abs. 4 Satz 2 Digitalsitzungsverordnung bleibt unberührt.

(4) Die Sitzungsleitung ist berechtigt, zur Vorbereitung der Niederschrift einen Mitschnitt einer digitalen oder hybriden Ratssitzung anzufertigen.

§ 13
Anträge zur Geschäftsordnung

(1) Anträge zur Geschäftsordnung können jederzeit von jedem Mitglied des Rates gestellt werden. Dazu gehören insbesondere folgende Anträge:

a) auf Schluss der Aussprache (§ 14),

b) auf Schluss der Rednerliste (§ 14),

c) auf Verweisung an einen Ausschuss oder an den Bürgermeister,

d) auf Vertagung,

e) auf Unterbrechung oder Aufhebung der Sitzung,

f) auf Ausschluss oder Wiederherstellung der Öffentlichkeit,

g) auf namentliche oder geheime Abstimmung,

h) auf Absetzung einer Angelegenheit von der Tagesordnung.

(2) Wird ein Antrag zur Geschäftsordnung gestellt, so darf noch je ein Mitglied des Rates für und gegen diesen Antrag sprechen. Anschließend ist über den Antrag abzustimmen. In den Fällen des § 16 Abs. 3 Abs. 4 bedarf es keiner Abstimmung.

Über Anträge zur Geschäftsordnung hat der Rat gesondert vorab zu entscheiden. Werden mehrere Anträge zur Geschäftsordnung gleichzeitig gestellt, so ist über den jeweils weitestgehenden Antrag zuerst abzustimmen. In Zweifelsfällen bestimmt der Bürgermeister/die Bürgermeisterin die Reihenfolge der Abstimmung.

§ 14
Schluss der Aussprache, Schluss der Rednerliste

Jedes Mitglied des Rates, das sich nicht an der Beratung beteiligt hat, kann beantragen, dass die Beratung des Tagesordnungspunktes beendet oder die Rednerliste geschlossen wird. Wird ein solcher Antrag gestellt, so gibt der/die Vorsitzende die bereits vorliegenden Wortmeldungen bekannt.

§ 15
Anträge zur Sache

(1) Jedes Mitglied des Rates und jede Fraktion sind berechtigt, zu jedem Punkt der Tagesordnung Anträge zu stellen, um eine Entscheidung des Rates in der Sache herbeizuführen (Anträge zur Sache). Hat eine Vorberatung in Ausschüssen des Rates stattgefunden, so steht ein gleiches Recht auch den beteiligten Ausschüssen zu. Die Anträge müssen einen abstimmungsfähigen Beschlussentwurf enthalten.

(2) Für Zusatz- und Änderungsanträge zu den nach Abs. 1 gestellten Anträgen gilt Abs. 1 Satz 3 entsprechend.

(3) Anträge nach den Absätzen 1 und 2, die Mehrausgaben oder Mindereinnahmen gegenüber den Ansätzen des Haushaltsplanes zur Folge haben, müssen mit einem Deckungsvorschlag verbunden werden.

§ 16
Abstimmung

(1) Nach Schluss der Aussprache stellt der Bürgermeister/die Bürgermeisterin die zu dem Tagesordnungspunkt gestellten Sachanträge zur Abstimmung. Der weitestgehende Antrag hat Vorrang. In Zweifelsfällen bestimmt der Bürgermeister/die Bürgermeisterin die Reihenfolge der Abstimmung.

(2) Die Abstimmung erfolgt im Regelfall durch Handzeichen.

(2a) Das im Rahmen einer digitalen oder hybriden Sitzung eingesetzte Abstimmungssystem muss das Stimmverhalten der Stimmberechtigten bei offenen oder namentlichen Abstimmungen für die Sitzungsleitung, die anderen Gremienmitglieder und die Öffentlichkeit erkennen und nachvollziehen lassen. Der Verzicht auf den Einsatz eines Abstimmungssystems ist zulässig, wenn die Voraussetzungen des Satzes 1 im Rahmen der digitalen oder hybriden Sitzungsdurchführung auf andere geeignete Weise erfüllt werden. Dies ist bei einer offenen Abstimmung insbesondere dann der Fall, wenn die Sitzungsleitung die stimmberechtigten Mitglieder ohne größere Schwierigkeiten überblicken kann und so eine Abstimmung durch Erheben der Hand möglich ist. Im Zweifel entscheidet die Sitzungsleitung, ob ein Fall der Sätze 2 und 3 vorliegt.

(2b) Die Durchführung geheimer Abstimmungen oder Wahlen ist in einer digitalen oder hybriden Sitzung nur zulässig, wenn durch das eingesetzte Abstimmungssystem technisch sichergestellt ist, dass die Anforderungen an das Verfahren eingehalten werden können, insbesondere die Vertraulichkeit der digitalen Stimmabgabe gewährleistet bleibt und die wesentlichen Schritte der Abstimmungs- beziehungsweise Wahlhandlung und der Ergebnisermittlung zuverlässig und ohne besondere Sachkenntnis überprüft werden können.[10]

Optional:

Die Durchführung geheimer Abstimmungen oder Wahlen ist in einer digitalen oder hybriden Sitzung unter Verwendung des eingesetzten Abstimmungssystems zulässig. Es muss gewährleistet sein, dass die Stimmabgabe der einzelnen Ratsmitglieder für alle Beteiligten geheim bleibt. **optional:** Der Rat kann im Einzelfallmit Stimmenmehrheit entscheiden, dass die geheime Abstimmung nicht unter Verwendung des eingesetzten Abstimmungssystems erfolgt.

(2c) Wird in einer digitalen oder hybriden Sitzung eine geheime Abstimmung nicht unter Verwendung eines Abstimmungssystems durchgeführt, sind geheime Abstimmungen im Nachgang zur digitalen oder hybriden Sitzung durch Abgabe von Stimmzetteln per Briefwahl durchzuführen und das Ergebnis in die Niederschrift aufzunehmen. Für die

---

10 Diese Variante kommt nur in Betracht, wenn unklar ist, ob das eingesetzte System den genannten Anforderungen entspricht; hier wäre dann stets eine Einzelfallentscheidung durch die Sitzungsleitung erforderlich.

Durchführung der Briefwahl sind die Vorschriften des Kommunalwahlgesetzes NRW, insbesondere §§ 26 und 27 Kommunalwahlgesetz NRW entsprechend heranzuziehen. Die per Briefwahl abgegebenen Stimmen müssen grundsätzlich bis zum fünften Tag (**optional:** fünften Werktag) nach der betreffenden Sitzung bei der Bürgermeisterin bzw. dem Bürgermeister eingegangen sein. Es dürfen nur Mitglieder abstimmen, die auch an der entsprechenden Sitzung teilgenommen haben. Die Auszählung erfolgt durch die Bürgermeisterin/ den Bürgermeister oder einen oder mehrere von ihm oder ihr hierzu herangezogene(n) Bedienstete(n) der Stadt/Gemeinde; bei der Auszählung sollen mindestens drei Bedienstete der Stadt/Gemeinde anwesend sein. Ratsmitgliedern ist auf deren Verlangen die Möglichkeit zur Anwesenheit bei der Auszählung zu geben. Neben den Gremienmitgliedern ist auch die Öffentlichkeit über das Stimmergebnis zu informieren, soweit nicht im Einzelfall etwas anderes beschlossen wird.

(3) Auf Antrag von mindestens einem Fünftel der Mitglieder des Rates erfolgt namentliche Abstimmung. Bei namentlicher Abstimmung ist die Stimmabgabe jedes Stimmberechtigten in der Niederschrift zu vermerken.

(4) Auf Antrag von mindestens einem Fünftel der Mitglieder des Rates wird geheim abgestimmt. Die geheime Abstimmung erfolgt durch Abgabe von Stimmzetteln.

(5) Wird zum selben Tagesordnungspunkt sowohl ein Antrag auf namentliche als auch auf geheime Abstimmung gestellt, so hat der Antrag auf geheime Abstimmung Vorrang.

Das Abstimmungsergebnis wird von dem Bürgermeister/der Bürgermeisterin bekanntgegeben und in der Niederschrift festgehalten.

§ 17
Fragerecht der Ratsmitglieder[11]

(1) Jedes Ratsmitglied ist berechtigt, schriftliche Anfragen, die sich auf Angelegenheiten der Stadt/Gemeinde beziehen, an den Bürgermeister/die Bürgermeisterin zu richten. Anfragen sind mindestens fünf Werktage vor Beginn der Ratssitzung dem Bürgermeister/der Bürgermeisterin zuzuleiten. Die Beantwortung hat schriftlich zu erfolgen, wenn der Fragesteller/die Fragestellerin es verlangt.

(2) Jedes Ratsmitglied ist darüber hinaus berechtigt, nach Erledigung der Tagesordnung einer Ratssitzung bis zu zwei mündliche Anfragen, die sich nicht auf die Tagesordnung der Ratssitzung beziehen dürfen, an den Bürgermeister/die Bürgermeisterin zu richten. Die Anfragen müssen Angelegenheiten betreffen, die in den Aufgabenbereich der Stadt/Gemeinde fallen. Sie müssen kurz gefasst sein und eine kurze Beantwortung ermöglichen. Der Fragesteller/die Fragestellerin darf jeweils nur eine Zusatzfrage stellen. Ist eine sofortige Beantwortung nicht möglich, kann der Fragesteller/die Fragestellerin auf eine Beantwortung in der nächsten Ratssitzung oder auf eine schriftliche Beantwortung verwiesen werden.[12]

(3) Anfragen dürfen zurückgewiesen werden, wenn

a) sie nicht den Bestimmungen der Abs. 1 oder 2 entsprechen,

b) die begehrte Auskunft demselben oder einem anderen Ratsmitglied innerhalb der letzten sechs Monate erteilt wurde,

c) die Beantwortung offenkundig mit einem unverhältnismäßigen Aufwand verbunden wäre.

---

[11] § 17 regelt die Art und Weise der Umsetzung des Auskunftsanspruchs nach §§ 47 Abs. 2 Satz 2, 55 Abs. 1 Satz 2 GO.

[12] Für diejenigen Gemeinden, die die Dauer einer in der Tagesordnung festgelegten Fragestunde nach Abs. 2 begrenzen wollen, wird empfohlen, Abs. 2 durch folgenden Satz 6 zu ergänzen:

„Die Höchstdauer einer Fragestunde wird auf ..... Minuten festgesetzt.“

(4) Eine Aussprache findet nicht statt.

§ 18
Fragerecht von Einwohnern

(1) Der Rat kann beschließen, dass eine Fragestunde für Einwohner in die Tagesordnung der nächstfolgenden Ratssitzung aufgenommen wird. In diesem Fall ist jeder Einwohner/jede Einwohnerin der Stadt/Gemeinde berechtigt, nach Aufruf des Tagesordnungspunktes mündliche Anfragen an den Bürgermeister/die Bürgermeisterin zu richten. Die Anfragen müssen sich auf Angelegenheiten der Stadt/Gemeinde beziehen. Den Einwohnerinnen und Einwohnern wird bei digitalen (optional: hybriden) Sitzungen ein nach § 1 Abs. 3b dieser Geschäftsordnung geschützter Zugang mit Rederecht eingeräumt.

(2) Melden sich mehrere Einwohner gleichzeitig, so bestimmt der Bürgermeister/die Bürgermeisterin die Reihenfolge der Wortmeldungen. Jeder Fragesteller/jede Fragestellerin ist berechtigt, höchstens zwei Zusatzfragen zu stellen.

(3) Die Beantwortung der Anfrage erfolgt im Regelfall mündlich durch den Bürgermeister/die Bürgermeisterin. Ist eine sofortige Beantwortung nicht möglich, so kann der Fragesteller/die Fragestellerin auf schriftliche Beantwortung verwiesen werden. Eine Aussprache findet nicht statt.

§ 19
Wahlen

(1) Wahlen werden durch offene Abstimmung vollzogen. Die Abstimmung erfolgt im Regelfall durch Handzeichen.

(2) Wenn das Gesetz es bestimmt oder wenn ein Ratsmitglied oder der Bürgermeister/die Bürgermeisterin der offenen Abstimmung widerspricht, erfolgt die Wahl geheim durch Abgabe von Stimmzetteln. Auf dem Stimmzettel ist der Name des/der zu Wählenden anzugeben oder anzukreuzen. Unbeschriftete Stimmzettel gelten als Stimmenthaltung.

(3) Gewählt ist die vorgeschlagene Person, die mehr als die Hälfte der gültigen Stimmen erhalten hat. Nein-Stimmen gelten als gültige Stimmen. Erreicht niemand mehr als die Hälfte der Stimmen, so findet

zwischen den Personen, welche die beiden höchsten Stimmenzahlen erreicht haben, eine engere Wahl statt. Gewählt ist, wer in dieser engeren Wahl die meisten Stimmen auf sich vereinigt. Bei Stimmengleichheit entscheidet das Los (§ 50 Abs. 2 GO).

(4) Für die Besetzung von Ausschüssen des Rates gilt § 50 Abs. 3 GO.

(5) Für Wahlen im Rahmen einer digitalen oder hybriden Sitzung gilt § 16 Abs. 2a – 2c dieser Geschäftsordnung entsprechend.

2.3 Ordnung in den Sitzungen

§ 20
Ordnungsgewalt und Hausrecht

(1) In den Sitzungen des Rates handhabt der Bürgermeister/die Bürgermeisterin die Ordnung und übt das Hausrecht aus. Seiner/Ihrer Ordnungsgewalt und seinem/ihrem Hausrecht unterliegen – vorbehaltlich der §§ 21 bis 23 dieser Geschäftsordnung – alle Personen, die sich während einer Ratssitzung im Sitzungssaal aufhalten. Wer sich ungebührlich benimmt oder sonst die Würde der Versammlung verletzt, kann von dem Bürgermeister/der Bürgermeisterin zur Ordnung gerufen und notfalls aus dem Sitzungssaal gewiesen werden.

(2) Entsteht während einer Sitzung des Rates unter den Zuhörern störende Unruhe, so kann der Bürgermeister/die Bürgermeisterin nach vorheriger Abmahnung den für die Zuhörer bestimmten Teil des Sitzungssaales räumen lassen, wenn die störende Unruhe auf andere Weise nicht zu beseitigen ist.

§ 21
Ordnungsruf und Wortentziehung

(1) Redner, die vom Thema abschweifen, kann der Bürgermeister/die Bürgermeisterin zur Sache rufen.

(2) Redner, die ohne Worterteilung das Wort an sich reißen oder die vorgeschriebene Redezeit trotz entsprechender Abmahnung überschreiten, kann der Bürgermeister/die Bürgermeisterin zur Ordnung rufen.

(3) Hat ein Redner/eine Rednerin bereits zweimal einen Ruf zur Sache (Abs. 1) oder einen Ordnungsruf (Abs. 2) erhalten, so kann der Bürgermeister/die Bürgermeisterin ihm/ihr das Wort entziehen, wenn der Redner/die Rednerin Anlass zu einer weiteren Ordnungsmaßnahme gibt. Einem Redner/einer Rednerin, dem/der das Wort entzogen ist, darf es in derselben Ratssitzung zu dem betreffenden Tagesordnungspunkt nicht wieder erteilt werden.

§ 22
Entzug der Sitzungsentschädigung, Ausschluss aus der Sitzung

(1) Ein Ratsmitglied kann durch Beschluss des Rates nach § 51 Abs. 2 GO für eine oder mehrere Sitzungen ausgeschlossen und ihm können die auf den Sitzungstag entfallenden Entschädigungen ganz oder teilweise entzogen werden, wenn das Ratsmitglied

a) nach wiederholtem Ordnungsruf und nach Androhung des Sitzungsausschlusses seitens des/der Vorsitzenden sein störendes Verhalten fortsetzt oder

b) in gröblicher Weise die Ordnung verletzt.

(2) Hält der Bürgermeister/die Bürgermeisterin die Voraussetzungen für den Ausschluss eines Ratsmitglieds nach Abs. 1 für gegeben und hält er/sie den sofortigen Ausschluss des Ratsmitglieds für erforderlich, so kann er/sie den sofortigen Ausschluss verhängen und durchführen. Der Rat befindet über die Berechtigung dieser Maßnahme in der nächsten Sitzung (§ 51 Abs. 3 GO.)

§ 23
Einspruch gegen Ordnungsmaßnahmen

(1) Gegen Ordnungsmaßnahmen nach § 22 dieser Geschäftsordnung steht dem/der Betroffenen der Einspruch zu.

(2) Über die Berechtigung der Ordnungsmaßnahme befindet alsdann der Rat in der nächsten Sitzung ohne die Stimme des/der Betroffenen. Diesem/Dieser ist Gelegenheit zur Stellungnahme zu geben. Die Entscheidung des Rates ist dem/der Betroffenen zuzustellen.

3. Niederschrift über die Ratssitzungen, Unterrichtung der Öffentlichkeit

§ 24
Niederschrift

(1) Über die im Rat gefassten Beschlüsse ist durch den Schriftführer/die Schriftführerin eine Niederschrift aufzunehmen. Die Niederschrift muss enthalten:

a) die Namen der anwesenden und der fehlenden Ratsmitglieder,

b) die Namen der sonstigen an den Beratungen teilnehmenden Personen,

c) Ort und Tag sowie Zeitpunkt des Beginns, Durchführung als Präsenz-, digitale oder hybride Sitzung, einer etwaigen Unterbrechung und der Beendigung der Sitzung,

d) die behandelten Beratungsgegenstände,

e) die gestellten Anträge,

f) die gefassten Beschlüsse und die Ergebnisse von Wahlen.

(2) Die Niederschrift soll eine gedrängte Wiedergabe des Verhandlungsverlaufs enthalten.

(3) Der Schriftführer/Die Schriftführerin wird vom Rat bestellt. Soll ein Bediensteter/eine Bedienstete der Gemeinde/Stadtverwaltung bestellt werden, so erfolgt die Bestellung im Benehmen mit dem Bürgermeister/der Bürgermeisterin.

(4) Die Niederschrift wird von dem Bürgermeister/der Bürgermeisterin und dem/der vom Rat bestellten Schriftführer/ Schriftführerin unterzeichnet. Verweigert eine/r der Genannten die Unterschrift, so ist dies in der Niederschrift zu vermerken. Die Niederschrift ist allen Ratsmitgliedern in der Form zuzuleiten, wie die Einberufung erfolgt. Dabei ist sicherzustellen, dass unberechtigte Dritte keinen Zugriff auf den Teil

der Niederschrift nehmen können, die in nichtöffentlicher Sitzung behandelt wurden[13].

(5) Um die Erstellung der Niederschrift zu erleichtern, dürfen Tonbandmitschnitte von Sitzungen erfolgen. Sie dürfen ausschließlich von den in Abs. 4 Satz 1 genannten Personen zur Erstellung der Niederschrift genutzt werden. Ist bis spätestens in der auf die Zuleitung der Niederschrift gem. Abs. 4 Satz 2 folgenden Ratssitzung kein Wunsch zur Änderung der Niederschrift geäußert worden, so ist der Tonbandmitschnitt unverzüglich zu löschen. Wird ein Änderungswunsch geäußert, so kann zur Klärung der Berechtigung dieses Wunsches bis zur nächstfolgenden Ratssitzung der Tonbandmitschnitt abweichend von Satz 2 von dem Ratsmitglied, das den Änderungswunsch vorträgt, von dem Schriftführer/der Schriftführerin und ggf. auch von den in Abs. 4 Satz 1 genannten Personen gemeinsam abgehört werden, um eine gütliche Einigung über die Niederschrift zu erreichen. Das Ergebnis dieser Einigungsbemühungen ist dem Rat vorzutragen. Anschließend ist der Tonbandmitschnitt unverzüglich zu löschen.

(6) Für die Erstellung der Niederschrift mit Hilfe digitaler Mitschnitte einer digitalen oder hybriden Sitzung gilt § 12c Abs. 4 dieser Geschäftsordnung.

§ 25
Unterrichtung der Öffentlichkeit

(1) Über den wesentlichen Inhalt der vom Rat gefassten Beschlüsse ist die Öffentlichkeit in geeigneter Weise zu unterrichten. Dies kann dadurch geschehen, dass der Bürgermeister/die Bürgermeisterin den Wortlaut eines vom Rat gefassten Beschlusses in öffentlicher Sitzung verliest und ihn erforderlichenfalls außerdem im unmittelbaren Anschluss an die Sitzung der örtlichen Presse zugänglich macht.

---

13 Hinsichtlich der Sicherheitsstandards sei auf die Ausführungen zu Fußnote 2 verwiesen.

(2) Die Unterrichtung gilt grundsätzlich auch für Beschlüsse des Rates, die in nichtöffentlicher Sitzung gefasst werden, es sei denn, dass der Rat im Einzelfall ausdrücklich etwas anderes beschlossen hat.

II. Geschäftsordnung der Ausschüsse

§ 26
Grundregel

Auf das Verfahren in den Ausschüssen finden grundsätzlich die für den Rat geltenden Vorschriften entsprechend Anwendung, soweit nicht § 27 dieser Geschäftsordnung abweichende Regelungen enthält.

§ 27
Abweichungen für das Verfahren der Ausschüsse

(1) Der/die Ausschussvorsitzende setzt die Tagesordnung im Benehmen mit dem Bürgermeister/der Bürgermeisterin fest (§ 58 Abs. 2 Satz 2 GO). Der/die Ausschussvorsitzende ist auf Verlangen des Bürgermeisters/der Bürgermeisterin bzw. auf Antrag einer Fraktion verpflichtet, einen Gegenstand in die Tagesordnung aufzunehmen.

(2) Über Zeit, Ort und Tagesordnung der Ausschusssitzungen unterrichtet der Bürgermeister/die Bürgermeisterin die Öffentlichkeit in geeigneter Weise, ohne dass es einer öffentlichen Bekanntmachung nach § 4 dieser Geschäftsordnung bedarf.

(3) Die Beschlussfähigkeit von Ausschüssen ist über § 8 Abs. 1 Satz 2 dieser Geschäftsordnung hinaus nur dann gegeben, wenn die Zahl der anwesenden Ratsmitglieder die Zahl der anwesenden sachkundigen Bürger (stimmberechtigte Ausschussmitglieder nach § 58 Abs. 3 GO) übersteigt; Ausschüsse gelten auch insoweit als beschlussfähig, solange ihre Beschlussunfähigkeit nicht festgehalten ist.

(4) Der Bürgermeister/Die Bürgermeisterin und die Beigeordneten sind berechtigt und auf Verlangen eines Ausschusses in Angelegenheiten ihres Geschäftsbereichs verpflichtet, an dessen Sitzungen teilzunehmen. Sie sind berechtigt und auf Verlangen mindestens eines Ausschussmitglieds verpflichtet, zu einem Punkt der Tagesordnung vor dem Ausschuss Stellung zu nehmen.

(5) Der Bürgermeister/Die Bürgermeisterin ist zu allen Ausschusssitzungen einzuladen. Er/Sie hat das Recht, mit beratender Stimme an den Sitzungen teilzunehmen; ihm/ihr ist auf Verlangen jederzeit das Wort zu erteilen.

(6) An den nichtöffentlichen Sitzungen eines Ausschusses können die stellvertretenden Ausschussmitglieder und alle Ratsmitglieder als Zuhörer teilnehmen. Sachkundige Bürger/Bürgerinnen und sachkundige Einwohner/Einwohnerinnen, die zu stellvertretenden Ausschussmitgliedern gewählt worden sind, können an den nichtöffentlichen Sitzungen dieses Ausschusses als Zuhörer/Zuhörerin teilnehmen. Mitglieder anderer Ausschüsse können an einer Ausschusssitzung teilnehmen, soweit deren Aufgabenbereich durch den Beratungsgegenstand berührt wird.[14]

(7) § 17 dieser Geschäftsordnung findet auf Ausschüsse keine Anwendung.

(8) In den Ausschüssen ist eine Niederschrift über die Beschlüsse aufzunehmen. Die Niederschrift ist dem Bürgermeister/der Bürgermeisterin und den Ausschussmitgliedern in der Form zuzuleiten, wie auch die Einberufung erfolgt. Dabei ist sicherzustellen, dass unberechtigte Dritte keinen Zugriff auf den Teil der Niederschrift nehmen können, die in nichtöffentlicher Sitzung behandelt wurden[15].

(9) § 12 Abs. 6 dieser Geschäftsordnung findet auf Ausschüsse keine Anwendung.[16]

§ 28
Einspruch gegen Beschlüsse entscheidungsbefugter Ausschüsse

(1) Beschlüsse von Ausschüssen mit Entscheidungsbefugnis können erst durchgeführt werden, wenn innerhalb von drei Tagen, den Tag der

[14] Satz 3 ist nur dann aufzunehmen, sofern den Ausschussmitgliedern das Recht eingeräumt werden soll, an den nichtöffentlichen Sitzungen aller Ausschüsse teilzunehmen.

[15] Auch hier sei auf die Ausführungen zu Fußnote 2 verwiesen.

[16] Vgl. Urteil des VG Arnsberg vom 05. Dezember 2019 bei Fußnote 4.

Beschlussfassung nicht eingerechnet, weder von dem Bürgermeister/der Bürgermeisterin noch von mindestens einem Fünftel der Ausschussmitglieder schriftlich Einspruch eingelegt worden ist.

(2) Über den Einspruch entscheidet der Rat.

III. Fraktionen

§ 29
Bildung von Fraktionen

(1) Fraktionen sind freiwillige Vereinigungen von Ratsmitgliedern, die sich auf der Grundlage grundsätzlicher politischer Übereinstimmung zu möglichst gleichgerichtetem Wirken zusammengeschlossen haben. Eine Fraktion muss aus mindestens 2 Ratsmitgliedern bestehen. Jedes Ratsmitglied kann nur einer Fraktion angehören.

(2) Die Bildung einer Fraktion ist dem Bürgermeister/der Bürgermeisterin vom Fraktionsvorsitzenden schriftlich anzuzeigen. Die Mitteilung muss die genaue Bezeichnung der Fraktion, die Namen des/der Fraktionsvorsitzenden und seines/ihres Stellvertreters sowie aller der Fraktion angehörenden Ratsmitglieder enthalten. Ferner ist anzugeben, wer berechtigt ist, für die Fraktion Anträge zu stellen oder sonstige Erklärungen abzugeben. Unterhält die Fraktion eine Geschäftsstelle, so hat die Mitteilung auch die Anschrift der Geschäftsstelle zu enthalten.

(3) Ratsmitglieder, die keiner Fraktion angehören, können von einer Fraktion als Hospitanten aufgenommen werden. Bei der Feststellung der Mindeststärke einer Fraktion zählen Hospitanten nicht mit.

(4) Die Auflösung einer Fraktion, der Wechsel im Fraktionsvorsitz (stellvertretenden Fraktionssitz) sowie die Aufnahme und das Ausscheiden von Mitgliedern sind dem Bürgermeister/der Bürgermeisterin von dem Fraktionsvorsitzenden/der Fraktionsvorsitzenden ebenfalls schriftlich anzuzeigen.

(5) Die Fraktionen haben hinsichtlich der Verarbeitung personenbezogener Daten (i.S.d. § 4 Datenschutzgesetz Nordrhein-Westfalen i.V.m. Art. 4 DSGVO) die erforderlichen technischen und organisatorischen Maßnahmen zu treffen, um eine den Vorschriften des Datenschutz-

gesetzes Nordrhein-Westfalen entsprechende Datenverarbeitung sicherzustellen. Sie sind verpflichtet, bei der Auflösung der Fraktion die aus der Fraktionsarbeit erlangten personenbezogenen Daten zu löschen (Art. 17 Abs. 1 Alt. 2 Buchstabe a DSGVO).

IV. Datenschutz

§ 30
Datenschutz

Die Mitglieder des Rates und der Ausschüsse, die im Rahmen der Ausübung ihrer ehrenamtlichen Tätigkeit Zugang zu vertraulichen Unterlagen, die personenbezogene Daten enthalten, haben bzw. von ihnen Kenntnis erlangen, dürfen solche Daten nur zu dem jeweiligen, der rechtmäßigen Aufgabenerfüllung dienenden Zweck verarbeiten oder offenbaren.

Personenbezogene Daten sind alle Informationen, die sich auf eine identifizierte oder identifizierbare natürliche Person beziehen. Als identifizierbar wird eine natürliche Person angesehen, die direkt oder indirekt, insbesondere mittels Zuordnung zu einer Kennung wie einem Namen, zu einer Kennnummer, zu Standortdaten, zu einer Online-Kennung oder zu einem oder mehreren besonderen Merkmalen, die Ausdruck der physischen, physiologischen, genetischen, psychischen, wirtschaftlichen, kulturellen oder sozialen Identität dieser natürlichen Person sind, identifiziert werden kann.

Vertrauliche Unterlagen sind alle Schriftstücke, automatisierte Dateien und sonstige Datenträger, die als solche gekennzeichnet sind oder personenbezogene Daten enthalten. Hierzu zählen auch mit vertraulichen Unterlagen in Zusammenhang stehende handschriftliche oder andere Notizen.

§ 31
Datenverarbeitung

Die Mitglieder des Rates und der Ausschüsse sind verpflichtet, vertrauliche Unterlagen so aufzubewahren, dass sie ständig vor Kenntnisnahme und Zugriff Dritter (z.B. Familienangehörige, Besucher, Parteifreunde, Nachbarn etc.) gesichert sind. Dieses gilt auch für den Transport der Unterlagen. In begründeten Einzelfällen ist dem Bürgermeister/der Bürgermeisterin auf Verlangen Auskunft über die getroffenen Datensicherheitsmaßnahmen zu geben.

Eine Weitergabe von vertraulichen Unterlagen oder Mitteilung über den Inhalt an Dritte, ausgenommen im erforderlichen Umfang bei Verhinderung an den Stellvertreter/die Stellvertreterin, ist nicht zulässig. Dies gilt auch für die Zeit nach Ausscheiden aus dem Rat.

Die Mitglieder der Gemeindevertretung und der Ausschüsse sind bei einem Auskunftsersuchen eines/einer Betroffenen nach dem Landesdatenschutzgesetz verpflichtet, dem Bürgermeister/der Bürgermeisterin auf Anfrage schriftlich Auskunft über die bei ihnen aufgrund dieser Tätigkeit zu einer bestimmten Person gespeicherten Daten zu erteilen (vgl. § 49 Abs. 1 DSG NRW). Zu beachten ist hierbei die Beschränkung des Auskunftsrechts gem. § 12 DSG NRW.

Vertrauliche Unterlagen sind unverzüglich und dauerhaft zu vernichten bzw. zu löschen, wenn diese für die Aufgabenerfüllung nicht mehr benötigt werden.

Bei vertraulichen Beschlussunterlagen einschließlich aller damit in Zusammenhang stehenden Unterlagen ist dieses regelmäßig anzunehmen, wenn die Niederschrift über die Sitzung, in der der jeweilige Tagesordnungspunkt abschließend behandelt wurde, genehmigt ist.

Bei einem Ausscheiden aus der Gemeindevertretung oder einem Ausschuss sind alle vertraulichen Unterlagen sofort dauerhaft zu vernichten bzw. zu löschen.

Die Unterlagen können auch der Gemeindeverwaltung zur Vernichtung bzw. Löschung übergeben werden.

Die ausgeschiedenen Mitglieder haben die Vernichtung bzw. die Löschung aller vertraulichen Unterlagen gegenüber dem Bürgermeister/der Bürgermeisterin schriftlich zu bestätigen.

V. Schlussbestimmungen, Inkrafttreten

§ 32
Schlussbestimmungen

Jedem Mitglied des Rates und der Ausschüsse ist eine Ausfertigung dieser Geschäftsordnung auszuhändigen oder digital zur Verfügung zu stellen. Wird die Geschäftsordnung während der Wahlzeit geändert, so ist auch die geänderte Fassung auszuhändigen.

§ 33
Inkrafttreten

Diese Geschäftsordnung tritt mit dem Tage nach der Beschlussfassung durch den Rat in Kraft.

Gleichzeitig tritt die frühere Geschäftsordnung vom .... außer Kraft.

V. Muster-Hauptsatzung (StGB NRW)

MUSTER-HAUPTSATZUNG

- Städte- und Gemeindebund NRW -
(Stand: November 2022)

Inhaltsübersicht

Präambel

Aufgrund von § 7 Abs. 3 Satz 1 i.V.m. § 41 Abs. 1 Satz 2 Buchstabe f der Gemeindeordnung für das Land Nordrhein-Westfalen in der Fassung der Bekanntmachung vom 14.07.1994 (GV.NRW. 1994, S. 666 ff.), zuletzt geändert durch Gesetz vom 13. April 2022 (GV.NRW. S. 490), hat der Rat der Stadt/Gemeinde ….. am ….. mit Mehrheit der gesetzlichen Anzahl der Mitglieder des Rates – betreffend die Regelung des § 11 Abs. 5 mit der erforderlichen Zwei-Drittel-Mehrheit – die folgende Hauptsatzung beschlossen.

§ 1
Name, Bezeichnung, Gebiet

Bemerkung:

Der erste Paragraph der Hauptsatzung enthält üblicherweise Ausführungen darüber, welchen Namen die Gemeinde führt, wann und durch welches Ereignis sie entstanden ist, welche zusätzlichen Bezeichnungen ihr verliehen wurden (z. B. „Stadt", „Bad") und welchen Gebietsbestand sie aufweist. Da der Vorschrift ohnehin keine konstitutive Bedeutung zukommt, wird wegen der unterschiedlichen örtlichen Verhältnisse von einem Formulierungsvorschlag abgesehen.

§ 2
Wappen, Flagge, Siegel

(1) Der Stadt / Gemeinde ist mit Urkunde des .... vom ...... das Recht zur Führung eines Wappens verliehen worden. Beschreibung des Wappens:

(2) Der Stadt / Gemeinde ist ferner mit Urkunde des ..... vom ..... das Recht zur Führung einer Flagge verliehen worden. Beschreibung der Flagge:

(3) Die Stadt / Gemeinde führt ein Dienstsiegel mit dem Stadt- / Gemeindewappen. Das Dienstsiegel gleicht in Form und Größe dem dieser Hauptsatzung beigedrückten Siegel.

Bemerkung:

Die Vorschrift hat nur Bedeutung für solche Städte und Gemeinden, denen das Recht zur Führung eigener Hoheitszeichen verliehen wurde. Für Gemeinden ohne eigene Hoheitszeichen empfiehlt sich folgende Formulierung:

Die Stadt / Gemeinde ..... führt als Dienstsiegel das kleine Landessiegel mit der Beschriftung: „Stadt / Gemeinde .....“. Das Dienstsiegel gleicht in Form und Größe dem dieser Hauptsatzung beigedrückten Siegel.

§ 3
Einteilung des Gemeindegebiets in Bezirke

(1) Das Stadt- / Gemeindegebiet wird in folgende Stadt- / Gemeindebezirke eingeteilt:[1]
.... (genaue Bezeichnung der Stadt- / Gemeindebezirke).
Die räumliche Abgrenzung der Bezirke ergibt sich aus der als Anlage beigefügten Karte, die Bestandteil der Hauptsatzung ist.

o d e r

(1) Innerhalb des Stadt- / Gemeindegebietes werden folgende Stadt- / Gemeindebezirke gebildet:[2]
.... (genaue Bezeichnung der Stadt- / Gemeindebezirke).

---

1 Diese Formulierung ist bei Einteilung des gesamten Gemeindegebietes in Bezirke zu verwenden.

2 Diese Formulierung ist nur bei teilweiser Gliederung des Gemeindegebietes in Bezirke zu verwenden.

Die räumliche Abgrenzung der Bezirke ergibt sich aus der als Anlage beigefügten Karte, die Bestandteil dieser Satzung ist.

(2) Für jeden Bezirk wird ein Bezirksausschuss gebildet, der aus jeweils ... Mitgliedern besteht.[3] Dem Bezirksausschuss gehören ... Sachkundige Bürger/Bürgerinnen an. Alle Mitglieder des Bezirksausschusses sollen in dem Bezirk, für den der Bezirksausschuss gebildet wird, wohnen. Die Bestellung beratender Mitglieder richtet sich nach den gesetzlichen Vorschriften (§ 39 Abs. 4 GO).

(3) Den Bezirksausschüssen werden im Rahmen des § 41 Abs. 2 GO folgende Aufgaben zur Entscheidung übertragen:[4]
....

Bei Wahrnehmung der ihnen zugewiesenen Aufgaben haben die Bezirksausschüsse die vom Rat erlassenen Richtlinien zu beachten.

(4) Für jeden Stadt- / Gemeindebezirk wird eine Bezirksverwaltungsstelle eingerichtet. Die näheren Einzelheiten regelt der Bürgermeister/ die Bürgermeisterin im Rahmen seiner Befugnisse gem. § 62 Abs. 1 GO.

o d e r

(4) Für folgende Stadt- / Gemeindebezirke werden Bezirksverwaltungsstellen eingerichtet:
.... (Genaue Bezeichnung der Bezirke).
Die näheren Einzelheiten regelt der Bürgermeister im Rahmen seiner Befugnisse gem. § 62 Abs. 1 GO.

__Bemerkung:__

---

3 Bei unterschiedlicher Größe der Bezirksausschüsse ist die jeweilige Zahl der Mitglieder in der Hauptsatzung festzulegen.

4 In Betracht kommen nur solche Aufgaben, die sich ohne Beeinträchtigung der einheitlichen Entwicklung der gesamten Gemeinde innerhalb eines Bezirks erledigen lassen (vgl. § 39 Abs. 3 Satz 1 GO).

Sofern der Rat die Repräsentation in Angelegenheiten des Bezirks auf die Bezirksausschüsse übertragen hat (vgl. § 3 Abs. 4 dieser Hauptsatzung), kann sich eine Aufnahme folgender Bestimmung empfehlen:

(5) Der Bürgermeister/die Bürgermeisterin ist berechtigt, den Vorsitzenden/die Vorsitzende eines Bezirksausschusses in geeigneten Fällen mit der Wahrnehmung repräsentativer Aufgaben und Verpflichtungen zu beauftragen.

§ 3
Einteilung des Gemeindegebietes in Ortschaften

(1) Das Stadt-/Gemeindegebiet wird in folgende Ortschaften eingeteilt:[5]
.... (genaue Bezeichnung der Ortschaften)
Die räumliche Abgrenzung der Ortschaften ergibt sich aus der als Anlage beigefügten Karte, die Bestandteil dieser Hauptsatzung ist.

o d e r

(1) Innerhalb des Stadt-/Gemeindegebietes werden folgende Ortschaften gebildet:[6]
.... (genaue Bezeichnung der Ortschaften).
Die räumliche Abgrenzung der Ortschaften ergibt sich aus der als Anlage beigefügten Karte, die Bestandteil dieser Hauptsatzung ist.

(2) Für jede Ortschaft wird vom Rat ein Ortsvorsteher/eine Ortsvorsteherin gewählt. Die Wahl erfolgt für die Dauer der Wahlzeit des Rates. Er/Sie soll in der Ortschaft, für die er/sie bestellt wird, wohnen[7] und muss dem Rat angehören oder angehören können. Der Bürgermeister/

---

[5] Diese Formulierung ist bei Einteilung des gesamten Gemeindegebietes in Ortschaften zu verwenden.

[6] Diese Formulierung ist bei nur teilweiser Gliederung des Gemeindegebietes in Ortschaften zu verwenden.

[7] Seit dem 29.11.2016 ist es nicht mehr erforderlich, dass der Ortsvorsteher zwingend in dem jeweiligen Bezirk wohnen muss (GV.NRW. 2016, S. 966).

die Bürgermeisterin und sein(e)/ihre Stellvertreter/in sollen nicht zum Ortsvorsteher/zur Ortsvorsteherin gewählt werden.

(3) Der Ortsvorsteher/Die Ortsvorsteherin hat die Belange seiner/ihrer Ortschaft gegenüber dem Rat wahrzunehmen. Im Rahmen dieser Aufgabe ist er/sie jederzeit berechtigt und verpflichtet, Wünsche, Anregungen und Beschwerden aus der Ortschaft aufzugreifen und an den Rat oder an den für die Entscheidung der Angelegenheit zuständigen Ausschuss weiterzuleiten. Der Rat bzw. der Ausschuss sollen den Ortsvorsteher/die Ortsvorsteherin vor der Entscheidung über Angelegenheiten, die Belange der Ortschaft berühren, hören. Die Anhörung kann sowohl schriftlich als auch mündlich erfolgen. Sie soll mündlich erfolgen, wenn der Ortsvorsteher/die Ortsvorsteherin in einer Angelegenheit dem Rat Wünsche, Anregungen oder Beschwerden vorgetragen hat.

(4) Der Bürgermeister/die Bürgermeisterin kann den Ortsvorsteher/die Ortsvorsteherin mit der Erledigung bestimmter Geschäfte der laufenden Verwaltung beauftragen. Der Ortsvorsteher/die Ortsvorsteherin führt diese Geschäfte in Verantwortung gegenüber dem Bürgermeister/der Bürgermeisterin durch.

(5) Zur Abgeltung des ihm durch die Wahrnehmung seiner Aufgaben entstehenden Aufwandes erhält er eine monatliche Aufwandsentschädigung nach Maßgabe der Entschädigungsverordnung[8]. Daneben steht dem Ortsvorsteher/der Ortsvorsteherin Ersatz des Verdienstausfalls nach Maßgabe des § 39 Abs. 7 Satz 7 i.V.m. § 45 Abs. 1 GO NRW. Ebenso steht ihm ein Anspruch auf Freistellung nach Maßgabe des § 44 GO NRW zu.

Bemerkungen:

Die Aufnahme folgender Bestimmungen kann in Erwägung gezogen werden:

---

8 Der festgelegte Betrag in der EntschVO ist zu beachten.

(6) Der Bürgermeister/die Bürgermeisterin ist berechtigt, den Ortsvorsteher/die Ortsvorsteherin in geeigneten Fällen für den Bereich seiner/ihrer Ortschaft mit der Wahrnehmung repräsentativer Aufgaben und Verpflichtungen zu beauftragen.

§ 4
Gleichstellung von Frau und Mann

(1) Der Bürgermeister/Die Bürgermeisterin bestellt eine hauptamtlich tätige Gleichstellungsbeauftragte.

Bemerkung:

Für den Fall, dass keine Vollzeit-Stelle eingerichtet werden soll, ist folgender Satz 2 anzufügen:

Diese soll mit ... Wochenstunden für den Bereich Gleichstellung tätig sein.

Alternativ für Gemeinden unter 10.000 Einwohnenden:

(1) Der Bürgermeister/Die Bürgermeisterin bestellt eine ehrenamtlich tätige Gleichstellungsbeauftragte.

(2) Der Bürgermeister/Die Bürgermeisterin bestellt eine Stellvertreterin der Gleichstellungsbeauftragten für den Aufgabenbereich der §§ 17, 18, 19 Abs. 1 LGG.

(3) Die Gleichstellungsbeauftragte wirkt bei allen Vorhaben und Maßnahmen der Gemeinde mit, die die Belange von Frauen berühren oder Auswirkungen auf die Gleichberechtigung von Frau und Mann und die Anerkennung ihrer gleichberechtigten Stellung in der Gesellschaft haben. Dies sind insbesondere soziale, organisatorische und personelle Maßnahmen, einschließlich Stellenausschreibungen, Auswahlverfahren und Vorstellungsgespräche; die Gleichstellungsbeauftragte wirkt insbesondere bei der Aufstellung und Änderung des Gleichstellungs-

plans[9] sowie bei der Erstellung des Berichts über die Umsetzung des Gleichstellungsplans mit.

(4) Der Bürgermeister/Die Bürgermeisterin unterrichtet die Gleichstellungsbeauftragte über geplante Maßnahmen gemäß Abs. 3 rechtzeitig und umfassend.

(5) Die Gleichstellungsbeauftragte kann, soweit Beratungsgegenstände ihres Aufgabenbereiches behandelt werden, an Sitzungen des Verwaltungsvorstands, des Rates und seiner Ausschüsse teilnehmen.

Ihr ist auf Wunsch das Wort zu erteilen. Sie kann die Öffentlichkeit über Angelegenheiten ihres Aufgabenbereiches unterrichten. Hierüber ist der Bürgermeister/die Bürgermeisterin vorab zu informieren.

Die Entscheidung, ob ein Beratungsgegenstand eine Angelegenheit des Aufgabenbereiches der Gleichstellungsbeauftragten ist, obliegt dem Bürgermeister/der Bürgermeisterin bzw. bei Ausschusssitzungen dem/der Ausschussvorsitzenden.[10]

(6) Die Vorlagen und Vorinformationen zu Beratungsgegenständen, die den übrigen Rats- bzw. Ausschussmitgliedern zugesandt werden, sind spätestens gleichzeitig auch der Gleichstellungsbeauftragten

---

[9] Mit Inkrafttreten des neuen Landesgleichstellungsgesetzes (LGG) am 15.12.2016 wurden die Frauenförderpläne in Gleichstellungspläne umbenannt. Alternativ zu Gleichstellungsplänen können auf Grundlage der sog. Experimentierklausel (§ 6a LGG) alternative Steuerungselemente im Einvernehmen mit der Gleichstellungsbeauftragten gewählt werden.

[10] Diese Vorschrift regelt lediglich die Letztentscheidungskompetenz im Falle von Meinungsverschiedenheiten zwischen der Gleichstellungsbeauftragten und dem Bürgermeister/Ausschussvorsitzenden/der Bürgermeisterin/der Ausschussvorsitzenden als Vorsitzendem/Vorsitzende des Rates/Ausschusses bzw. als Chef/Chefin der Verwaltung. Die prinzipielle eigenständige Beurteilungskompetenz der Gleichstellungsbeauftragten, welche Angelegenheiten bzw. Beratungsgegenstände gleichstellungsrelevant sind, wird durch § 4 Abs. 5 der Musterhauptsatzung nicht berührt. (Näheres siehe Schnellbrief Nr. 91 vom 1.07.2008).

zuzuleiten, sofern Angelegenheiten ihres Aufgabenbereichs in Frage stehen.

(7) Die Gleichstellungsbeauftragte kann in Angelegenheiten, die ihren Aufgabenbereich berühren, den Beschlussvorlagen des Bürgermeisters/der Bürgermeisterin widersprechen; in diesem Fall hat der Bürgermeister/die Bürgermeisterin den Rat zu Beginn der Beratung auf den Widerspruch und seine wesentlichen Gründe hinzuweisen.

§ 4a[11]
Bildaufnahmen / Film- und Tonaufnahmen in Sitzungen des Rates

(1) In öffentlichen Sitzungen sind Bildaufnahmen zulässig, wenn sie die Ordnung der Sitzung nicht gefährden. Dieses Recht umfasst nicht die Anfertigung von Bildaufnahmen von Zuhörern/Zuhörerinnen oder Verwaltungsbediensteten mit Ausnahme der Bürgermeisterin/des Bürgermeisters, des allgemeinen Vertreters/der allgemeinen Vertreterin und der Beigeordneten (§ 69 GO NRW).

(2) Über das Vorliegen einer Gefährdung der Ordnung der Sitzung entscheidet der Bürgermeister/die Bürgermeisterin oder seine/ihre Vertretung bei der Sitzungsleitung.

optional:

Eine Gefährdung der Ordnung der Sitzung liegt insbesondere vor, wenn

- durch die Anfertigung von Bildaufnahmen Ratsmitglieder, Zuhörer/Zuhörerinnen oder Verwaltungsbedienstete nicht nur unwesentlich gestört werden (z.B. Geräusche, Blitzlichteinsatz),
- durch die Anfertigung von Bildaufnahmen die Würde des Plenums bei besonderen Anlässen beeinträchtigt wird (z.B. bei Gedenkminuten) oder

---

11 Die Regelung ist nicht gleichbedeutend mit den Möglichkeiten eines Live-Streamings bzw. der Aufzeichnung der Ratssitzungen.

- durch die Anfertigung von Bildaufnahmen die Persönlichkeitsrechte der abgebildeten Personen in erheblicher Weise betroffen werden (z.B. verdeckte Bildaufnahmen, Bildaufnahmen in besonders emotionalisierten Situationen).

optional:

(3) Film- und Tonaufnahmen von den Ratsmitgliedern mit dem Ziel der Veröffentlichung sind in öffentlicher Sitzung zum Zwecke der Direktübertragung im Internet (**optional:** und der Einstellung eines Mitschnittes in das Internet) zulässig. Der Bürgermeister/Die Bürgermeisterin bestimmt die Internetadresse auf der Internetseite des Rates ..., unter der der Mitschnitt abgerufen werden kann. Mitschnitte von Ratssitzungen sind sechs Monate nach Beendigung der betreffenden Wahlperiode zu löschen.

optional:

(4) Film- und Tonaufnahmen von Ratssitzungen oder Teilen von Ratssitzungen durch Vertretungen des Rundfunks können durch den Bürgermeister/die Bürgermeisterin im Einzelfall zugelassen werden, wenn ein besonderes öffentliches Interesse hierfür besteht. Im Zweifel entscheidet der Rat mit der Mehrheit seiner Stimmen.

(5) Die Regelungen finden auf Sitzungen der Ausschüsse entsprechende Anwendung.

§ 4b
Digitale und hybride Durchführung von Sitzungen in besonderen Ausnahmefällen

(1) In besonderen Ausnahmefällen wie Katastrophen, einer epidemischen Lage oder anderen außergewöhnlichen Notsituationen kann die Durchführung von Sitzungen des Rates und der Ausschüsse in digitaler Form erfolgen (digitale Sitzung), sofern die dafür erforderlichen Voraussetzungen erfüllt sind (§ 47a Abs. 1 GO NRW).

(2) Der Rat stellt das Vorliegen eines Ausnahmefalles nach § 47a Abs. 1 GO NRW mit einer Mehrheit von zwei Dritteln seiner Mitglieder fest und entscheidet zugleich darüber, ob infolgedessen digitale oder

hybride Sitzungen durchgeführt werden. In dem Beschluss ist festzulegen, für welchen Zeitraum Sitzungen in digitaler oder hybrider Form durchgeführt werden (längstens für einen Zeitraum von zwei Monaten) und ob die Durchführung in digitaler oder hybrider Form für den Rat und die Ausschüsse gelten soll. Die Beschlussfassung kann in einer Sitzung des Rates, durch Stimmabgabe im Umlaufverfahren oder in geeigneter elektronischer Form, die die Textform wahrt, erfolgen. Die Beschlussfassung soll so rechtzeitig erfolgen, dass die Frist des § 47 Abs. 2 GO NRW gewahrt werden kann. Die Verlängerung ist bei einem weiteren Andauern des besonderen Ausnahmefalles möglich. Für den Beschluss über eine Verlängerung gelten die vorgenannten Sätze entsprechend.

(3) Die Aufhebung eines Beschlusses nach Absatz 2 ist im Rat mit der Mehrheit der Stimmen der Mitglieder des Rates zulässig.

§ 4c
Hybride Durchführung von Ausschusssitzungen

(1) Ausschüsse des Rates dürfen auch außerhalb der besonderen Ausnahmefälle nach § 47a GO NRW hybride Sitzungen durchführen. Dies gilt nicht für die Pflichtausschüsse nach § 59 GO NRW sowie nicht für .....[12]

(2) Den jeweiligen Ausschüssen bleibt die Entscheidung über eine Durchführung hybrider Sitzungen vorbehalten. Der Beschluss darüber, ob eine Sitzung des Ausschusses als hybride Sitzung durchgeführt werden soll, ist mit einfacher Mehrheit zu fassen. Die Beschlussfassung soll so rechtzeitig erfolgen, dass die Frist des § 47 Abs. 2 GO NRW gewahrt werden kann. Der Beschluss kann frühestens mit Wirkung für die jeweils nächste Ausschusssitzung erfolgen. Jeder Ausschuss im Sinne des Absatzes 1 soll (**alternativ:** kann) einen Vorratsbeschluss darüber treffen, ob die weiteren Sitzungen des Ausschusses in der jeweiligen Wahlperiode als hybride Sitzungen durchgeführt werden. Der Ausschuss kann einen nach Satz 5 getroffenen Vorratsbeschluss mit einfacher Mehrheit für einzelne Ausschusssitzungen oder

---

[12] Mögliche Aufzählung weiterer Ausschüsse, die nicht als hybride Sitzungen durchgeführt werden sollen (z.B. Wahlprüfungsausschuss, Jugendhilfeausschuss).

insgesamt mit Wirkung frühestens für die nächste Ausschusssitzung wieder aufheben.

§ 5
Unterrichtung der Einwohnerinnen und Einwohner

(1) Der Rat hat die Einwohnerinnen und Einwohner über allgemein bedeutsame Angelegenheiten der Stadt/Gemeinde zu unterrichten. Die Unterrichtung hat möglichst frühzeitig zu erfolgen. Über die Art und Weise der Unterrichtung (z.B. Hinweis in der örtlichen Presse, öffentliche Anschläge, schriftliche Unterrichtung aller Haushalte, Durchführung besonderer Informationsveranstaltungen, Abhaltung von Einwohnerversammlungen) entscheidet der Rat von Fall zu Fall.

(2) Eine Einwohnerversammlung soll insbesondere stattfinden, wenn es sich um Planungen oder Vorhaben der Stadt/Gemeinde handelt, die die strukturelle Entwicklung der Stadt/Gemeinde unmittelbar und nachhaltig beeinflussen oder die mit erheblichen Auswirkungen für eine Vielzahl von Einwohnerinnen und Einwohnern verbunden sind. Die Einwohnerversammlung kann auf Teile des Stadt-/Gemeindegebietes beschränkt werden.

(3) Hat der Rat die Durchführung einer Einwohnerversammlung beschlossen, so setzt der Bürgermeister/die Bürgermeisterin Zeit und Ort der Versammlung fest und lädt alle Einwohnerinnen und Einwohner durch öffentliche Bekanntmachung ein. Die in der Geschäftsordnung für die Einberufung des Rates festgelegten Ladungsfristen gelten entsprechend. Der Bürgermeister/Die Bürgermeisterin führt den Vorsitz in der Versammlung. Zu Beginn der Versammlung unterrichtet der Bürgermeister/die Bürgermeisterin die Einwohnerinnen und Einwohner über Grundlagen, Ziele, Zwecke und Auswirkungen der Planung bzw. des Vorhabens. Anschließend haben die Einwohnerinnen und Einwohner Gelegenheit, sich zu den Ausführungen zu äußern und sie mit den vom Rat zu bestimmenden Ratsmitgliedern aller Fraktionen und dem Bürgermeister/der Bürgermeisterin zu erörtern. Eine Beschlussfassung findet nicht statt. Der Rat ist über das Ergebnis der Einwohnerversammlung in seiner nächsten Sitzung zu unterrichten.

(4) Die dem Bürgermeister/der Bürgermeisterin aufgrund der Geschäftsordnung obliegende Unterrichtungspflicht bleibt unberührt.

§ 6
Anregungen und Beschwerden[13]

(1) Einwohnerinnen und Einwohnern, die seit drei Monaten in der Gemeinde wohnen[14], haben das Recht, sich einzeln oder in Gemeinschaft mit anderen schriftlich mit Anregungen oder Beschwerden an den Rat zu wenden. Anregungen und Beschwerden müssen Angelegenheiten betreffen, die in den Aufgabenbereich der Stadt/Gemeinde ... fallen.

(2) Anregungen und Beschwerden, die nicht in den Aufgabenbereich der Stadt/Gemeinde ... fallen, sind vom Bürgermeister/von der Bürgermeisterin an die zuständige Stelle weiterzuleiten. Der Antragsteller/Die Antragstellerin ist hierüber zu unterrichten.

Falls eine Kommune besonders viele Anregungen oder Beschwerden von immer den gleichen Antragssteller/innen erreichen, kann folgender Absatz. 2 hilfreich sein:

(2) Anregungen und Beschwerden, die nicht in den Aufgabenbereich der Stadt/Gemeinde ... fallen, sind vom Bürgermeister/von der Bürgermeisterin an die zuständige Stelle weiterzuleiten. Angelegenheiten, deren vollständige Erledigung durch schlichtes Verwaltungshandeln bereits erfolgt ist, sind nicht in den Rat einzubringen.[15] Der Antragsteller/Die Antragstellerin ist über die Weiterleitung nach Satz 1 bzw. über

---

[13] § 6 wurde angepasst, da der Geschäftsstelle Mitgliedskommunen bekannt sind, in denen eine einzelne Person monatlich eine Vielzahl von Anregungen und Beschwerden stellt. Um diese Problematik besser in den Griff zu bekommen, empfiehlt die Geschäftsstelle allerdings nur diesen Kommunen, ihre Muster-Hauptsatzung anzupassen. Andernfalls empfiehlt die Geschäftsstelle, es bei der alten Regelung zu belassen.

[14] Das Petitionsrecht für Jedermann gemäß Art. 17 GG bleibt hiervon unberührt. Allerdings ist das Verfahren aufwendiger und es besteht nicht der Beratungsanspruch in den kommunalen Gremien wie bei § 24 GO NRW (vgl. Schnellbrief Nr. 492/2022 vom 14.10.2022).

[15] Hierunter sind solche Angelegenheiten zu verstehen, die zwar als Anregung oder Beschwerde an den Rat adressiert sind, bei denen es sich aber vielmehr um Eingaben handelt, die zügig und ohne größeren Aufwand durch die Verwaltung in Form schlichten Verwaltungshandelns bis zur Sitzung des (entscheidenden) Gremiums erledigt sind (z. B.: Hinweis auf ein verdrecktes Straßenschild, dem durch einfache Säuberungsarbeiten abgeholfen werden kann).

die erfolgreiche Erledigung seines/ihres Begehrens nach Satz 2 zu unterrichten.

(3) Eingaben von Bürgerinnen und Bürgern, die

1. weder Anregungen noch Beschwerden zum Inhalt haben (z.B. Fragen, Erklärungen, Ansichten etc.),
2. inhaltlich mit bereits früher eingereichten Anregungen oder Beschwerden identisch sind,
3. den Inhalt eines Strafgesetzes erfüllen oder
4. als rechtsmissbräuchliche Inanspruchnahme von öffentlichen Stellen anzusehen sind,

sind ohne Beratung vom Bürgermeister/von der Bürgermeisterin zurückzugeben.

(4) Für die Erledigung von Anregungen und Beschwerden i.S. von Abs. 1 bestimmt der Rat den ...-ausschuss.

Alternative zu Abs. 4:

(4) Für die Erledigung von Anregungen und Beschwerden bildet der Rat gem. § 57 GO NRW einen Beschwerdeausschuss.[16] Dem Beschwerdeausschuss gehören .... Mitglieder an.

(5) Der für die Erledigung von Anregungen und Beschwerden nach Abs. 4 zuständige Ausschuss hat diese inhaltlich zu prüfen. Danach überweist er sie an die zur Entscheidung berechtigte Stelle. Bei der Überweisung kann er Empfehlungen aussprechen, an die die zur Entscheidung berechtigte Stelle nicht gebunden ist.

---

[16] § 24 Abs. 1 Satz 3 GO NRW lässt weiterhin die Bildung eines besonderen Beschwerdeausschusses offen. Aus der Sicht der kommunalen Praxis besteht kein Anlass, generell die Bildung von Beschwerdeausschüssen zu empfehlen.

(6) Das Recht des Rates, die Entscheidung einer Angelegenheit, die den Gegenstand einer Anregung oder Beschwerde bildet, an sich zu ziehen (§ 41 Abs. 2, 3 GO NRW), bleibt unberührt.

(7) Dem Antragsteller/Der Antragstellerin kann im Einzelfall aufgegeben werden, Anregungen oder Beschwerden in der für eine ordnungsgemäße Beratung erforderlichen Anzahl einzureichen, sofern eine Vervielfältigung seitens der Gemeinde nicht oder nur mit unverhältnismäßig hohem Aufwand oder unverhältnismäßig hohen Kosten möglich wäre. Die Beratung kann in diesen Fällen bis zur Einreichung der notwendigen Unterlagen ausgesetzt werden.[17]

Falls eine Kommune besonders viele Anregungen oder Beschwerden von immer den gleichen Antragssteller/innen erreichen, kann folgender Absatz. 8 hilfreich sein:

(8) Soweit mehr Anregungen und Beschwerden eingehen, als in der nächsten Rats-/ Ausschusssitzung sachlich angemessen behandelt werden können, ist darauf zu achten, dass unter Beachtung des Eingangsdatums möglichst viele unterschiedliche Antragsteller/-innen berücksichtigt werden. Die Bürgermeisterin/der Bürgermeister kann in diesem Fall die Zahl der Eingaben pro Antragssteller/-in pro Sitzung begrenzen, wobei die Zahl 5 nicht unterschritten werden darf. Anregungen und Beschwerden, die nicht in der unmittelbar folgenden Sitzung des Rates/Ausschusses behandelt werden, sind nach Maßgabe des Satzes 1 und 2 in den folgenden Sitzungen auf die Tagesordnung zu setzen.

(8) Der Antragsteller/Die Antragstellerin ist über die Stellungnahme des nach Abs. 4 zuständigen Ausschusses durch den Bürgermeister/die Bürgermeisterin zu unterrichten.

[17] Die Regelung soll verhindern, dass die Antragsteller eine große Menge an Dokumenten, hochauflösenden Bildaufnahmen, farbintensiven Grafiken o. Ä. einreichen, deren Vervielfältigung durch die Gemeinde zu erheblichen zeitlichen, finanziellen oder auch ökologischen Nachteilen führen würde. Absatz 7 darf nur als Ausnahmeregelung verstanden werden.

§ 7
Integrationsrat[18][19]

(1) Der Integrationsrat besteht aus ..... Mitgliedern, davon aus ... gemäß § 27 Abs. 2 Satz 1 GO NRW direkt gewählten Mitgliedern und ... gemäß § 27 Abs. 2 Satz 3 GO NRW vom Rat bestellten Ratsmitgliedern.[20]

o d e r

bei freiwilliger Einrichtung eines Integrationsrats gem. § 27 Abs. 1 Satz 3 GO NRW.

(1) Es wird ein Integrationsrat mit .... Mitgliedern eingerichtet, davon aus ... gemäß § 27 Abs. 2 Satz 1 GO NRW direkt gewählten Mitgliedern und ... gemäß § 27 Abs. 2 Satz 4 GO NRW vom Rat bestellten Ratsmitgliedern. Für die Mitglieder des Integrationsrats werden Stellvertreter/innen gewählt.[21]

(2) Anregungen und Stellungnahmen des Integrationsrates sind schriftlich beim Bürgermeister/bei der Bürgermeisterin einzureichen.

---

18 Die in § 7 enthaltenen Regelungen sind nicht zwingend in der Hauptsatzung zu treffen. Es würde auch ein entsprechender Ratsbeschluss bzw. eine Regelung in der Wahlordnung ausreichen.

19 Anstelle eines Integrationsrates kann gem. § 27 Abs. 12 GO NRW auch ein Integrationsausschuss gebildet werden. Für den Integrationsausschuss gelten die Regelungen für den Integrationsrat entsprechend. Ergänzend sind auf den Integrationsausschuss § 57 Absatz 4 Satz 1 und § 58 GO NRW anzuwenden. Der Integrationsausschuss ist wie ein Ratsausschuss in die Beratungsfolge des Rates einzubinden.

20 Im Rahmen des Modellversuchs nach § 129 GO NRW hat sich in der Praxis eine Aufteilung von 2/3 direkt gewählter Migrantenvertreter/innen und 1/3 vom Rat bestellter Ratsmitglieder bewährt. Das Gesetz gibt lediglich vor, dass der Integrationsrat mehrheitlich mit Migrantenvertretern zu besetzen ist.

21 Hierbei handelt es sich um eine fakultative Regelung; auf die Stellvertretung kann auch verzichtet werden. Die Stellvertreterinnen und Stellvertreter der direkt gewählten Migrantinnen und Migranten werden ebenfalls bei der Integrationsratswahl direkt gewählt, die Stellvertreterinnen und Stellvertreter der Ratsmitglieder werden vom Rat bestellt.

Die zuständigen Gremien haben sich innerhalb von 3 Monaten damit zu befassen.

§ 8
Bezeichnung des Rates und der Ratsmitglieder

(1) Der Rat führt die Bezeichnung: ....[22]

(2) Die Ratsmitglieder führen die Bezeichnung ....[23] Weibliche Ratsmitglieder führen die Bezeichnung in der weiblichen Form.[24]

§ 9
Dringlichkeitsentscheidungen

Eilentscheidungen des Hauptausschusses oder Dringlichkeitsentscheidungen des Bürgermeisters/der Bürgermeisterin mit einem Ratsmitglied (§ 60 Abs. 1 GO NRW) bedürfen der Schriftform.

§ 10
Ausschüsse

(1) Der Rat beschließt, welche Ausschüsse außer den in der Gemeindeordnung oder in anderen gesetzlichen Vorschriften vorgeschriebenen Ausschüssen gebildet werden. Die Zahl der Ausschussmitglieder soll ungerade sein.

(2) Die Ausschüsse werden ermächtigt, in Angelegenheiten ihres Aufgabenbereiches die Entscheidungen dem Bürgermeister zu übertragen.[25]

---

22 Zulässige Bezeichnungen sind beispielsweise: Rat der Stadt X, Stadtverordnetenversammlung der Stadt Y, Gemeindevertretung der Gemeinde Z.

23 Zulässige Bezeichnungen sind z.B. Ratsherr, Stadtverordneter, Gemeindeverordneter, Gemeindevertreter

24 Also: Ratsfrau, Stadtverordnete, Gemeindeverordnete, Gemeindevertreterin.

25 In welchen Angelegenheiten der Ausschuss entscheidungsbefugt ist, kann der Rat in der Hauptsatzung, einer Zuständigkeitsordnung oder durch Ratsbeschluss festlegen.

(3) Der Rat kann sich durch Ratsbeschluss für einen bestimmten Kreis von Geschäften oder für einen Einzelfall die Entscheidung vorbehalten.

(4) Der Rat kann für die Arbeit der Ausschüsse allgemeine Richtlinien aufstellen.

§ 11
Aufwandsentschädigung, Verdienstausfallersatz

(1) Die Ratsmitglieder erhalten eine Aufwandsentschädigung in Form eines monatlichen Pauschalbetrages nach Maßgabe der EntschVO[26].

o d e r

(1) Die Ratsmitglieder erhalten eine Aufwandsentschädigung in Form eines monatlichen Pauschalbetrages und ein Sitzungsgeld nach Maßgabe der EntschVO für die Teilnahme an Rats-, Ausschuss-, Fraktionssitzungen.[27] Die Anzahl der Fraktionssitzungen, für die das Sitzungsgeld gezahlt wird, wird auf .... Sitzungen im Jahr beschränkt.

(2) Sachkundige Bürger/Bürgerinnen und sachkundige Einwohnerinnen und Einwohner erhalten für die im Rahmen der Mandatsausübung erforderliche Teilnahme an Ausschuss- und Fraktionssitzungen ein Sitzungsgeld nach Maßgabe der EntschVO.[28] Dies gilt unabhängig vom Eintritt des Vertretungsfalles auch für die Teilnahme an Fraktionssitzungen als stellvertretendes Ausschussmitglied. Die Anzahl der Fraktionssitzungen, für die das Sitzungsgeld gezahlt wird, wird auf .... Sitzungen im Jahr beschränkt.[29]

---

26 Hierbei sind die in der EntschVO festgelegten Beträge zu beachten.

27 Als Fraktionssitzung zählt auch die Sitzung von Teilen einer Fraktion, § 45 Abs. 5 GO NRW. Hierbei sind die in der EntschVO festgelegten Beträge zu beachten.

28 Hierbei sind die in der EntschVO festgelegten Beträge zu beachten.

29 Gemäß § 45 Abs. 6 Satz 2 GO NRW ist die Zahl der ersatzpflichtigen Fraktionssitzungen pro Jahr in der Hauptsatzung zu beschränken.

Bemerkung:

Es können noch weitere Gremien benannt werden, für deren Teilnahme Sitzungsgeld gezahlt wird.

Die Mitglieder des Rates, sachkundige Bürger/Bürgerinnen und sachkundige Einwohnerinnen und Einwohner erhalten Aufwandsentschädigungen gem. Abs. 1 und Abs. 2 auch für Sitzungen der folgenden Gremien:[30]
....
....
(namentliche Aufzählung der Gremien).

(3) Rats- und Ausschussmitglieder haben Anspruch auf Ersatz des Verdienstausfalls, der ihnen durch die Mandatsausübung entsteht, soweit sie während der Arbeitszeit erforderlich ist. Der Anspruch besteht auch für maximal 8 Arbeitstage je Wahlperiode im Falle der Teilnahme an kommunalpolitischen Bildungsveranstaltungen, die der Mandatsausübung förderlich sind.[31] Der Verdienstausfall wird für jede Stunde der versäumten Arbeitszeit berechnet, wobei die letzte angefangene Stunde voll zu rechnen ist. Der Anspruch wird wie folgt abgegolten:

a) Alle Rats- und Ausschussmitglieder erhalten einen Regelstundensatz, es sei denn, dass sie ersichtlich keine finanziellen Nachteile erlitten haben. Der Regelstundensatz wird auf ... € festgesetzt.[32]

---

[30] Die Hauptsatzung kann weiterhin Gremien bestimmen, für deren Teilnahme Sitzungsgeld zu zahlen ist. § 45 GO NRW regelt lediglich abschließend die Zahlung von Sitzungsgeld für Rats-, Ausschuss- und Fraktionssitzungen.

[31] Dies sind z.B. Fortbildungsveranstaltungen der Gemeinden, der kommunalen Spitzenverbände, der kommunalpolitischen Vereinigungen der Parteien oder anerkannten Einrichtungen nach den Bestimmungen des Weiterbildungsgesetzes; Ermächtigungsgrundlage ist § 44 Abs. 3 GO NRW.

[32] Die EntschVO sieht in § 3a Abs. 1 einen Mindestregelstundensatz von derzeit 9,35 EUR vor, der in der örtlichen Hauptsatzung höher festgelegt werden kann. Der Höchstbetrag von derzeit 84 EUR/Stunde gemäß § 3a Abs. 2 EntschVO ist landesweit durch Verordnung abschließend geregelt und kann daher in der Hauptsatzung nicht abweichend festgesetzt werden.

b) Unselbstständigen wird im Einzelfall der den Regelstundensatz übersteigende Verdienstausfall gegen entsprechenden Nachweis, z.B. durch Vorlage einer Bescheinigung des Arbeitgebers, ersetzt.[33]

c) Selbstständige können eine besondere Verdienstausfallpauschale je Stunde erhalten, sofern sie einen den Regelsatz übersteigenden Verdienstausfall glaubhaft machen. Die Glaubhaftmachung erfolgt durch eine schriftliche Erklärung über die Höhe des Einkommens, in der die Richtigkeit der gemachten Angaben versichert wird.

d) Personen die einen Haushalt mit mindestens 2 Personen, von denen mindestens eine ein Kind unter 14 Jahren oder eine anerkannt pflegebedürftige Person nach SGB XI ist, oder einen Haushalt mit mindestens 3 Personen führen und nicht oder weniger als 20 Stunden je Woche erwerbstätig sind, erhalten für die Zeit der mandatsbedingten Abwesenheit vom Haushalt mindestens den Regelstundensatz. Auf Antrag werden statt des Regelstundensatzes die notwendigen Kosten für eine Vertretung im Haushalt ersetzt.

e) Entgeltliche Kinderbetreuungskosten, die außerhalb der Arbeitszeit aufgrund der mandatsbedingten Abwesenheit vom Haushalt notwendig werden, werden auf Antrag in Höhe der nachgewiesenen Kosten erstattet. Kinderbetreuungskosten werden nicht erstattet bei Kindern, die das 14. Lebensjahr vollendet haben, es sei denn, besondere Umstände des Einzelfalls werden glaubhaft nachgewiesen.

(4) Stellvertretende Bürgermeister/Bürgermeisterinnen nach § 67 Abs. 1 GO NRW und Fraktionsvorsitzende - bei Fraktionen mit mindestens acht Mitgliedern auch ein stellvertretender Vorsitzender/eine stellvertretende Vorsitzende, mit mindestens 16 Mitgliedern auch 2 stellvertretende Vorsitzende und mit mindestens 24 Mitgliedern auch 3

---

33 Im Rahmen der Gleitzeit erstreckt sich der Verdienstausfall auch auf die Zeiträume, für die der Mandatsträger/die Mandatsträgerin nach § 44 Abs. 2 Satz 4 GO NRW einen Freistellungsanspruch hat, d.h. ½ der Zeit der mandatsbedingten Abwesenheit während der Gleitzeit.

stellvertretende Vorsitzende - erhalten neben den Entschädigungen, die den Ratsmitgliedern nach § 45 GO NRW zustehen, eine Aufwandsentschädigung nach § 46 GO NRW i. V. m. der EntschVO.

(5) Von der Regelung, wonach Vorsitzende von Ausschüssen des Rates grundsätzlich eine zusätzliche Aufwandsentschädigung nach § 46 Abs. 1 Satz 1 Nr. 2 GO NRW i. V. m. § 3 Abs. 1 Nr. 6 EntschVO[34] erhalten, werden gemäß § 46 Abs. 2 Satz 2 Nr. 1 GO NRW folgende weitere Ausschüsse ausgenommen: … [35]

o d e r

(6) (5) Von der Regelung, wonach Vorsitzende von Ausschüssen des Rates anstelle einer zusätzlichen Aufwandsentschädigung nach § 46 Abs. 1 Satz 1 Nr. 2 GO NRW i.V.m. § 3 Abs. 1 Nr. 6 EntschVO ein Sitzungsgeld nach § 46 Abs. 2 Satz 2 Nr. 2 i.V.m. § 3 Abs. 4 EntschVO erhalten, wird für folgende Ausschüsse Gebrauch gemacht: …

(7) Gremienmitglieder im Sinne des § 113 Abs. 1 GO NRW haben Anspruch auf Erstattung von Kosten für Fortbildungsmaßnahmen, die dem Erwerb der erforderlichen Sachkunde oder der Wahrnehmung ihrer Gremienaufgaben dienlich sind. Dies gilt nur, wenn die Gemeinde der Kostenübernahme vorab zustimmt.[36]

§ 12
Genehmigung von Rechtsgeschäften

(1) Verträge der Stadt/Gemeinde mit Mitgliedern des Rates oder der Ausschüsse sowie mit dem Bürgermeister/der Bürgermeisterin und

---

[34] Zweite Verordnung zur Änderung der EntschVO vom 30.11.2016, GV. NRW. 2016, S. 1036.

[35] Die Ausschüsse, die von der Regelung des § 46 Abs. 1 Satz 1 Nr. 2 GO NRW ausgenommen werden sollen, müssen nacheinander einzeln aufgezählt werden (etwa: Schulausschuss, Rechnungsprüfungsausschuss…). Bei der Regelung in Abs. 5 handelt es sich um eine fakultative Regelung.

[36] Die Geschäftsstelle weist darauf hin, dass eine Regelung in der Hauptsatzung nicht zwingend erforderlich ist, da auch ein diesbezüglicher Ratsbeschluss ausreichend ist. Näheres hierzu ist dem Schnellbrief Nr. 453/2022 vom 15.09.2022 zu entnehmen.

den leitenden Dienstkräften der Stadt/Gemeinde bedürfen der Genehmigung des Rates.

(2) Keiner Genehmigung bedürfen:

a) Verträge, die auf der Grundlage feststehender Tarife abgeschlossen werden,

b) Verträge, denen der zuständige Ausschuss auf der Grundlage einer von der Stadt/Gemeinde vorgenommenen Ausschreibung zugestimmt hat,

c) Verträge, deren Abschluss ein Geschäft der laufenden Verwaltung (§ 41 Abs. 3 GO NRW) darstellt.

(3) Leitende Dienstkräfte i.S. dieser Vorschrift sind der Bürgermeister/die Bürgermeisterin, die Beigeordneten sowie die gem. § 68 Abs. 3 Satz 1 GO NRW mit der auftragsweisen Erledigung bestimmter Angelegenheiten betrauten Bediensteten.

Bemerkung:

Für Gemeinden, in denen keine Beigeordneten bestellt sind, wird folgende Fassung des letzten Absatzes empfohlen:

(3) Leitende Dienstkräfte i.S. dieser Vorschrift sind der Bürgermeister/die Bürgermeisterin und sein/ihr allgemeiner Vertreter/allgemeine Vertreterin.

§ 13
Bürgermeister/Bürgermeisterin

(1) Geschäfte der laufenden Verwaltung gelten im Namen des Rates als auf den Bürgermeister/der Bürgermeisterin übertragen, soweit nicht der Rat sich oder einem Ausschuss für einen bestimmten Kreis von Geschäften oder für einen Einzelfall die Entscheidung vorbehält. Nähere Einzelheiten sind in der Zuständigkeitsordnung für den Rat und die Ausschüsse der Stadt/Gemeinde ... festgelegt.

Bemerkung:

1. *Für den Fall, dass ein besonderes Amtszeichen des Bürgermeisters/der Bürgermeisterin (Amtskette) vorhanden ist, kann folgender Abs. 2 angefügt werden:*

(2) Der Bürgermeister/Die Bürgermeisterin trägt bei feierlichen Anlässen eine Amtskette.

2. *§ 67 Abs. 1 Satz 1 GO NRW schreibt die Wahl von mindestens zwei ehrenamtlichen Stellvertretern/Stellvertreterinnen vor; falls eine darüber hinausgehende Anzahl von Stellvertretern/Stellvertreterinnen gewünscht ist, sollte dies in der Hauptsatzung festgelegt werden. Es könnte dann ein weiterer Absatz angefügt werden, der wie folgt lauten könnte:*

(3) Der Rat wählt aus seiner Mitte ohne Aussprache XY ehrenamtliche Stellvertreter/Stellvertreterinnen des Bürgermeisters/der Bürgermeisterin.

§ 14
Beigeordnete

Es wird ein hauptamtlicher Beigeordneter/eine hauptamtliche Beigeordnete gewählt. Der/ Die Gewählte ist allgemeiner Vertreter/allgemeine Vertreterin des Bürgermeisters/der Bürgermeisterin.

o d e r

Es werden ... hauptamtliche Beigeordnete gewählt. Einer/Eine der Beigeordneten wird durch Beschluss des Rates zum allgemeinen Vertreter/zur allgemeinen Vertreterin des Bürgermeisters/der Bürgermeisterin bestellt. Er/Sie führt die Amtsbezeichnung „Erster Beigeordneter"/"Erste Beigeordnete".

§ 15
Öffentliche Bekanntmachungen

(1) Öffentliche Bekanntmachungen der Stadt/Gemeinde, die durch Rechtsvorschrift vorgeschrieben sind, werden vollzogen in ... (namentliche Bezeichnung des Amtsblattes der Stadt/Gemeinde).

o d e r

(1) Öffentliche Bekanntmachungen der Stadt/Gemeinde, die durch Rechtsvorschrift vorgeschrieben sind, werden vollzogen in ... (namentliche Bezeichnung des Amtsblattes des Kreises).

o d e r

(1) Öffentliche Bekanntmachungen der Stadt/Gemeinde, die durch Rechtsvorschrift vorgeschrieben sind, werden vollzogen in ... (namentliche Bezeichnung einer oder mehrerer am Ort erscheinender Tageszeitungen).

o d e r

(1) Öffentliche Bekanntmachungen der Stadt/Gemeinde, die durch Rechtsvorschrift vorgeschrieben sind, werden durch Anschlag an der Bekanntmachungstafel[37] der Gemeinde und den sonstigen hierfür bestimmten Stellen für die Dauer von .... Wochen[38] vollzogen, wobei gleichzeitig durch das Amtsblatt oder die Zeitung oder das Internet[39]auf den Anschlag hinzuweisen ist.

o d e r

(1) Öffentliche Bekanntmachungen der Stadt/Gemeinde, die durch Rechtsvorschrift vorgeschrieben sind, werden vollzogen durch Bereitstellung im Internet (genaue Bezeichnung der Internetseite der Ge-

---

[37] Diese Bekanntmachungsform sollte nur von Gemeinden bis 22.500 Einwohnenden gewählt werden wegen der Rechtsprechung des OVG NRW vom 14.08-2008, Az.: 7 D 120/07.NE, siehe auch Schnellbrief 125 vom 24.9.2008. Auf das Urteil hat auch das MIK NRW mit den Anwendungshinweisen vom 05.07.2016 explizit hingewiesen (vgl. Schnellbrief 203 /2016).

[38] Der Anschlag muss mindestens eine Woche an der bzw. den Bekanntmachungstafeln vorhanden sein.

[39] Die Angabe der maßgeblichen Internetadresse ist notwendig.

meinde),[40] soweit gesetzlich nicht etwas anderes bestimmt ist.[41] Nachrichtlich wird auf die erfolgte Bereitstellung und die Internetadresse in ....hingewiesen. (namentliche Bezeichnung des Amtsblattes oder einer mindestens einmal wöchentlich erscheinenden Zeitung oder der Standorte der Bekanntmachungstafel)

(2) Abweichend von Abs. 1 erfolgen öffentliche Bekanntmachungen nach dem BauGB in .... (namentliche Bezeichnung Amtsblatt, Tageszeitung oder Bekanntmachungstafel). Nachrichtlich werden die öffentlichen Bekanntmachungen im Internet auf der Internetseite .... bereitgestellt.[42]

Anmerkung:

Städte und Gemeinden mit Ausnahme der kreisfreien Städte und der Großen kreisangehörigen Städte haben die Möglichkeit, die öffentliche Bekanntmachung von Zeit, Ort und Tagesordnung der Ratssitzungen wie folgt abweichend zu bestimmen[43]:

---

[40] Genaueres siehe § 6 BekanntmVO. Insbesondere ist im Internet der Bereitstellungstag anzugeben. Der Hinweis auf die erfolgte Bereitstellung des Dokuments und die Internetadresse (im Amtsblatt, in einer Tageszeitung oder durch Aushang) erfolgt lediglich nachrichtlich, das heißt, er ist keine Vollzugsvoraussetzung, vgl. § 7 Abs. 2 BekanntmVO. Ebenso kann die Tagesordnung zur Ratssitzung auf diesem Wege bekannt gemacht werden. Laut Anwendungshinweis des MIK NRW vom 05.07.2016 ist es ausreichend, wenn die allgemeine Internetadresse der Stadt/Gemeinde angegeben wird, solange die Bürgerinnen und Bürger von dort ohne große Mühe auf die Bekanntmachungen zugreifen können (siehe dazu Schnellbrief 203/2016).

[41] So sieht § 4a Abs. 4 S. 1 BauGB vor, dass bei der Öffentlichkeits- und Behördenbeteiligung elektronische Informationstechnologien nur „ergänzend“ genutzt werden können. Daraus hat das OVG Lüneburg abgeleitet, dass für diese Fälle neben der Bekanntmachung durch das Internet eine weitere Form der öffentlichen Bekanntmachung gewählt werden muss (OVG Lüneburg, Beschluss v. 04.05.2012 – 1 MN 218/11; Beschluss v. 29.11.2013 – 1 MN 157/13).

[42] Nach dem Urteil des OVG NRW vom 15.11.2021 (2 D 140/20.NE) muss eindeutig die Art und Weise der Bekanntmachung erkennbar sein. Andere Bekanntmachungsmöglichkeiten sind nur nachrichtlich zu nutzen.

[43] Vgl. hierzu § 4 Abs. 3 BekanntmVO.

(2) Zeit, Ort und Tagesordnung der Ratssitzungen werden durch Aushang an folgenden Bekanntmachungstafeln öffentlich bekanntgemacht:

....[44]

Bei der Bestimmung der Dauer des Aushangs sind die in der Geschäftsordnung festgelegten Ladungsfristen zu beachten. Auf den einzelnen Bekanntmachungen sind der Zeitpunkt des Aushangs und der Zeitpunkt der Abnahme zu bescheinigen. Die Abnahme darf frühestens am Tage nach der Ratssitzung erfolgen.

(3) Ist eine öffentliche Bekanntmachung in der durch Abs. 1 festgelegten Form infolge höherer Gewalt oder sonstiger unabwendbarer Ereignisse nicht möglich, so erfolgt die Bekanntmachung ersatzweise durch:

alternativ:

Aushang an folgenden Bekanntmachungstafeln innerhalb des Stadt-/ Gemeindegebietes (Standorte einzeln aufführen):
....

o d e r

durch Verteilung von Flugblättern an die Haushalte innerhalb des Stadt- / Gemeindegebiets.

o d e r

durch Herausgabe eines eigens aus diesem Anlass herausgegebenen Amtsblattes.

Ist der Hinderungsgrund entfallen, wird die öffentliche Bekanntmachung nach Abs. 1 unverzüglich nachgeholt.

---

[44] Die Angabe des bzw. der genauen Standorte der Bekanntmachungstafeln ist notwendig.

§ 16
Zuständigkeit für dienstrechtliche Entscheidungen[45]

§ 17
Inkrafttreten

Die Hauptsatzung tritt mit dem Tage nach der Bekanntmachung in Kraft. Gleichzeitig tritt die frühere Hauptsatzung vom ..... außer Kraft.

---

[45] Bemerkung: Gemäß § 73 Abs. 3 GO NRW trifft der Bürgermeister/die Bürgermeisterin die dienstrechtlichen und arbeitsrechtlichen Entscheidungen, soweit gesetzlich nichts anderes bestimmt ist. Die Hauptsatzung kann bestimmen, dass für Bedienstete in Führungsfunktionen Entscheidungen, die das beamtenrechtliche Grundverhältnis oder das Arbeitsverhältnis eines/einer Bediensteten zur Gemeinde verändern, durch den Rat oder den Hauptausschuss im Einvernehmen mit dem Bürgermeister zu treffen sind, soweit gesetzlich nichts anderes bestimmt ist. Dabei handelt es sich insbesondere um beamtenrechtliche Ernennungen, Entlassungen, Zurruhesetzungen und den Abschluss, die Änderung, die Kündigung oder die Aufhebung von Arbeitsverträgen. Kommt ein Einvernehmen nicht zustande, kann der Rat die Entscheidung mit einer Mehrheit von zwei Dritteln der gesetzlichen Zahl der Ratsmitglieder treffen. Kommt die Mehrheit nicht zustande, bleibt es bei der Personalkompetenz des Bürgermeisters/der Bürgermeisterin. Zu beachten ist, dass der Bürgermeister/die Bürgermeisterin gemäß § 73 Abs. 3 Satz 4 GO NRW bei der Aufnahme einer entsprechenden Regelung in der Hauptsatzung nicht mitstimmen darf, obwohl er/sie ansonsten ein Stimmrecht hat bei Beschlussfassungen über die Hauptsatzung. Es hat daher u.U. eine zweigeteilte Abstimmung über Änderungen in der Hauptsatzung zu erfolgen.